MYTHOS KENNEDY

Collection Rolf Heyne

GERO VON BOEHM

MYTHOS KENNEDY

Collection Rolf Heyne

MEINEN ELTERN.

INHALT

NORMAN MAILER

GEBURT EINES MYTHOS

Ich erinnere mich noch genau an jenen Nachmittag im Juli 1960. Im Rückblick kommt es mir vor wie eine merkwürdige Erscheinung von fast religiöser Qualität – obwohl ich für so etwas normalerweise nicht besonders anfällig bin. Ich sollte einen Essay über John F. Kennedy und seinen Auftritt beim Bundeskongress der Demokratischen Partei im Biltmore Hotel in Los Angeles schreiben. Kennedy hatte bereits als Senator in Washington einige Aufmerksamkeit erregt. Auf dem Parteikongress sollte er nun zum Präsidentschaftskandidaten nominiert werden – oder auch nicht. Es war spannend.

Kennedy fuhr in einem großen offenen Cabrio vor dem Hotel vor. Wie er da, aufrecht stehend, mit seinem Konvoi um die Ecke bog, war das eine perfekt ins Bild gesetzte Szene – großes, glamouröses Kino. Aber es hatte zugleich etwas sehr Komisches. Denn direkt gegenüber dem Hotel befand sich der berühmt-berüchtigte Pershing Park, in dem sich Homosexuelle, Trunkenbolde und Drogenabhängige trafen. Und so standen sich die fein angezogenen Horden vor dem Hotel und auf den Balkonen und all die Schwulen und Landstreicher auf der anderen Straßenseite gegenüber. Sie applaudierten, so kräftig sie konnten, ein- und demselben Mann.

Eine wirklich komische Szene, die ich nie vergessen habe.

Später am Tag sah ich Kennedy dann aus der Nähe: eine sehr attraktive Erscheinung, groß, gewandt, mit einem orange-braunen Teint wie ein Skilehrer und mit strahlend weißen Zähnen. Ich wusste sofort: Wenn dieser Mann nominiert und dann auch gewählt werden sollte, dann wird er Amerika von Grund auf verändern.

Ganz gleich, wie ernst er politisch zu nehmen war, man würde ihn ohne jeden Zweifel als großen Schauspieler erleben, sozusagen als Publikumsmagneten. Vergessen wir nicht: Wir befanden uns am Beginn des Fernsehzeitalters. In Amerika hatten bereits über 80 Prozent der Menschen ein TV-Gerät.

Ungefähr einen Monat später interviewte ich »Jack« Kennedy, wie ihn damals bereits alle nannten, im »Kennedy Compound« in Hyannisport auf Cape Cod. Ich fuhr die fünfzig Meilen von Provincetown, wo ich damals schon zeitweise lebte, in großer Aufregung. Weil ich etwas spät dran war, bretterte ich wie verrückt über enge Straßen, bis ich schließlich vollkommen verschwitzt ankam.

Und da war er. Er sah jetzt nicht mehr aus wie ein Filmstar, nein, überhaupt nicht so, wie ich ihn im Biltmore Hotel erlebt hatte. Jetzt wirkte er zehn Jahre älter und eher wie ein Harvard-Professor. Leicht reserviert und zerbrechlich.

Die ganze Erschöpfung des Wahlkampfes war ihm anzusehen. Seine Gesichtsfarbe wirkte jetzt beinahe grau. Ruhig und höflich begrüßte er mich: »Es freut mich sehr, Mr. Mailer, Sie kennen zu lernen. Ich habe Ihre Bücher gelesen. Zum Beispiel ...« Und dann kam ein wunderbarer Augenblick – wunderbar jedenfalls für mich als Journalist. Denn er hatte einen Blackout, wahrscheinlich eine Folge der enormen Anstrengung, die es bedeutet, alle Fäden in der Hand zu behalten, wenn man sich als Präsident bewirbt. In diesem Augenblick jedenfalls fiel ihm kein Titel ein. Und ich dachte: »Der Teufel soll mich holen, wenn ich ihm jetzt helfe.« Ich wartete nur darauf, dass er sagen würde: »Ich habe ›Die Nackten und die Toten‹ gelesen.« Diesen Titel nennen die meisten, die meine Bücher kaum kennen. Die Pause dehnte sich. Aber dann bemerkte er : »Ich habe ›Der Hirsch-Park‹ gelesen und die anderen Bücher.« »Der Hirsch-Park« ist, wenn man es kurz fasst, ein existenzieller Roman über Sex und Hollywood. War also Kennedy ein existenzieller Kandidat, das heißt, einer mitten aus dem Leben, einer, der für unerwartete Veränderungen aufgeschlossen war? Ich war mir nicht so sicher. Vielleicht hatte ihm auch einfach nur irgendein Berater gesagt, er solle dieses Buch nennen, weil bekannt war, dass ich es selbst besonders gern hatte. So arbeiten Politiker normalerweise.

Weil es sich schließlich um ein Interview handelte, hatte ich ein paar Fragen vorbereitet, die ihn in Verlegenheit bringen sollten.

Ich konfrontierte ihn zum Beispiel mit einer Anzeige, die von den Demokraten zu jener Zeit oft geschaltet wurde. Sie zeigte seinen Rivalen Richard Nixon mit einem großen, schweren Bart – durchaus unheimlich aussehend. Die Zeile unter diesem Bild lautete: »Würden Sie von diesem Mann einen Gebrauchtwagen kaufen?« Die Anzeige hatte in den zurückliegenden Wochen große Wirkung gezeigt. Die Wochenzeitung »Village Voice«, zu deren Gründern ich gehörte, hatte sie an einige Autoren mit der Bitte um interessante Kommentare weitergegeben. Und einer hatte den Text so fortgesetzt:

»Bei Jack Kennedy ist das nicht die Frage. Man würde ihm ganz sicher trauen und das Auto von ihm kaufen. Aber dann würde er am Nachmittag noch einmal vorbeischauen, um sich davon zu überzeugen, dass der Wagen auch gut läuft, und bevor er sich verabschiedet, Ihre Frau verführen.« Genau diese Zeilen zeigte ich ihm. Kennedy geriet etwas aus der Fassung. Ich hatte keine Ahnung, dass ich in einer offenen Wunde stocherte. Die Insider, zu denen ich nicht gehörte, tratschten bereits über sein ausschweifendes Sexualleben, das ja, wie sich dann herausstellte, in der Tat sehr viel aktiver als das irgendeines anderen Kandidaten für das höchste Staatsamt war. Noch heute frage ich mich, warum er eigentlich nicht mehr Ärger mit FBI und CIA hatte – aber das wäre wohl noch gekommen, hätte er länger gelebt. Jetzt jedenfalls, als er mir gegenübersaß, dachte er vermutlich: »Beginnt es schon durchzusickern? Wird alles herauskommen?«

Er fing an, ganz leicht zu zittern, und gab sich die größte Mühe, gelassen zu wirken. Aber es gelang ihm nicht. Kennedy wurde nervös. Eigentlich behielt er bei Interviews immer die Oberhand. Diesmal nicht.

Bevor ich ging, musste ich noch versichern, dass ich am nächsten Tag zurückkäme, um ein zweites Interview zu führen. Ich könne mitbringen, wen immer ich wolle. Später wurde mir klar, dass er sich dadurch Aufschluss über mein Wesen erhoffte – er war in psychologischen Dingen äußerst geschickt.

Ich kam also am nächsten Tag mit meiner zweiten Frau, Adele.
Das war alles, was er wissen wollte: Einen Mann, der nur seine Frau beein-

drucken wollte, brauchte er nicht zu fürchten. Bei dem zweiten Interview war er sehr viel entspannter. Damals lernte ich auch Jackie kennen. Ich war sofort von ihrer Schönheit gefesselt. Sie war sehr lebendig und höchst attraktiv. Zehn Prozent meiner selbst verliebten sich sofort in sie. Das kommt vor. Man ändert seine Gewohnheiten und sein Leben nicht, aber ein kleiner Teil bleibt für immer verliebt in diesen Menschen. Man vergisst ihn nie mehr. So war das bei mir mit Jackie. Jetzt ist sie zu einem Mythos geworden. Jeder Schritt in ihrem weiteren Leben hat dazu beigetragen. Aber schon damals zog sie eine enorme Aufmerksamkeit auf sich. Sofort wurde sie zum Star. Viele fragten mich: »Wie ist sie?« Und einmal antwortete ich: »Sie sieht aus wie die Heldin einer Mordgeschichte, die am Mittelmeer spielt.« Sie hatte meine bescheidenen prophetischen Kräfte freigesetzt. Denn einige Jahre nach Jacks Ermordung heiratete sie Aristoteles Onassis und wurde tatsächlich eine Heldin am Mittelmeer.

Aber schon lange zuvor, als sie 1961 ins Weiße Haus einzog, spürten wir in Jackie etwas Mystisches – eine merkwürdige Vibration, die im Leben Amerikas eigentlich immer gefehlt hatte. Da war jemand, der uns wie eine Muse anzog und etwas tief Sitzendes in uns ansprach. Andauernd war man versucht, Metaphern für sie zu suchen.

Der Gedanke, dass diese schöne Frau jetzt die First Lady unseres Landes war, war geradezu surrealistisch. Die meisten Amerikaner, besonders in jenen Jahren, hatten die Mentalität des »Bible belt«, der fundamentalistisch-protestantischen Südstaaten. Das, vermischt mit einer gehörigen Portion Rassismus, waren die Wurzeln des Denkens und Handelns in Amerika. Wir waren kein Land mit Tradition.

Wir hatten nichts Exotisches oder auch nur Geheimnisvolles an uns, keine tiefere Schicht.

Und dann war da plötzlich dieses exotische Element im Weißen Haus.

Viele von uns wussten das unendlich zu schätzen! Denn heimlich geben wir auch heute noch zu, dass unser Land nicht so interessant ist, wie es eigentlich sein sollte. In vieler Hinsicht ist es eine Einöde.

Damals war Jackie nicht nur unser Mythos, sondern auch unser Lebenselixier. Bevor Kennedy an die Macht kam, hatten wir acht Jahre Eisenhower als Präsidenten gehabt. Das Resultat war eine absolut geschmacksfreie, sexfreie, geruchsfreie Atmosphäre. Eine Sterilität, die sich in der Architektur, in den Sitten, den Moden und im Lebensstil ebenso niederschlug wie beispielsweise in der Literaturkritik. Mit einem Wort: Spießigkeit pur. Mit einem so imposanten und geistvollen Präsidentenpaar wie den Kennedys musste sich das alles ändern. Vielleicht waren die frühen sechziger Jahre in Amerika jene Epoche, in der wir uns am meisten danach sehnten, den dynamischen Mythos der Renaissance mit dem größten Nachdruck und der größten Leidenschaft zu leben. Er besagt, dass jeder Mann und jede Frau grundsätzlich etwas Außergewöhnliches leisten können.

Das alles war in unseren Köpfen präsent, in manchmal tief vergrabenen Gefühlen, aber das Leben schmeckte nicht danach.

Wir wollten wieder Helden sehen. Ich war seinerzeit noch nicht einmal sicher, ob John F. Kennedy wirklich der Held war, den wir brauchten. Ich stand der politischen Maschinerie, die ihn als Figur geschaffen hatte, ausgesprochen reserviert gegenüber. Aber ich spürte, dass mit den Kennedys im Weißen Haus der Mythos unserer Nation wieder aufleben könnte. Die Chance auf einen tief greifenden Wandel war plötzlich da. Und sie wurde genutzt. Politik und Mythos wurden zu einer Einheit – für tausend Tage. Es war eine außergewöhnliche Zeit. Die Kennedys verstanden es in diesem kurzen Abschnitt, ihren eigenen Mythos zu schaffen. Seinen Wurzeln ist dieses Buch auf der Spur. Manche der Bilder, von denen viele hier zum ersten Mal zu sehen sind, sind lebendige Belege für jenen Geist, der im Amerika von heute fast verschwunden ist. Gero von Boehms Buch führt uns den »Mythos Kennedy« mit der gleichen Intensität und Genauigkeit vor Augen, die auch seine Filme und Fernseh-Interviews auszeichnen. Es analysiert eine Zeit, die für uns alle wichtig und prägend war.

Seit der Ermordung John F. Kennedys in Dallas am 22. November 1963 ist mein Land nie mehr das selbe geworden. Der Schock von damals ist vergleichbar mit jenem, den wir erfahren haben, als die Türme des World Trade Center zusammenstürzten – das merkwürdige Gefühl, als habe sich im engsten Familienkreis ein tragischer Todesfall ereignet, war wieder da.

DER GRÖSSTE FEIND DER WAHRHEIT
IST NICHT DIE LÜGE,
SONDERN DER MYTHOS.

John F. Kennedy

JOHN F.

ES HATTE WARNUNGEN GEGEBEN. ERNSTE WARNUNGEN.

»Gehen Sie nicht nach Texas, Mr. President. Nicht jetzt. Sagen Sie die Reise ab«, hatten Geheimdienstbeamte und kundige Berater im Weißen Haus noch am 20. November gesagt. Die Hinweise, dass die Stimmung vor allem in Dallas für John F. Kennedy bedrohlich sei, hatten sich in den Tagen zuvor verdichtet. Als »Hass-Kapitale« galt die texanische Hauptstadt, Bastion der alten Rechten, ohnehin zu jener Zeit. Aber jetzt war das Klima »mörderisch«, wie der Senator William Fulbright in einem Telefonat mit Kennedy sagte. »Don't you go!« hatte er noch hinzugefügt. Einen Monat zuvor war der amerikanische UN-Botschafter Adlai Stevenson, Demokrat wie Kennedy und einst sein Vorgänger als Präsidentschaftskandidat, von rechten, gewalttätigen Demonstranten angegriffen worden. Und jetzt kursierten Flugblätter mit John F. Kennedys Konterfei und der Textzeile »WANTED FOR TREASON« – Gesucht wegen Hochverrats.

Kennedy fühlte sich an jenem Morgen, als die Planung für die Reise nach Texas abgeschlossen werden sollte, müde und abgeschlagen. Er war nach kurzem, unruhigem Schlaf mit den üblichen Rückenschmerzen erwacht und hatte sich mit Hilfe des schwarzen Butlers George Thomas sein Korsett aus Metall und Leinen um den Oberkörper geschnallt. Dann wurde ihm ein Schmerzmittel injiziert. Thomas brachte die Football-Ergebnisse der vergangenen Nacht und schließlich ein frisches Brooks-Brothers-Hemd, eine blaue Krawatte mit gelben Streifen und einen seiner dreißig grauen Maßanzüge – die Präsidenten-Uniform. Es war an diesem Morgen, als würde ein Schauspieler für seinen großen Auftritt vorbereitet. Und mancher in Kennedys Umgebung ahnte, dass es einer der letzten sein könnte.

Gegenüber: Das Präsidentenpaar trifft in Dallas ein.

FLY-

John F. Kennedys Gesicht war aufgedunsen – eine Folge der täglichen Cortison-Tabletten, die er zur Behandlung einer Autoimmun-Krankheit bekam. Er hatte während der tausend Tage im Amt schon viel von seiner ursprünglichen Kraft eingebüßt – nach außen aber wurde er dem Bild des strahlenden und dynamischen Helden noch immer gerecht. Neben den täglichen Injektionen verschiedener Aufputsch- und Schmerzmittel brauchte Kennedy vor allem eine hohe Dosis Selbstbestätigung – und das so oft wie möglich. Besonders nach dieser Droge war er längst süchtig geworden. Öffentliche Auftritte vor jubelnden Massen und eine gewaltige Zahl sexueller Abenteuer waren zu John F. Kennedys Droge geworden. Der Kick stieg mit dem Risiko, und eben dieses Riskio zog ihn magisch an. Die so erlangte Selbstbestätigung war das einzige Mittel, das ihm gegen die Zweifel half, die immer stärker in ihm arbeiteten. Zweifel an seinem Mut, an seiner Männlichkeit und Durchsetzungskraft.

So war es immer gewesen: Die Krankheit, mit der er schon als junger Mann gekämpft hatte, durfte ihn auf keinen Fall schwach erscheinen lassen oder gar unmännlich, weibisch. In einem Amerika, das einerseits gerade noch im Männlichkeitswahn der Westernfilme schmorte und andererseits nach Erneuerung durch einen jungen, »coolen« Führer und seine Ideen strebte, hätte er das als tödlich empfunden. Und schließlich wollte er 1964 wiedergewählt werden. Texas konnte für dieses Ziel entscheidend sein.

Das Bild, das er nach außen abgab, bedeutete für John F. Kennedy immer mehr als die Realität. Die hatte sich eher nach dem Image zu richten. Denn er war die Ikone. Er hatte sich doppelt verpflichtet, immer wieder an die Grenzen zu gehen: Politisch, um tatsächlich etwas zu verändern, und persönlich, um seiner Komplexe Herr zu werden. An Tagen wie diesem verstärkte sich das Ganze sogar noch. Es konnte keinen Zweifel daran geben, dass er trotz aller Warnungen nach Texas fliegen und Dallas nicht aussparen würde. Damit nicht genug: »Ich möchte, dass mein offener Wagen nicht mit dem Bubbletop versehen wird. Direkter Kontakt ist mir wichtig. Auch keine Sicherheitsbeamten auf den Trittbrettern. Sie würden den Blick auf Jackie verstellen. Alle sollen sie sehen können.« So lautete seine fatale Anweisung.

Gegenüber:
Nach tausend Tagen im Amt gezeichnet: John F. Kennedy im November 1963.

Gegenüber:
John F. Kennedy mit Großvater Honey Fitz.

Als John F. Kennedy mit 29 Jahren in den Kongress gewählt worden war, gab sein Großvater, der Bürgermeister von Boston, ein prunkvolles Essen für ihn im Ritz-Carlton, dem ersten Hotel der Stadt. Es gab irisches Bier, französischen Champagner und Hummer. Alle Honoratioren, der Geldadel und ein paar Mafia-Bosse hatten sich um John Francis Fitzgerald versammelt. Ein großer Tag für »Honey Fitz«, den Sohn eines in den vierziger Jahren des 19. Jahrhunderts aus Irland eingewanderten Krämers. In der Ladenkneipe mit regem Publikumsverkehr, die der Vater später betrieb, war Honey Fitz aufgewachsen. Die Party für seinen Enkel genoss er sichtlich. Er liebte solche Anlässe und konnte auch sonst nur schwer ohne die bewundernden Augen seiner Umgebung existieren. Das Schönste waren für ihn die Spaziergänge durch »seine« Stadt, die er schulterklopfend und händeschüttelnd unternahm.

An jenem Abend im Ritz-Carlton sagte jemand zu ihm: »Du wirst sehen, es geht weiter. Dein Enkel wird bestimmt noch Gouverneur!« Und Honey Fitz antwortete lakonisch: »Das wäre uns zu wenig. Er wird Präsident!« Darüber war er sich mit seinem Schwiegersohn Joseph P. Kennedy, auch er Sohn eines irischen Gastwirts, einig. Schon zwanzig Jahre zuvor hatte Joe, wie ihn alle nannten, einen exakten Spielplan entwickelt.

Wer immer ihn in seinem Domizil in Hyannisport auf Cape Cod besuchte, wo er im Sommer mit seiner Frau – Honey Fitz' Tochter Rose – und den neun Kindern Hof hielt, dem wurden die Protagonisten des Plans vorgestellt: »Das ist mein Sohn Joe junior. Er wird einmal Präsident der Vereinigten Staaten, das ist John, er wird Justizminister und dies ist Robert. Er wird den Staat Massachusetts im Senat vertreten.« Die Knaben, über die er sprach, waren damals 16, 14 und 12 Jahre alt. Nachdem Joe junior später, im 2.Weltkrieg, ums Leben gekommen war, mussten die anderen Söhne einfach eine Position aufrücken und Daddy sollte Recht behalten. John F. Kennedy wurde Präsident, sein Bruder Robert F. Justizminister, und Edward zog fast gleichzeitig in den Senat ein.

Folgende Doppelseite:
Die Familie vor dem »Kennedy Compound« in Hyannisport, September 1931.
V.l.n.r.: Bobby, John F., Eunice, Jean auf dem Schoß von Vater Joseph, Mutter Rose, Jean, Patricia, Bobby Joseph jr. und Rosemary. Edward wurde 1932 geboren.

»Das Prinzip war ganz einfach: Wir sollten unter allen, aber auch allen Umständen die Ersten und die Besten sein«, erinnert sich John F. Kennedys Schwester Eunice, das fünfte der neun Kinder. »Es ging darum, zu siegen – egal, auf welchem Gebiet. Unbesiegbar sein und damit anders

und besser als alle außerhalb der Familie, diesen Ehrgeiz wollte Daddy uns vermitteln.« Und wer nicht siegte, dem wurde die elterliche Anerkennung entzogen.

»Wir wollen Gewinner«, so hieß Joe Kennedys Parole. »Verlierer haben hier keinen Platz.« Die Kinder hatten pünktlich bei Tisch zu erscheinen. Schon wenige Sekunden Verspätung konnten bedeuten, dass man allein in der Küche essen musste. Man war zum Outcast gestempelt. In den Ferien wurde das weitläufige Kennedy-Terrain in Hyannisport zu einer Art Familien-Bootcamp umfunktioniert. Schwimmen, Segeln, Tennis, Touch-Football – mehrere Trainer wurden angestellt, um die Kinder zu Spitzenleistungen zu treiben.

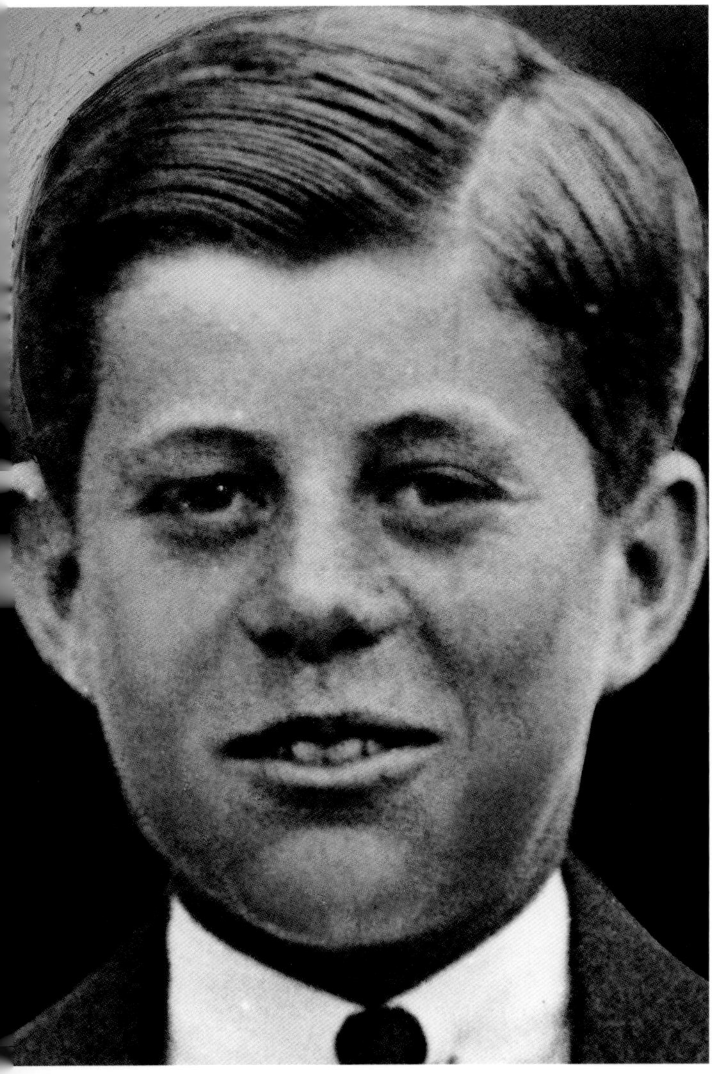

John F. Kennedy 1923, im Alter von acht Jahren.

Beim gemeinsamen Essen wurden Denkaufgaben gestellt und man diskutierte die politische Lage. Jedes Kind musste sich äußern. Merkte Joe Kennedy, dass jemand nicht vorbereitet war, setzte es Strafen. Zumindest verbal – mit sarkastischen und oft verletzenden Bemerkungen. Demütigungen in der Kindheit gehören zu den Wurzeln narzisstischer Wesenszüge, wie sie später bei allen Kennedys, besonders aber bei Jack zu bemerken waren.

Für John F. Kennedy war seine Kindheit nicht nur wegen des manisch ehrgeizigen Vaters besonders hart. Er musste sich als Zweitgeborener auch noch gegen seinen älteren Bruder Joe durchsetzen, der ihn oft drangsalierte. Jack, den seine Schwestern manchmal »Kobold« nannten, war immer zu Scherzen und Streichen aufgelegt, aber äußerst schmächtig und von schwacher Gesundheit. Rose Kennedy hielt auf Hunderten von Karteikarten die wichtigsten Vorgänge in der Familie penibel fest, auch die Krankheiten ihrer Kinder – bei Jack ist die entsprechende Karte am engsten beschrieben. Drei Monate vor seinem dritten Geburtstag bekam er Scharlach und starb fast daran. Später in der Schule und dann im Internat, litt er unter häufigen und plötzlichen Fieberanfällen, grippeartigen Symptomen. Man vermutete erst Hepatitis, dann Leukämie und gab ihm nur noch kurze Zeit. Eine genaue Diagnose konnte nicht gestellt werden.

Der kleine Jack, der in der Familie manchmal »Kobold« genannt wurde, mit Schwester Rosemary.

In den folgenden Jahren wurde Jack immer häufiger ins Krankenhaus eingeliefert. Andauernd gab es neue Probleme. Mit 17 zum Beispiel litt er plötzlich an heftigen Darmschmerzen und rektalen Blutungen. Darm- und Magenspiegelungen wurden vorgenommen. Nie klagte er oder beschwerte sich über Schmerzen, die bei einer Colitis ulcerosa, einer Darmentzündung, die schließlich diagnostiziert wurde, besonders heftig sind. Die Prozeduren, denen er sich unterziehen musste, beschrieb er in Briefen so stoisch und detailliert, dass man ihn für einen Masochisten halten konnte. Colitis ulcerosa gilt heute als schwere psychosomatische Erkrankung, hervorgerufen durch Stress, Ängste und ungelöste Konflikte, die die Patienten oft jahrelang mit sich herumgeschleppt haben.

Immer dann, wenn Jack, noch geschwächt von einem seiner Krankenhaus-Aufenthalte oder aus dem katholischen Internat, in das die Eltern ihn gesteckt hatten, nach Hause kam, setzten sich die familienüblichen Drill-Rituale gnadenlos fort. Mitleid gab es kaum. Und Zeichen der seelischen oder körperlichen Zuwendung fehlten. »Meine Mutter hat mich nie in den Arm genommen. Nie! Nie!«, sagte Jack einmal bitter, als er längst erwachsen war. Er und seine Brüder sehnten sich nach einer zärtlichen Mutter. Die Sehnsucht, einer Frau nahe zu sein, war immer präsent. Und doch hatten sie Angst vor diesem Gefühl, weil sie glaubten, es mache sie als Männer schwach. Der Don-Juanismus, den sie später allesamt an den Tag legten, war nicht zuletzt der Versuch einer Kompensation, und die schnellen Eroberungen sollten beweisen, wie männlich sie waren. In ihrem Innersten fühlten sie sich noch immer wie kleine Jungs.

Weinen war im Hause Kennedy verpönt – für die Söhne wie für die Töchter. Alle mussten ein Siegerlächeln zeigen, den Schein nach außen wahren, als seien sie wirklich tapfer, auch wenn sie vor Angst fast vergingen oder starke Schmerzen hatten. Eine Realität neben der Realität entstand schon damals bei den Kennedy-Kindern – kein Wunder, dass diese beiden Welten dann später oft genug miteinander kollidierten, Todesfolge eingeschlossen. Es entwickelten und manifestierten sich Züge dessen, was Psychologen als Narzissmus bezeichnen.

Baseball-Spieler Jack mit seiner Schulmannschaft (2. v. rechts, sitzend).

Der Narziss liebt sich selbst in Wirklichkeit nicht, sondern er steckt voller Selbsthass und erlebt Impulse der Selbstzerstörung – weil er immer glaubt, den schon früh verinnerlichten Anforderungen nicht zu genügen. Für ihn ist nur wichtig, wie er nach außen wirkt. Wahre Gefühle kann er gar nicht zulassen. Sie bleiben im Verborgenen. Und das bedeutet in der Konsequenz auch, dass er nicht wirklich lieben kann. So waren die Kinder von Joe Kennedy konditioniert worden – von einem Vater, dessen eigene narzisstische Veranlagung nur zu offensichtlich war: um jeden Preis die Sieger-Fassade erhalten.

Jack und seine Brüder Bobby (Mitte) und Teddy (Rechts) vor den weißen Holzvillen des »Kennedy Compound« in Hyannisport.

Es braucht übrigens für den Erhalt einer Dynastie unbedingt Narzisse. Nur sie sind bereit, den Traum von der Unsterblichkeit, der unendlichen Abfolge von Generationen, weiterzuträumen und kämpferisch genug in die Realität umzusetzen – gerade wenn sie, wie der kranke John F. Kennedy, davon ausgingen, dass ihnen nicht mehr viel Zeit blieb. Unsterblichkeit ist der älteste Traum der Menschen.

Die frühen Leiden der jungen Kennedys sind natürlich nur der eine Teil der Geschichte. Joseph Kennedy verstand es auch, seinen Kindern eine ganz bestimmte, durch unverbrüchlichen Optimismus geprägte Weltsicht zu vermitteln und ihren Horizont zu erweitern. Sie sollten wissen, dass es andere Kontinente gab und andere Kulturen. Und dass man ungewöhnliche Gedanken nicht nur haben darf, sondern sie sogar braucht, um den amerikanischen Traum Wirklichkeit werden zu lassen: »Die Möglichkeiten sind unbegrenzt – schöpft sie aus! Und dann gebt den Menschen etwas zurück.«

Seinen Sohn Jack zum Beispiel schickte er 1937 auf eine Europareise. Hier sammelte er jene Erfahrungen, die im Lauf der folgenden Jahre seine Grundhaltung formen sollten. 1935 war er schon einmal in Europa gewesen, hatte von Kontakten seines Vaters profitiert. Jetzt organisierte Jack die Reiseroute selbst. Mit seinem Freund Lem Billings fuhr er im eigens auf der *SS Washington* mitgebrachten Cabrio zunächst durch Frankreich – auf der Suche nach den Wurzeln der Kultur dieses Landes, das ihn faszinierte, ihm aber immer fremd bleiben sollte. Paris, Versailles, Orléans, Chartres, Angoulême, Toulouse und Marseille standen auf dem Programm, keine berühmte Kirche und kein Museum blieben unbesucht.

Auf Jack Kennedys Deutschlandreise: Hilfe bei einer Autopanne.

Und überall knüpfte Jack Kontakte zur Bevölkerung, wollte wissen, was die Franzosen von Roosevelts New Deal hielten und wie sie die Nazis und deren Kriegsabsichten einschätzten. Vom Unwesen der Nazis überzeugten sich die Reisenden nach einem Umweg über Italien, wo sie den Mussolini-Kult »abstoßend, aber verständlich« fanden. Die deutschen Faschisten dagegen fand Kennedy einfach nur »unerträglich, in ihrer dümmlich-arroganten Art. Sie wollten unbedingt zeigen, dass sie uns überlegen waren. Und dann das ganze ›Heil Hitler!‹-Zeugs.«

Schließlich kam er zu der Überzeugung, dass man die Welt nicht in »gut« und »böse« einteilen dürfe, sondern sich mit gewissen Fakten abzufinden hätte. »Der Faschismus hat seinen Platz in Deutschland und Italien, der Kommunismus in Russland und die Demokratie in England und Amerika.« Diese nüchterne Diagnose war für ihn aber nur der Ausgangspunkt detaillierten Nachdenkens über die Zukunft Europas. John F. Kennedy,

Gegenüber: John F. Kennedy auf Deutschlandreise – hier in Nürnberg als Jongleur. Das »Nazi-Zeug« stieß ihn ab.

Königstraße

Vorhergehende Doppelseite: Die Familie des amerikanischen Botschafters in London, Joseph P. Kennedy: Aufstieg in die höchsten Kreise der europäischen Gesellschaft.

damals 20 Jahre alt, wollte sich nicht länger auf das Urteil seines Vaters und auf typisch amerikanische Klischees verlassen, die über den »Rest der Welt« im Umlauf waren. Ein Erkenntnisprozess vollzog sich.

John F. Kennedy hatte zunehmend Spaß daran, sich ein unabhängiges Urteil zu bilden. Er bereiste Europa wie ein Schriftsteller oder Journalist, führte Interviews, wo immer er konnte. Und er erkannte schnell, dass die europäischen Angelegenheiten für Amerika immer wichtiger wurden. John F. Kennedy war auf dieser Reise 1937 Internationalist geworden. Der Isolationismus, den sein Vater und dessen Entourage predigten, erschien ihm zunehmend fragwürdig. Joseph P. Kennedy wurde im Dezember desselben Jahres amerikanischer Botschafter in London. Damit hatte er einen der Posten mit dem größten Prestige ergattert, den Präsident Roosevelt zu vergeben hatte. Eigentlich war Joe gänzlich unerfahren auf dem diplomatischen Parkett. Als einem der reichsten Männer Amerikas und Betreiber eines gigantischen politischen Netzwerks gelang ihm dennoch dieser Coup. Aber er machte in London keine gute Figur. Kennedy sagte nicht nur dem deutschen Botschafter, dass er mit Hitlers Maßnahmen gegen die Juden völlig einverstanden sei – in Boston nähmen die besseren Clubs schließlich auch keine Juden auf – er war auch ein Anhänger Chamberlains und der Idee einer Beschwichtigungspolitik gegenüber Hitler, zur Verhütung eines Krieges, den Deutschland sicher gewinnen würde. Bis zum letzten Augenblick dachte der Botschafter Kennedy so, selbst dann noch, als Winston Churchill in seiner »Blut, Schweiß und Tränen«-Rede erklärt hatte, dass die Nazi-Tyrannei sehr wohl besiegbar sei, aber nur mit einem Krieg. Churchill und Roosevelt ließen Joe Kennedy ihre Verachtung für seine Haltung spüren.

Den Posten in London sah er ohnehin vor allem als permanentes Gesellschafts-Monopoly – und als nächste Stufe in seinem Spielplan. Denn von hier aus konnte er den Söhnen eine hervorragende Startposition auf dem internationalen Parkett bieten. Man dinierte mit den Royals, verbrachte Jagd-Wochenenden auf den Landsitzen der High Society, und Jack reiste mit seinem Vater zur Amtseinführung Kardinal Pacellis als Papst Pius XII. nach Rom. Dann nutzte er die neue Familienbasis für eine weitere ausgedehnte Reise, höchst ungewöhnlich für einen jungen Amerikaner in der damaligen Zeit: Der Nahe Osten, wo er sich für das Palästina-Problem

Gegenüber: Joseph P. Kennedy.

interessierte, die Türkei, Russland, Rumänien, Polen und schließlich noch einmal Deutschland. Dort konnte er sich davon überzeugen, wie weit die Nazis das Land schon im Griff hatten. Mehrmals hatte er Schwierigkeiten mit SA-Leuten, die bisweilen auch handgreiflich wurden. Das englische Nummernschild an seinem Auto passte ihnen nicht. Kennedy war entsetzt über die hasserfüllte und kriegsbereite Atmosphäre. Dennoch notierte er in Berlin, wo er im Hotel Adlon am Brandenburger Tor residierte: »Noch immer kann ich mir nicht vorstellen, dass es Krieg geben wird. Aber es sieht nicht gut aus.«

Im Oktober 1941 zog er, jetzt 24 Jahre alt, als einer der Ersten in den Krieg. Mit Jacks medizinischer Akte wäre es freilich ein Leichtes gewesen, dem zu entkommen. Aber er wollte als Marinesoldat kämpfen und hatte Glück. Sein Vater ließ seine Beziehungen spielen. Das »Attest« eines Hausarztes bestätigte dem Rekruten Kennedy »beste Gesundheit«. Die Musterung wurde so oberflächlich durchgeführt, dass man ihn trotz eines lädierten Rückens, einer immer noch schwelenden Darmentzündung, trotz seiner immer wieder auftretenden Fieberanfälle und zahlloser anderer Probleme in die Marine aufnahm. Allerdings arbeitete er zunächst nur beim Geheimdienst der Navy, später auf einem Stützpunkt in Charleston, South Carolina.

Alles, was er bei seinem Vater gelernt hatte – tapfer sein, Angst bekämpfen, in allen Situationen lächeln –, konnte Jack zunächst nicht anwenden. Kein Risiko weit und breit – eine wahrhaft verzweifelte Situation für Narzisse. So nutzte er den politischen Einfluss seines Vaters und wurde schließlich in den Krieg gegen Japan geschickt. Seine Verdienste als Kriegsheld sind umstritten, aber er schlug sich wacke als Kommandant des Torpedobootes PT-109. Dann kam die Tragödie, der Beginn dessen, was immer wieder als Fluch über die Familie Kennedy gewertet wird. Jacks älterer Bruder Joe, damals Marinepilot, wurde bei einem Einsatz über Europa getötet. Der ganz persönliche amerikanische Traum des Vaters, der Joe jr. immer im Weißen Haus gesehen hatte, war mit einem Schlag zerstört.

Nahm Jack seinen Job als Kommandant des Torpedobootes PT 109 nicht ernst genug? Als es zu einem Unfall kam, wurde er zunächst kritisiert.

Gegenüber:
Jack, kurz bevor er Marinesoldat wurde.

Nun also war Jack an der Reihe, der sich nach dem Kriegsdienst gerade auf ein Leben als Journalist und Buchautor einzurichten begann. Er hatte für eine Nachrichtenagentur als Sonderkorrespondent von der Gründungsversammlung der UNO berichtet und über die Vier-Mächte-Konferenz von Potsdam geschrieben. Aber eigentlich war ihm das reine Berichten ohnehin zu passiv. Er wollte zu den Handelnden gehören. Lieber Geschichte machen, als darüber schreiben. Das konnte man immer noch tun. Aber jetzt ließ er sich erst einmal für die Kongresswahlen 1946 aufstellen.

Joe Kennedy, der schon damals über ein Vermögen von mindestens 100 Millionen Dollar verfügte, bezahlte den Wahlkampf – wie auch alle weiteren in John F. Kennedys politischer Karriere. »Drei Dinge braucht man, wenn man politischen Erfolg haben will: Geld, Geld und nochmals Geld«, sagte er. Joes exzellente Beziehungen zur Presse taten ein Übriges: Der »Boston Globe« schrieb Elogen über das soziale Gewissen, die Intelligenz und die kraftvolle Ausstrahlung Kennedys, der renommierte »New Yorker« hatte einen detaillierten Artikel über Jacks mutige Aktionen im Krieg veröffentlicht, der noch nicht einmal zwei Jahre vorüber war. Und Joe Kennedy warf sogleich die Publicity-Maschine an und erreichte, dass der Artikel noch einmal in hoher Auflage beim populären »Reader's Digest« als Sonderdruck erschien. Während der Wahlkämpfe seines Sohnes 1946 und 1952 (für den Senat) ließ er diesen Artikel verteilen. Das Kriegsheldentum John F. Kennedys wurde damals zum festen Bestandteil des Mythos und trug zum Wahlerfolg bei. Sogar noch in der Zielgeraden, bei der Parade zur Amtseinführung des Präsidenten im Jahre 1961, wurde ein PT-Boot über die Pennsylvania Avenue gezogen, und seine Kriegskameraden nahmen an der Zeremonie teil. Was steckte wirklich dahinter? Kennedy war Kommandant des neuartigen, wendigen Torpedo-Bootes PT-109 gewesen. Seine Mission hatte zum Ziel, die strategisch wichtigen Salomon-Inseln zu verteidigen und Nachschub-Lieferungen für die japanischen Basen zu blockieren. In der Nacht des 1. August 1943 wurde das Boot in der Blackett-Strait-Meerenge von einem japanischen Zerstörer gerammt – offenbar hatte Leutnant Kennedy nicht schnell genug reagiert und es versäumt, mit einem Schießbefehl der Havarie zuvorzukommen. Das Boot explodierte, zwei Soldaten waren sofort tot, Kennedy trug schwere Rückenverletzungen davon. Den-

noch rettete er mehreren Kameraden das Leben und wäre – nachdem die schiffbrüchige Mannschaft unter seiner Führung nach Tagen auf einem Atoll gelandet war – fast ertrunken, als er Hilfe holen wollte. So war er den Spitznamen »Crash Kennedy« und die Androhung disziplinarischer Maßnahmen schnell wieder los und bekam eine Tapferkeitsmedaille.

John F. Kennedy hält am Memorial Day, dem 30. Mai 1946, eine Rede. Der Wahlkampf um einen Sitz im Kongress läuft auf vollen Touren. Jack hat bereits begriffen: Inszenierung ist alles.

Sein Wahlslogan für den Kongress hieß denn auch: »Eine neue Generation präsentiert einen Führer«. Im Januar 1947 wurde John F. Kennedy gewählt und zog ins Capitol ein.

Bald darauf traf die Kennedys erneut ein harter Schicksalsschlag: Jacks jüngere Lieblingsschwester, Kathleen, kam bei einem Flugzeugabsturz in Frankreich ums Leben. Freunde beobachteten, wie Jack mit dem Tod seiner Geschwister umging: Nach außen ließ er kaum Emotionen erkennen. Dafür legte er immer mehr Fatalismus an den Tag. Inzwischen hatte man bei ihm auch die Addison-Krankheit diagnostiziert, eine Autoimmunerkrankung, die auf eine Störung der Hormonproduktion in der Nebennierenrinde zurückgeht. Sie führt unter anderem zu niedrigem Blutdruck und daraus resultiert eine permanente Abgeschlagenheit. Außerdem ist eine orange-braune Tönung der Haut die Folge, die später, etwas verstärkt durch die Sonne von Palm Beach, als »Skilehrer-Teint« bewundert wurde. Was schwerer wiegt, ist die damit einhergehende Störung des Immunsystems – Infektionen werden extrem gefährlich. Man konnte zu Kennedys Lebzeiten diese Krankheit mit täglichen Cortison-Gaben einigermaßen im Griff behalten, aber nicht heilen – sie verlief progressiv, und im Prinzip war sie tödlich.

Gegenüber: Wahlkampf für den Senatssitz: Jack litt schon damals unter ständigen Schmerzen und konnte sich nur mit Krücken fortbewegen. Wie immer dabei: Mutter Rose, voller Stolz.

Kennedy klagte nie über seinen Gesundheitszustand. Wenn er überhaupt darüber sprach, machte er allenfalls selbstironische Bemerkungen. Mit geradezu übermenschlichem Willen schien er immer neue Energien aus unbekannten Quellen zu schöpfen, obwohl er nicht glaubte, dass man noch sinnvoll längerfristige Pläne machen könne. Er lebte für den Augenblick, so bewusst wie möglich, als sei es der letzte Tag, das letzte Abenteuer. Und dazu gehörten auch seine ungezählten – meist kurzen – sexuellen Abenteuer, die der von ihm geschätzte Autor und Freund Gore Vidal später mit der Promiskuität Homosexueller verglichen hat. Vidal kannte den Präsidenten aus der Nähe und war häufig zu Gast im Weißen Haus. Jene schnellen Affären hatten nichts mit Liebe oder der Liebe verwandten Gefühlen zu tun – im Gegenteil. Sie boten eine Gelegenheit, sich von Gefühlen zu entfernen. Der Soziologe Christopher Lasch sagt in seinem Standardwerk »Das Zeitalter des Narzissmus«, schneller, anonymer Sex könne für den Narziss, abgesehen davon, dass er auf eher archaisch-primitive Weise die Männlichkeit bestätige, eine Methode sein, den Gefühlen zu entkommen. Zwei perfekt ineinander greifende Rädchen in jener Maschinerie der permanenten Bestätigung, die der an sich selbst Zweifelnde braucht. So gesehen führten seine Krankheiten dazu, dass diese Maschinerie immer hochtouriger laufen musste. In der Zeit als Kongressabgeordneter war er mehrmals zusammengebrochen – eine Folge der Addison-Krankheit. Und auch seine permanenten Rückenschmerzen beeinträchtigten ihn stark. Sie waren nicht nur Folge des Kriegseinsatzes und der banalen Tatsache, dass sein linkes Bein kürzer war. Der Historiker Robert Dallek fand heraus, dass Kennedy unter fortschreitender Osteoporose, also Knochenerweichung, litt.

WBEC

Röntgenaufnahmen seiner Wirbelsäule zeigen das. »Mindestens die halbe Zeit, die er auf dieser Erde war, hat er unter starken körperlichen Schmerzen gelitten«, sagte sein Bruder Bobby später.

Jack reagierte auf seinen bedenklichen Gesundheitszustand auf seine Weise: Eine neue große Herausforderung musste her. »Here and now« – auf der Stelle und sofort. »Er hatte immer das Gefühl, sein gepeinigter Körper würde nicht mehr mitmachen, die Zeit würde knapp. Deshalb wollte er seine Ziele immer so schnell erreichen«, sagt seine Schwester Eunice. »Er war ungeduldig und wollte damals schon jeden Tag so leben, als sei es mindestens der vorletzte. Er wollte sich keine Sekunde langweilen, nicht frustriert sein und nie allein.«

Im Alter von 35 Jahren bewarb sich John F. Kennedy um einen Sitz im Senat – ohnehin ein lang gehegter Plan. Sein Vater richtete unverzüglich ein Sonderkonto für seinen Sohn und dessen Wahlkampf ein, ohne Begrenzung der Ausgaben. So sollte es übrigens auch nach der Wahl bleiben. Jack bezahlte nie auch nur eine einzige Rechnung – alles ließ er an das Büro des Vaters schicken. Er sollte sich ganz auf die großen Dinge konzentrieren können, die vor ihm lagen. Der ganze Clan stand zu seiner Verfügung.

Fernsehsendung »Zum Kaffee bei den Kennedys«: Jack mit seiner Mutter (vor ihm sitzend) und den Schwestern Eunice, Pat und Jean.

1952 gingen die Kennedys auf Wahlkampf-Tournee durch 351 Städte in Massachusetts. Der Kandidat musste teilweise mit Krücken ans Mikrofon treten, Schmerzen und Anstrengung machten ihm zu schaffen. Bobby bewährte sich als Wahlkampfmanager, Mutter Rose und die Schwestern als Gastgeberinnen zahlloser Tee-Parties, um die weiblichen Wähler zu gewinnen. Einmal folgten 7500 Frauen der Einladung in ein Hotel, das nur auf 450 Teilnehmer eingerichtet war. Eine Call-in-Show im Fernsehen mit dem Titel »Zum Kaffee bei den Kennedys« – Joe hatte die Sendezeit gekauft – tat ein Übriges. Die Rechnung ging auf. Kennedy schlug den ehrwürdigen Amtsinhaber und Ostküsten-Aristokraten Henry Cabot Lodge, eine graue Eminenz in Boston und aus Massachusetts nicht wegzudenken, um 70 000 Stimmen.

»Die Wähler waren von einem Image geblendet worden, das Jugend, Energie, Intelligenz, Wärme und selbstlose Hingabe an ein Prinzip ver-

Gegenüber:
Kongress-Wahlkampf 1946 – Mutter Rose ist immer dabei.

hieß«, schreibt der Historiker Thomas C. Reeves. »Die applaudierenden Wähler übersahen, dass sich unter dieser Oberfläche nur wenig politische Substanz verbarg. Natürlich waren da Intelligenz, Disziplin und Entschiedenheit. Alle Kennedys kämpften hart und unermüdlich. Aber hinter dem ganzen Bemühen steckte der eiserne Wille des Gründervaters Joe Kennedy, der sich um Prinzipien kaum scherte – sondern nur darum, wie er Macht und Prestige der Familie befördern konnte ... Zu diesem Zeitpunkt war Jack noch ohne eine durchgehende intellektuelle, philosophische oder moralische Vision für sein Amt. Die Energie der Kennedys, ihr Schneid, ihr Geld und ihre Verbindungen hatten Jack in den amerikanischen Senat gebracht.«

Gegenüber: Geschafft: 1946 zieht John F. Kennedy in den amerikanischen Kongress ein, dessen Sitz im Kapitol in Washington ist.

Aber der Weg war geebnet für den Führungsanspruch der Ostküsten-Aristokratie mit ihrem genetisch verankerten Selbstverständnis von Amerika als der realen Utopie des »Pursuit of Happiness«, der noch immer eng verknüpft war mit dem »Gospel of Wealth«, dem Hohelied des Wohlstands von Eisenbahnkönig Andrew Carnegie. Diese amerikanischen Grundwerte wurden nun angereichert mit einer Prise Internationalismus, der Faszination der Technik und des Fortschritts sowie mit vorsichtig formuliertem sozialem Bewusstsein. Jetzt fehlte noch ein Element, um die acht Jahre Regierungszeit Dwight D. Eisenhowers, die eine Atmosphäre des Stillstands und der Spießigkeit etabliert hatten, gewinnbringend konterkarieren zu können. Für den Schritt ins Weiße Haus musste Jack heiraten – eine Frau, die den neuen Geist, mit dem man auf Wählerfang gehen wollte, mit tragen und idealerweise sogar verkörpern konnte.

...AND PRAYER
A DAY OF THANKSGIVING AND PRAYER
THANKSGIVING AND PRAYER
Thanksgiving

»Eigentlich bin ich zu jung und gleichzeitig zu alt zum Heiraten«, sagte Jack, als sein Vater ihm eine baldige Ehe nahe legte. Es war wie beim europäischen Hochadel mit seinen heiratspolitischen Strategien, die auch heute noch oft entscheidend für die Auswahl des Partners sind. Weder Jack noch seiner künftigen Ehefrau, der 21 Jahre alten Jacqueline Bouvier, erschien das absonderlich. Selbstverständlich heiratete man im Amerika der fünfziger Jahre innerhalb der eigenen Klasse, nach den Regeln des »Social Register« und oft aus dynastischen Gründen – alles Weitere würde sich in der Ehe dann schon finden. In den meisten Fällen fand es sich nicht und viele jener Ehen verliefen nicht gerade erfreulich. Aber Narzisse sind erfinderisch und leidensfähig.

Jack und Jackie gehörten beide zu dieser Gattung. Tiefe Selbstzweifel quälten sie. Beide hatten in ihrer Kindheit Demütigungen hinnehmen müssen. Jackie war es möglich gewesen, sich aus dem Chaos einer auseinander brechenden Familie und von der dominanten, sie ständig kritisierenden Mutter zu befreien. Deshalb führte sie jetzt ein nicht mehr vollständig narzisstisch geprägtes Leben. John F. Kennedy dagegen blieb bis zum Schluss ein Delegierter seines Vaters.

Ansonsten war es vor allem ein ungewöhnlich stark ausgeprägter Humor und, damit gekoppelt, der Sinn für Ironie und Sarkasmus, der Jack und Jackie miteinander verband. Das machte es ihnen möglich, sich selbst und den Rest der Welt mit einer gesunden Distanz zu betrachten, ihren Modus Vivendi zu finden. Am 12. September 1953 heirateten sie – unter der Regie von Zeremonienmeister Joe Kennedy.

Die Bühne für den Mythos war damit bereitet, die Besetzung der Hauptrollen perfekt. Nun mussten noch die großen Linien für die Story gefunden werden und der Ton, in dem jenes große Drama gespielt werden sollte.

Im Januar 1953 hatte John F. Kennedy den damals 24 Jahre alten Anwalt Theodore C. (Ted) Sorensen, Sprössling einer liberalen Familie aus dem Bundesstaat Nebraska, kennen gelernt. Als ebenso brillanter wie schneller Denker wurde er zu dem, was Kennedy selbst bald seine »intellektuelle Blutbank« nannte. Sorensen schrieb Reden für den Senator und hatte maßgeblichen Anteil an den Artikeln und Büchern Kennedys, von denen eines,

Gegenüber:
Der Sommer vor der Hochzeit.

Folgende Doppelseiten:
Die Hochzeit auf Hammersmith Farm in Newport, Rhode Island, geriet zum Medienereignis. Joseph Kennedy war stolz auf seine »Beute«, die schöne Jacqueline Bouvier – ein sicheres Ticket ins Weiße Haus.

»Profiles in Courage« – Zivilcourage, den begehrten Pulitzer-Preis bekam und zum Bestseller wurde. Darin sind die Biographien amerikanischer Politiker beschrieben, die den Mut hatten, sich mit ihrem Präsidenten, ihrer Partei oder der Stimmung, die in der Nation vorherrschte, anzulegen. Diese Idee des moralischen Muts zum politischen Widerstand gegen Konventionen hat die frühen sechziger Jahre entscheidend geprägt und schließlich zu den ersten Studentenprotesten an der Universität von Kalifornien in Berkeley im Jahr 1962 geführt.

Es darf bezweifelt werden, ob Kennedy mit diesen Folgen gerechnet hatte. Sein Bild als Mann mit Zivilcourage, unterstützt von den inzwischen weithin bekannten »Heldentaten« im Krieg, war jedenfalls gefestigt. Ted Sorensen war der Designer und Wahrer jenes Images, das am besten mit dem Begriff »mutiger Idealist ohne Illusionen« zu umschreiben war. Er traf damit einen Zeitgeist, der, gelähmt von der Sterilität der Eisenhower-Jahre, nach einem neuen Aufbruch strebte, nach Möglichkeiten, die wieder unbegrenzt sein sollten – so, wie es der amerikanischen Mentalität und dem »American Dream« entspricht. »Die abgestandene und stickige Luft der Normalität überwinden – die Gezeiten zwingen, ihre Richtung zu ändern« –: Die treffsicheren und manchmal blumigen Formulierungen Sorensens prägten auch die späteren Reden Kennedys als Präsident mit all ihren Visionen und dem liberalen Unterton der »New Frontier«. Der Redenschreiber war es auch, der Kennedy zusammen mit Jackie ein regelrechtes Training verpasste. Dazu gehörte ein Kurs in Schnelllesen und das Üben rhetorischer Feinheiten und Effekte. Alles zielte bereits auf den Wahlkampf sechs Jahre später. Sorensen war auch der Hauptarchitekt der Rede Kennedys zur Amtseinführung am 20. Januar 1961, die die gesamte Welt bewegte und mit einem Schlag den Mythos bis »in die letzte Hütte auf dem entferntesten Kontinent« trug, wie Kennedy selbst wohl formuliert hätte. Weit über Amerika hinaus war die Zukunft plötzlich hell und die Freiheit zum alles beherrschenden Thema geworden. »Nur wenige Generationen haben im Lauf der Weltgeschichte die Rolle zugeschrieben bekommen, die Freiheit im Augenblick der höchsten Gefahr zu verteidigen. Ich schrecke vor dieser Verantwortung nicht zurück – ich begrüße sie«, sagte der neue Präsident, der bei extremen Minusgraden ohne Hut und Mantel, aufrecht und furchtlos vor

Gegenüber:
Der Senator, kurz vor der Nominierung zum Präsidentschaftskandidaten der Demokratischen Partei.

sein Publikum getreten war. »Ich rufe die Menschheit auf, den Kampf gegen die gemeinsamen Feinde zu unterstützen: gegen Tyrannei, Armut, Krankheit und gegen den Krieg selbst.« Einer der führenden Poeten des damaligen Amerika, Robert Frost, hatte auf Einladung Kennedys ein Gedicht für die Inauguration, die Amtseinführung, geschrieben, indem er »the glory of a next Augustan age, a golden age of poetry and power« beschwor – einen neuen Aufbruch wie zu Zeiten des römischen Kaisers Augustus, ein Zeitalter der Poesie und der Macht. Kennedy selbst war das, wie er später zugab, eher peinlich, und er war froh, dass der Dichter in der Aufregung das Blatt nicht fand und ein anderes Gedicht vortrug, das er auswendig konnte.

Der Präsident und seine Brüder: links Bobby, damals Justizminister, in der Mitte Teddy.

Anschließend fuhren der Präsident und Jacqueline Kennedy im offenen Wagen durch Washington, umjubelt von Zehntausenden frierender Menschen, die die Pennsylvania Avenue säumten. Die Applaudierenden waren wie das Publikum des ersten Aktes einer Inszenierung auf höchstem Broadway-Niveau.

Joe und Rose Kennedy beobachteten das Geschehen von ihrer Tribüne aus wie in Trance. Auch wenn man sie aus Versehen hinter eine Säule gesetzt hatte – ihr Lebenstraum war in Erfüllung gegangen. Nach der anschließenden Parade strömten mehr als hundert Mitglieder der Familien Kennedy und Bouvier ins Weiße Haus, um »ihre« neue Residenz zu inspizieren. »Es erinnerte mich an eine Szene aus ›Vom Winde verweht‹«, sagt Eunice Kennedy Shriver. »An die Szene nämlich, als die weißen ›Herrschaften‹ ihr großes Haus während des Krieges verlassen haben und das Personal es plötzlich ›besitzt‹ und ausruft: ›Jetzt sind wir reich!‹« Sie filmten, fotografierten, schmissen sich auf die Betten. Chefbutler J. B. West meinte lapidar: »Sie sind ja alle sehr lustig, diese Kennedys, aber hoffentlich kommt die Verwandtschaft des Präsidenten nicht öfter zu Besuch.«

Am frühen Abend begannen in Washington gleichzeitig fünf Bälle und ungezählte Partys zur Feier der Amtseinführung. Nach dem dritten Ball brach die neue First Lady zusammen und musste in ihr neues, noch stark nach Farbe riechendes Zuhause gebracht werden. Der Präsident kam

Gegenüber: Heroisch, bei klirrender Kälte ohne Mantel: John F. Kennedy bei seiner Einführungsansprache als Präsident: »Frage nicht, was dein Land für dich tun kann, frage, was du für dein Land tun kannst.«

John F. Kennedys Schlafzimmer im Weißen Haus.

erst gegen vier Uhr morgens. Drei Stunden Schlaf blieben ihm, dann mussten er und Jackie zur Vereidigung des neuen Kabinetts.

Durchschnittliche Tage im Weißen Haus verliefen immer nach dem gleichen Schema. Der Präsident stand gegen acht Uhr auf, nahm ein heißes Bad und frühstückte. Meistens erschien einer der Leibärzte und achtete darauf, dass Kennedy seine Medikamente nahm. Anschließend ging der Präsident ins Oval Office, um Gespräche und Telefonate im 15-Minuten-Takt zu führen. Mittags schwamm er im Hallenbad, das im Keller eingerichtet worden war. Hier empfing er auch gern Gespielinnen, wenn Jackie verreist war. Dann mussten sich auch die Geheimdienstbeamten diskret zurückziehen. Gewöhnlich folgten ein kurzer Mittagsschlaf und eine Stunde, die er mit den Kindern verbrachte oder mit Gymnastikübungen im Trainingsraum. Bevor er wieder an seinen Schreibtisch ging, ließ er sich oft Schmerzmittel- und Amphetamin-Injektionen verabreichen. Nur so konnte er an manchen Tagen durchhalten. Abends empfingen die Kennedys offizielle oder private Gäste oder sahen sich im Privatkino einen Film an – Kennedy bevorzugte

Jackies Schlafzimmer im Weißen Haus.

Western. Bei den französischen Filmen der damals aufkommenden »nouvelle vague«, die Jackie manchmal sehen wollte, schlief er sofort ein.

Zu seinen Lebzeiten und noch viele Jahre danach wurde die Tatsache, dass John F. Kennedy ein schwer kranker Mann war, sorgsam verdeckt. »Wenn eine Mücke meinen Bruder sticht, stirbt sie auf der Stelle«, scherzte Bobby.

Jack Kennedys Fatalismus war in der Familie Legende. Als er einmal bei gefährlichem Wetter ein Flugzeug bestieg, sagte er: »Für jemanden mit meiner Lebenserwartung ist das in Ordnung.« Da war er dreißig. Kennedys Leben war ein Wettlauf mit der Zeit. In seiner Zeit als Präsident waren ständig zwei Begleiter mit den berühmten schwarzen Aktenkoffern bei ihm. Ein Koffer enthielt die Codes für einen Atomangriff, der andere war mit Medikamenten, Spritzen und Messgeräten gefüllt – ein veritables »Survival Kit«. Kennedy schluckte alles, was ihm in die Finger kam und von dem er glaubte, es könne nützen. Zu Bobby sagte er: »Auch wenn es sich um Pferdepisse handelt – es ist mir egal, wenn es hilft.« Und in dem New Yorker Arzt

Vorgehende Doppelseite: Der Präsident liebte es, wenn seine Kinder ihn im Oval Office besuchen kamen.

Dr. Max Jacobson fand er 1961 seinen persönlichen »Dr. Feelgood« – diesen Spitznamen bekam Jacobson denn auch sofort. Seine Hauptaufgabe war es, dem Präsidenten Amphetamine – Aufputschmittel – zu spritzen. Zusammen mit Corticosteroiden, die Kennedy täglich einnehmen musste, können sie den Sexualtrieb verstärken.

Als er ins Weiße Haus einzog, muss er längst von Schmerzmitteln abhängig gewesen sein. Dr. Janet Travell, die ihn schon in den Jahren als Senator behandelt hatte, gab ihm täglich bis zu sieben Injektionen des lokalen Anästhetikums Procain direkt in die Wirbelsäule – eine äußerst schmerzhafte Prozedur. Die offiziellen Ärzte des Weißen Hauses, Dr. George Burkley und der österreichische Immigrant Hans Kraus, ein Physiotherapeut, waren entsetzt. Sie verboten Dr. Travell weitere Radikalkuren und versuchten mit konsequentem Training, Kennedys Lage zu verbessern. »Dr. Feelgood«, der inzwischen auch Jackie, Freunde und Verwandte der Kennedys bisweilen mit Cocktails versorgte, etwa auf besonders anstrengenden Reisen, blieb allerdings mit im Spiel.

Oben und gegenüber: »Keep cool, Mr. President.« In Krisenzeiten zog sich John F. Kennedy gern auf seine Yacht zurück, um nachzudenken.

Im Weißen Haus gab es einen – von Bobby Kennedy als Justizminister und Schatten-Vize verhängten – Erlass, dass alle medizinischen Belange des Präsidenten unter die höchste Geheimhaltungsstufe fielen. So ahnte tatsächlich niemand, wie es hinter der jugendlich-attraktiven Fassade John F. Kennedys aussah.

Der forderte das Schicksal immer wieder heraus. Je größer das Risiko, desto größer die Selbstbestätigung des innerlich tief an sich zweifelnden Präsidenten. Das galt auch für jene Nacht mit Marilyn Monroe, über die immer noch spekuliert wird. Zwei Tage, nachdem FBI-Chef J. Edgar Hoover ihn über die Mafia-Verbindungen einer seiner Freundinnen, Judith Campbell, informiert hatte, traf er sich am 23. März 1962 im Haus des Sängers Bing Crosby bei Palm Springs mit Marilyn, die auch ein Verhältnis mit Bobby Kennedy hatte. Die Schauspielerin befand sich zu jener Zeit in einem fatalen Zustand. Drogen und Alkohol waren ihre ständigen Begleiter, paranoide Wahnvorstellungen an der Tagesordnung. Was sich in jener Nacht abspielte, ist nie bekannt geworden. Für den Präsidenten war es ein Spiel mit dem Feuer. Er musste wissen, dass Marilyn Freunden gegenüber bereits

Folgende Doppelseite: John F. Kennedy mit Tochter Caroline an Bord der »Honey Fitz« im Sommer 1961.

phantasierte, sie würde den Präsidenten heiraten und First Lady werden. Angehörige des organisierten Verbrechens und der mit der Mafia eng verbundene Gewerkschaftsboss Jimmy Hoffa, ein Erzfeind der Kennedys, ließen in das Haus der Monroe Wanzen einbauen und ihr Telefon abhören – mit dem Ziel, die Kennedys zu erpressen. Die Affäre und die damit verbundenen existenziellen Gefahren für den Präsidenten gipfelten in Marilyns Auftritt bei einer Gala zu seinem Geburtstag am 19. Mai 1962 im New Yorker Madison Square Garden. Sie erschien in einem atemberaubenden Paillettenkleid, unter dem sie offensichtlich nichts trug, und sang »Happy Birthday, Mr. President«, worauf Kennedy das Mikrofon ergriff und sich bedankte: »Jetzt, nachdem ›Happy Birthday‹ für mich auf so süße und wohltuende Weise gesungen wurde, kann ich mich aus der Politik zurückziehen.« Die wenigen Eingeweihten erstarrten ob der Ironie, die Kennedy auch in diesem gefährlichen Moment noch an den Tag legte, die anderen begannen zu spekulieren. Jackie war dem Ereignis wohlweislich fern geblieben. Sie musste keine Details wissen, um wütend mit ihrer Tochter Caroline, Schwester Lee und einem Dutzend Sicherheitsbeamten ins italienische Ravello abzureisen. Dort blieb sie statt der geplanten zwei Wochen einen ganzen Monat, spielte Dolce Vita und ließ sich mit dem Fiat-Erben Giovanni Agnelli fotografieren – eine bescheidene Rache, die Jack prompt mit einem Telegramm beantwortete: »Etwas mehr Caroline und weniger Agnelli«.

Das teuflische Spiel mit der Monroe stellten beide Kennedy-Brüder abrupt ein – es war ausgereizt. Ihre Anrufe im Weißen Haus wurden nicht mehr durchgestellt. Die Monroe nahm sich – nach allem, was man heute weiß – wenig später mit Schlaftabletten das Leben. Vor allem Bobby Kennedys Rolle in der Affäre ist nie ganz geklärt worden. Und auf den Präsidenten wartete schon der nächste Kick.

Bereits im Frühjahr 1962 war die Lage in der Karibik brenzlig geworden. Die Geheimoperation »Mongoose« war in vollem Gang. Sie sollte der ständigen Bedrohung durch Kuba, jenem Trauma der Kennedy-Regierung, ein Ende machen. Nach einem genauen Plan wollten die Amerikaner Wirtschaft und Regierung unterwandern, ein Szenario für die Ermordung Fidel

Castros wartete darauf, in die Tat umgesetzt zu werden. Amerikanische Reporter wurden zu einer gigantischen Militärübung in Puerto Rico eingeladen, bei der es um eine Fantasierepublik ging, die von einem Diktator namens Ortsac befreit werden sollte. Gleichzeitig wurden weitere Marine-Manöver in der Karibik abgehalten. Offener konnte die Provokation, die Kennedy natürlich abgesegnet hatte, nicht sein. Noch verfolgte er das Spiel wie einen Stierkampf, ohne zu ahnen, dass er selbst längst als Torero in der weltpolitischen Arena agierte. Castros Bruder Raul reiste nach Moskau und flehte Chruschtschow um Hilfe an. Der versprach, nukleare Sprengköpfe nach Kuba zu schicken. Wie sich erst 1990 aus geheimen Aufzeichnungen ergab, hatten die Russen bereits Ziele in den USA ausgesucht, an denen der Schaden besonders groß sein würde. »Uns war in der Sekunde, in der wir davon erfuhren, klar, dass es nicht um Kuba ging, sondern um den Kalten Krieg, das Wettrüsten und – die Zukunft der gesamten Menschheit«, sagt Arthur Schlesinger, der in jeder Phase der Krise mit John und Robert Kennedy die Lage besprach.

Am Morgen des 16. Oktober schließlich wurden dem Präsidenten Fotos vorgelegt, die endgültig bewiesen: Die Sowjets hatten SS4- und SS5-Sprengköpfe auf Kuba installiert. Angriffsraketen, die innerhalb von zehn Minuten Washington, Houston oder Miami erreichen und völlig zerstören konnten. Ein Angriff auf Kuba, so glaubten damals 51 Prozent der Amerikaner, werde unweigerlich den Dritten Weltkrieg auslösen. Wenn der Präsident freilich nichts unternommen hätte, um die sowjetische Bedrohung abzuwenden, hätte ihm ein Amtsenthebungsverfahren gedroht. Sein Bruder, dessen Funktion im Weißen Haus längst über die des Justizministers hinausging, machte ihm das drastisch klar. Was also tun? Kennedy entschied sich für den Weg der Seeblockade. 54 Schiffe der US-Kriegsmarine brachen nach Kuba auf, geschützt von Langstreckenbombern mit etwa 200 Wasserstoffbomben an Bord.

Die Operation »Quarantäne« begann. Am selben Abend saßen der Präsident und Bobby Kennedy im Oval Office, um unter vier Augen die Lage zu besprechen. Im Vorzimmer, bei Sekretärin Evelyn Lincoln, warteten Außenminister Dean Rusk, Verteidigungsminister Robert McNamara, der Pressechef Pierre Salinger und Sonderberater Arthur Schlesinger. Dann

Folgende Doppelseite:
Existenzielle Entscheidungen:
Jack (rechts) und Bobby beraten sich während der Kubakrise.

kam die Nachricht, dass sich zwei sowjetische Schiffe dem amerikanischen Blockade-Gürtel bis auf wenige Meilen genähert hätten. In einer von Bobby noch am selben Abend mit der Hand auf einen gelben Block geschriebenen Notiz heißt es: »Auf diesen Moment waren wir vorbereitet und wir hatten gehofft, er würde niemals kommen. Die Gefahr und die Sorge hingen wie eine Wolke über uns allen ... Jene Minuten lösten beim Präsidenten größte Angst aus. Er hob seine Hand zum Gesicht, bedeckte damit seinen Mund und ballte sie zur Faust, öffnete und schloss sie immer wieder. Seine Augen verrieten höchste Anspannung – wir starrten uns über den Tisch an. War die Welt wirklich am Rande eines Holocaust? Hatten wir etwas falsch gemacht? ... Unerklärlicherweise dachte ich daran, wie er krank gewesen und wie er fast gestorben war. Ich dachte daran, wie er sein Kind verloren hatte und an den Augenblick, als wir vom Tod unseres Bruders erfuhren. Lauter Momente der Überforderung und des Schmerzes. Die Stimmen fuhren fort, aber ich hörte sie nicht mehr.« Es gab in diesem Moment mehrere Realitäten. Vorübergehende Bewusstseinsspaltung nennen das die Psychologen. Die Notiz zeigt, wie nahe sich die Brüder tatsächlich waren.

Gegenüber: Gipfeltreffen in Wien: Jackie bezaubert selbst Nikita Chruschtschow und beobachtet den Russen genau. Später, während der Kubakrise, gab sie ihrem Mann psychologische Ratschläge.

Dann kam die Nachricht, dass die beiden sowjetischen Schiffe auf dem Rückzug seien. Chruschtschow hatte bewiesen, dass er rational dachte. Nur war dies noch lange nicht das Ende der Kubakrise.

Inzwischen waren den Regierungsmitgliedern und der First Lady für den Fall des Falles Plätze in einem Bunker des Verteidigungsministeriums in einer ländlichen Gegend von Virgina, in der Nähe von Washington, zugewiesen worden. Jackie lehnte es strikt ab, dorthin zu gehen, wenn es ernst würde. Sie wollte beim Präsidenten bleiben und erklärte, sie würde ihn in einer solchen Situation niemals im Weißen Haus allein lassen.

In jenen Tagen wurde auch sie zur wichtigen Ratgeberin für ihren Mann. »Wir wissen nicht genau, was sie ihm sagte. Aber wahrscheinlich versuchte sie, ihr Feingefühl für die Psychologie anderer Menschen einzusetzen. Bei dem Gipfeltreffen zwischen Chruschtschow und Kennedy in Wien hatte sie die Mitglieder des Politbüros genau beobachtet. Nur Gromyko hielt sie für glaubwürdig. Und vermutlich hat Jackie immer wieder versucht, den Präsidenten in seinem absoluten Willen, zu einer friedlichen Lösung zu kommen, zu bestärken«, sagt Arthur Schlesinger: »Vielleicht

waren sie sich in der Zeit der Kubakrise am nächsten.« Und immer wieder ließ der Präsident seine Kinder ins Oval Office kommen oder ging zwischen den Krisensitzungen mit ihnen spielen, als suche er nach einer Motivation. Nach seiner Fernsehansprache an die Nation am 22. Oktober ging er in die Privaträume und las Caroline Gutenachtgeschichten vor – mit einer traurigen Stimme, wie das Kindermädchen Maud Shaw bemerkte. »Wenn es nicht um die Kinder ginge, um John und Caroline, und alle Kinder der Welt, dann wäre es so einfach, den Knopf zu drücken«, sagte er zu seinem Berater David Powers.

Unterdessen spitzte sich die Krise am 27. Oktober noch einmal gefährlich zu. Chruschtschow hatte Kennedy einen Deal angeboten: Abzug der sowjetischen Raketen aus Kuba gegen Abzug von 15 amerikanischen Jupiter-Raketen aus der Türkei und Italien. Jack hatte sich mit Bobby darauf geeinigt, den Russen dieses Zugeständnis zu machen – aber heimlich, damit die republikanischen Hardliner nicht auf den Plan gerufen würden. Bobby Kennedy setzte jetzt alles auf eine Karte. Dem sowjetischen Botschafter Dobrynin bedeutete er unmissverständlich, dass dies die letzte Chance für Chruschtschow sei. Ansonsten würden die Amerikaner die Raketen mit Gewalt aus Kuba entfernen. Sein Bruder habe keine Geduld mehr. Dobrynin schickte die Nachricht mit einem Boten nach Moskau – das rote Telefon mit einer direkten Linie Washington-Moskau wurde erst nach der Kubakrise eingerichtet. Am nächsten Tag willigten die Sowjets ein, die Krise war vorüber, die Welt konnte nach dreizehn Tagen aufatmen – ein Triumph für Kennedy.

Sparringspartner in der Kubakrise: John F. Kennedy und Nikita Chruschtschow auf dem Gipfeltreffen. Während der Krise konnten sie nur schriftlich und per Boten kommunizieren. Das rote Telefon, das Washington und Moskau verbindet, wurde erst nach der Krise eingerichtet.

Als Bobby am Abend ins Weiße Haus kam, umarmte ihn sein Bruder. Es war eine der seltenen Gelegenheiten, bei denen ein Kennedy einem anderen Kennedy für ein paar Sekunden Emotionen zeigte. Als wolle er sie im gleichen Atemzug wieder wegwischen, sagte Jack: »Eigentlich müsste ich heute Abend ins Theater gehen« – eine Anspielung auf Abraham Lincoln und dessen Sieg über die Südstaaten im Bürgerkrieg. Lincoln war noch am selben Abend im Ford's Theatre in Washington ermordet worden. Bobby verstand sofort, lachte und antwortete: »Dann gehe ich aber mit.«

Gegenüber:
Aufheiterung in den schweren Tagen der Kubakrise: Caroline und John-John im Oval Office.

Das Drama des »Mythos Kennedy« war um einen Akt bereichert worden. »Sowohl Jack als auch Bobby setzten immer alles daran, die Dinge nicht eskalieren zu lassen – ob in der Kubakrise, in Vietnam oder in Berlin«, sagt Schlesinger. Den Bau der Berliner Mauer beispielsweise sah der nüchterne Pragmatiker Kennedy zwar als tragisches Ereignis, aber er setzte alles daran, es nicht als gefährlichen internationalen Zwischenfall hochzuspielen. Er sah die Mauer, so ungeheuerlich sie sein mochte, als ein eher willkommenes Mittel gegen eine direkte Konfrontation zwischen Sowjets und Westmächten in Berlin. Und er hatte diese Entwicklung angesichts der Flüchtlingsströme von Ost- nach Westdeutschland vorausgeahnt. Zu seinen Beratern Walt Rostow und Arthur Schlesinger sagte er bei einem privaten Gespräch während eines Spaziergangs im Rosengarten des Weißen Hauses: »Ostdeutschland blutet aus. Der gesamte Ostblock ist in Gefahr. Chruschtschow muss etwas tun, um das zu stoppen. Vielleicht eine Mauer bauen. Und wir können nichts, aber auch gar nichts tun, um das zu verhindern. Ich könnte im Fall des Falles die Alliierten aktivieren, aber nur, wenn mit West-Berlin etwas passiert. Wenn es sich nur um Ost-Berlin handelt, sind wir machtlos.« In der Tat – sie waren machtlos. Am 16. August, dem Tag des Mauerbaus, frühstückte Kennedy mit seinem Redenschreiber Ted Sorensen, als ein Telegramm aus Berlin kam. Edward Murrow, der Direktor der United States Information Agency, teilte mit, dass der Regierende Bürgermeister von Berlin, Willy Brandt, öffentlich um die Unterstützung Kennedys gebeten habe. Der Präsident solle die in Berlin stationierten US-Soldaten zahlenmäßig stärken. Aber Kennedy fauchte nur: »Was glaubt er, wer er ist? Die haben doch bald Wahlen!« Er glaubte, Brandt wolle sich nur profilieren, um Wählerstimmen zu gewinnen. Später schickte er tatsächlich zusätzliche Soldaten, den Vizepräsidenten Lyndon B. Johnson und den in Deutschland sehr beliebten General Lucius D. Clay, den Architekten der Luftbrücke, nach Berlin.

Gegenüber und folgende Doppelseite: John F. Kennedys Triumphzug durch Berlin im Juni 1963.

An jenem 16. August war Kennedy ruhig geblieben, fast kaltblütig und pragmatisch. Zu Schlesinger sagte er: »Warum sollte Chruschtschow eine Mauer errichten, wenn er vorhätte, West-Berlin einzunehmen? Man braucht keine Mauer, wenn man die ganze Stadt besetzt. Die Mauer ist für ihn der Ausweg aus einer verzwickten Lage. Keine sehr schöne Lösung, aber verdammt viel besser als ein Krieg.«

Cafe Köln
APOTHEKE
7

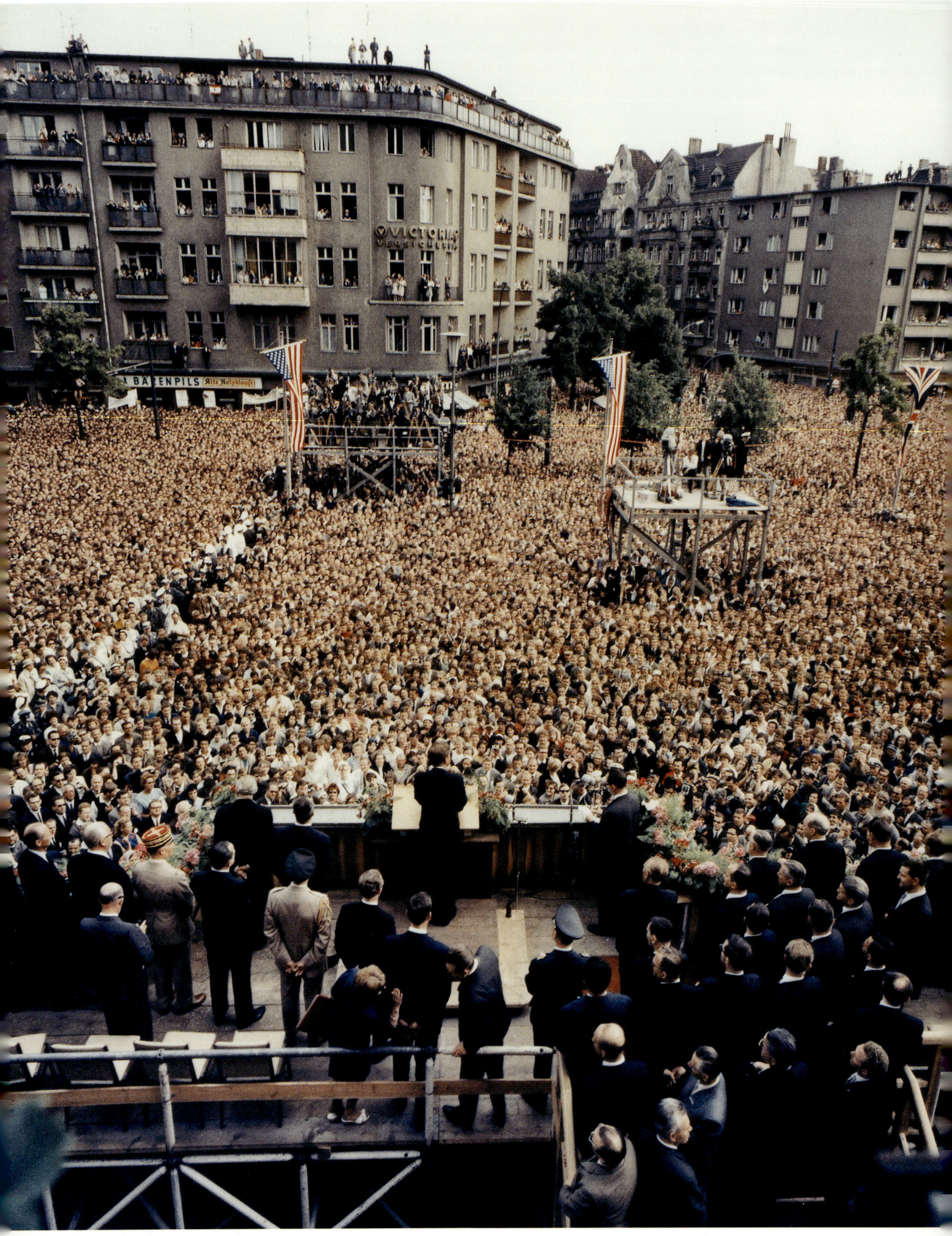
VICTORIA
BÄRENPILS

Zwei Jahre später nahm Kennedy die Mauer selbst in Augenschein.

Gegenüber:
Eine jubelnde Menschenmenge vor dem Rathaus Schöneberg in Berlin. Den Satz »Ich bin ein Berliner« hatte Kennedy mit Ted Sorensen stundenlang geübt.

Als John F. Kennedy im Juni 1963 nach Berlin kam, schlug ihm eine Woge der Begeisterung entgegen. Von Hunderttausenden wurde er als Garant der Freiheit gefeiert und vor dem Rathaus Schöneberg sprach er jene pathetischen Sätze: »Alle freien Menschen, wo immer sie leben mögen, sind Bürger von Berlin. Und deshalb bin ich als freier Mann stolz auf die Worte: ›Ich bin ein Berliner‹.«

Jackie, damals hochschwanger mit ihrem Sohn Patrick, der wenige Tage nach der Geburt an einer Erkrankung der Lunge starb, hatte ihre Schwester Lee mit auf diese Reise geschickt. Sie erinnert sich: »Wir flogen anschließend weiter nach Irland. Auf dem Weg zum Flughafen sagte Jack, noch ganz überwältigt von der Reaktion der Berliner: ›Diese Menschen brauchen wirklich einen Führer‹.«

Einen Monat nach seinem triumphalen Auftritt in Berlin wurde zwischen den USA und der Sowjetunion ein Vertrag unterzeichnet, der beide Nationen zum Verzicht auf Atomtests verpflichtete. Ein erster Schritt zur Begrenzung des Wettrüstens war getan. In der Außenpolitik, vor allem gegenüber der Sowjetunion, hatte John F. Kennedy in den tausend Tagen seiner Amtszeit Mut bewiesen und damit jenes Versprechen eingelöst, das er in seiner Rede zur Amtseinführung gegeben hatte.

Konrad Adenauer auf Staatsbesuch im Weißen Haus, mit John-John auf dem Arm. Kennedy sagte zu ihm, wie der deutsche Kanzler sich später erinnerte: »Sehen Sie, das kann ich wegen meines Rückens nie tun!«

Norman Mailer hatte in einem Artikel zu Kennedys Wahlkampf 1960 die Frage gestellt, ob die Nation den Mut haben werde, diesen Kandidaten zu wählen: »Wird das Volk mutig genug sein, auf eine Beschleunigung der Zeit zu hoffen, auf ein neues, dramatisches Leben?« Das Volk war mutig genug gewesen, und es bereute diesen Mut nicht. Wie hatte Arthur Schlesinger in seinem programmatischen Buch »The Vital Center« geschrieben? »Wir müssen uns der dauernden Krise verpflichten, in der die moralische, politische und aller Wahrscheinlichkeit nach auch unsere militärische Kraft andauernd auf die Probe gestellt werden. Wir müssen verstehen, dass darin das Wesen unserer Zeit liegt. Die Rückkehr in den Mutterschoß ist uns für immer verschlossen. Die Sicherheit ist ein dummer Traum alter Männer, die Krise wird unserer Leben immer begleiten.«

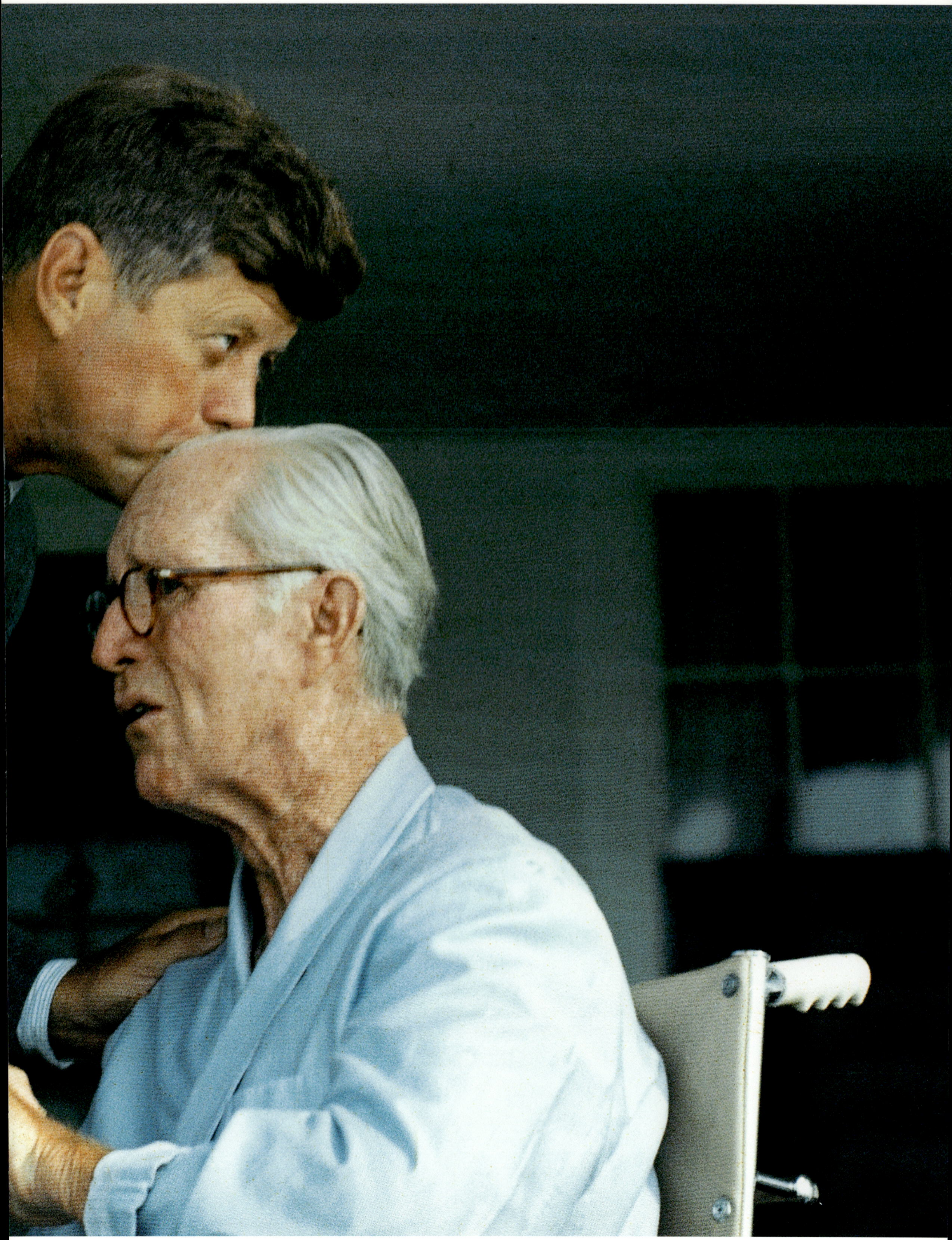

Vorhergehende Doppelseite: Einer der letzten Besuche John F. Kennedys bei seinem Vater, der nach einem Schlaganfall an den Rollstuhl gefesselt war und nicht mehr sprechen konnte.

Der Präsident hatte es auch verstanden, die längst schwelende Krise in Vietnam nicht eskalieren zu lassen – das geschah erst unter seinem Nachfolger Lyndon B. Johnson. Kennedys außenpolitische Erfolge, sein Kampf gegen den Kommunismus und für die Freiheit überdeckten die innenpolitischen Schwächen. Er war der erste Präsident, der sich darauf verstand, Weltkrisen zu instrumentalisieren, um Probleme im Innern immer weiter hinausschieben zu können. Seine Popularität lag nach der Kubakrise bei 84 Prozent. Vor der Reise nach Texas im November 1963 erreichte sie nur noch 47 Prozent. In Texas, vor allem in Dallas, wollte er – auch angesichts der bevorstehenden Wahlen – aus diesem Tief herauskommen.

Die Präsidenten-Limousine nach dem Anschlag vor dem Parkland Hospital in Dallas.

Die zunehmenden Rassenunruhen und der Marsch der Bürgerrechtsbewegung auf Washington, mit Dr. Martin Luther King an der Spitze, waren ein Fanal. Der Präsident, so die unmissverständliche Forderung, solle sich endlich um die drängenden Probleme der amerikanischen Gesellschaft kümmern. Zu sehr war er ein Sohn der Ostküsten-Aristokratie und damit Exponent einer fest gefügten Klassenordnung, als dass er tatsächlich eine entscheidende Wende für die noch immer stark diskriminierten Schwarzen herbeiführen konnte. Seine Reden über die Bürgerrechte waren allesamt eindrucksvoll, dank der geschliffenen Formulierungen Ted Sorensens und Arthur Schlesingers. Aber für das Thema fehlte Kennedy einfach die Leidenschaft. Sein Bruder Bobby versprach, einen Schritt weiter zu gehen, als er ein paar Jahre später Präsidentschaftskandidat war. Er wollte den Kennedy-Mythos auch an der sozialen Front absichern.

Und John F. Kennedy selbst? Nach historischer Größe hatte er gestrebt und sie erreicht. Ein Platz im Pantheon amerikanischer und damit weltweit gültiger Mythen war Kennedy, der oft genug dem Tod ins Auge gesehen hatte, wichtiger als sein Leben. Dass er irgendwann damit bezahlen würde, hat er wohl immer geahnt. Eine Wahl hatte er nicht. Für seinen Bruder Bobby galt das ebenso.

Der Vater, Joseph P. Kennedy, hatte schon früh einen faustischen Pakt mit der Geschichte geschlossen.

Der Sarg wird an Bord der Air Force One gebracht.

Als Jackie Kennedy am Morgen des 22. November in ihrer Hotelsuite in Fort Worth aufwachte, fiel ihr Blick zuerst auf ein Landschaftsbild von Vincent van Gogh, das man – neben einem Picasso und einem Monet – als Geste für das Präsidentenpaar von einem lokalen Museum ausgeliehen und aufgehängt hatte. Die Farben auf dem Bild leuchteten sogar noch in dem fahlen Licht, das durch die geschlossenen Vorhänge fiel. Draußen musste es ziemlich grau sein. Jackie hörte Regen gegen die Scheiben tropfen. Ihr erster Gedanke war: »Gott sei Dank, es regnet.« Das bedeutete, man würde in Dallas das Plexiglasverdeck auf den Wagen montieren. In der Nacht waren die »Dallas Morning News« gedruckt worden – mit einer ganzseitigen, schwarz umrandeten Anzeige der rechtsradikalen John-Birch-Society. Darin wurden die Kennedys als prokommunistisch bezeichnet und des Landesverrats bezichtigt. Auf dem kurzen Flug von Fort Worth nach Dallas zeigte Jack die Anzeige seiner Frau, die sich entsetzt abwandte: »Jackie, wenn jemand mich aus einem Fenster erschießen will, kann das ohnehin niemand verhindern. Warum sollten wir also Angst haben?« In Dallas

Gegenüber:
Ehrenwache im Ostflügel.

schien wieder die Sonne und das Verdeck wurde nicht auf den Wagen gesetzt. Kurz nach 12.30 Uhr fielen die tödlichen Schüsse, abgegeben aus einem Fenster im 6. Stock des Schulbuch-Depots von Dallas. Ob der wirre Marxist und Castro-Anhänger Lee Harvey Oswald tatsächlich allein und ohne Hintermänner gehandelt hat, ist noch immer ungeklärt. Hatte die CIA im Verein mit amerikanischen Militärs einen Tötungsbefehl erteilt, um das einsetzende Tauwetter zwischen Kreml und Weißem Haus zu stoppen? Waren es Kubaner oder Vietnamesen? Gewerkschaften oder Mafia? Viele Amerikaner können auch vierzig Jahre nach den Schüssen von Dallas nicht akzeptieren, dass ein verrückter Einzeltäter dieses Verbrechen an ihrer Hoffnung, ihrer vom Mythos Kennedy getragenen Vision begangen haben soll.

Der Sarg wird zur Ehrenwache gebracht. Jackie trägt noch immer das Kostüm, das sie in Dallas anhatte. Obwohl es Blutflecken hat, will sie es nicht wechseln.

JACKIE

DER ERSTE MOMENT ALLEIN.

Gegenüber:
Jackie verlässt mit ihren beiden Kindern Caroline und John-John den Trauergottesdienst. Die ganze Welt fühlt mit ihr.

Über das eisige Washington hatte sich am Nachmittag eine graue Wolkendecke gelegt. Mit Einbruch der Dunkelheit war es ungewöhnlich kalt geworden. Jetzt war es kurz vor 22 Uhr. Im zweiten Stock des Weißen Hauses brannte Licht. Jacqueline Kennedy lag auf der blauseidenen Chaiselongue in ihrem privaten Salon. Der erste Moment allein. Es war der 27. November 1963. Fünf Tage waren seit der Ermordung John F. Kennedys vergangen, vor zwei Tagen hatte die Beerdigung stattgefunden, gestern die Kindergeburtstagsparty für ihren dreijährigen Sohn John jr., für den alles so »normal« wie möglich sein sollte. Und heute hatte Tochter Caroline ihren sechsten Geburtstag. Natürlich bekam auch sie ihre Party, aber das Kind musste vor allem intensiv getröstet werden. Der Schock zeigte jetzt seine schlimmen Nachwirkungen. Am frühen Morgen, noch halb im Schutz der Dunkelheit, hatte sich Jacqueline Kennedy wieder zum Ehrenfriedhof in Arlington bringen lassen, um das frische Grab ihres Mannes zu besuchen. Später fand eine Unterredung mit Lyndon B. Johnson im Oval Office statt, anschließend Besprechungen mit dem Personal des Weißen Hauses zur Logistik des Auszugs aus dem Weißen Haus. Sie wusste an diesem Abend wohl selbst nicht, woher sie die Kraft genommen hatte, das alles durchzustehen. Und jetzt? Dass innerhalb weniger Tage ein Mythos entstanden war, ihr eigener nämlich, war ihr noch gar nicht bewusst. Sie war vom weltweit verehrten Star mit Hollywood-Qualitäten zur Ikone geworden, beinahe zu einer Heiligen. Ihre Stärke schien geradezu übermenschlich zu sein. Auch jetzt, als eigentlich alle Kräfte aufgezehrt waren, würde sie nicht nachgeben. Denn morgen war Thanksgiving, das höchste amerikanische Familienfest. Sollte sie mit den Kindern im Weißen Haus bleiben, wo das Personal bald Umzugskar-

Folgende Doppelseite:
Der Sarg auf dem Weg zum Ehrenfriedhof in Arlington, dahinter das reiterlose Pferd, dann der Zug der Trauernden – alles sollte so sein wie bei Lincolns Beerdigung.

tons bereitstellen würde, oder zu ihrer Mutter gehen, die mit dem Stiefvater ein paar Straßen weiter wohnte?

Die Kennedys versammelten sich unterdessen, wie jedes Jahr, in Hyannisport. Dort würde sie alles noch weit mehr an Jack erinnern als in Washington. Und allein der Gedanke, mit ihren Kindern Caroline und John dem gesamten Clan und seiner ohne Zweifel wohlmeinenden Fürsorge ausgeliefert zu sein, erschreckte sie. An diesem Nachmittag musste sie für sich ganz allein eine Antwort finden: Wie konnte sie die Legende ihres Mannes für alle Zeiten bewahren? Auf keinen Fall wollte sie diese Aufgabe dem Kennedy-Clan überlassen. Nie hatte sie sich ganz und gar mit Jacks Familie identifizieren können. Nie hatte sie sich verbogen, um ihnen zu gefallen. Wenn sie im Sommer in Hyannisport waren und Jack mit seinen Brüdern, Schwestern, Neffen und Nichten segelte oder die wildeste Version von Touch-Football spielte, las sie lieber den griechischen Schriftsteller Konstantinos Kavafis. Vor allem »Die Reisen des Odysseus« liebte sie und sein Gedicht über Ithaka. Dort heißt es: »Allein die Reise ist wichtig, nicht das Ankommen in Ithaka.« Darin verbarg sich ein wichtiger Teil ihrer Lebensphilosophie. Das Gefühl, angekommen zu sein, sollte sie erst in den letzten zwanzig Jahren ihres Lebens kennen lernen – in New York, wo sie sich am liebsten in ihrer Bibliothek vergrub. Bis dahin hatte sie sich nirgendwo wirklich zu Hause gefühlt – erst recht nicht bei den Kennedys.

Allein im Rosengarten des Weißen Hauses: John-John fragte immer wieder nach seinem Vater.

Sie dachte nicht daran, sich die Regeln der großen, wilden Gemeinschaft zu Eigen zu machen. Jackie entwickelte auch keinen Ehrgeiz, mit den anderen Kennedy-Frauen mitzuhalten, was die Zahl der zur Welt gebrachten Kinder betraf. Rose, ihre Schwiegermutter, hatte es auf neun gebracht, Ethel, Bobby Kennedys Frau, sogar auf elf.

Ein besonderes Verhältnis freilich hatte Jackie immer zu ihrem Schwiegervater Joseph gehabt. Von Anfang an war er ihre Bezugsperson im Clan gewesen, der Einzige, mit dem sie sich stundenlang über Bücher, Filme und Musik unterhalten und von dem sie etwas über Politik und Macht lernen konnte. Die Zuneigung beruhte auf Gegenseitigkeit. Nicht nur, weil Joe Kennedy in Jackie immer das Ticket ins Weiße Haus und

Gegenüber:
Zwei Halbwaisen: Caroline und John-John kurz nach der Ermordung ihres Vaters.

damit zur Verwirklichung seines an den Sohn delegierten Lebenstraums sah. Er fand in ihr auch viele Züge, die seine Frau Rose nicht besaß. Und Joe war es auch, der Jackie überzeugt hatte, bei seinem Sohn zu bleiben, als sie sich bereits nach kurzer Zeit wegen seiner unzähligen Seitensprünge von Jack trennen wollte. Geld war, wie oft behauptet wurde, dabei nicht geflossen, auch wenn Joe ihr vielleicht tatsächlich eine Million Dollar angeboten hatte. Später wurde kolportiert, sie habe nur gelacht und gefragt: »Warum nicht zehn Millionen?« Jackie war nicht käuflich. Ihrem Schwiegervater zuliebe war sie bei Jack geblieben – und nicht zuletzt auch deshalb, weil sie ein Leben mit derartigen Höhen und Tiefen dem wenig aufregenden Dasein der meisten Frauen aus ihrer Gesellschaftsschicht vorzog. Und auch die hatten schließlich mit ihren fremdgehenden Banker- und Börsenmakler-Gatten zu kämpfen.

Gegenüber:
Abschied: Jackie Kennedy verlässt mit Caroline und John-John im Dezember 1963 das Weiße Haus.

Joe hatte 1962 einen schweren Schlaganfall erlitten, war ans Bett und an den Rollstuhl gefesselt und konnte nur noch mit Mühe sprechen. Rose schrieb im Sommer desselben Jahres in ihr Tagebuch: »Joes Krankheit. Der Kummer, wenn ich ihn weinen sehe, und das Mitleid, das ich empfinde, wenn ich sehe, dass jemand, der so stark und selbständig war, hilflos im Bett liegt und ›nein, nein, nein‹ sagt – auch, wenn er ›ja‹ sagen möchte.« Die Nachricht von der Ermordung seines Sohnes hatte man ihm vorsichtig überbracht, erst Tage nach den Schüssen von Dallas. Er war zu schwach, um in Washington an den Beisetzungsfeierlichkeiten teilzunehmen. So hatte Jackie ihn nach dem Mord noch nicht gesehen und fühlte jetzt die Verpflichtung, dies nachzuholen und ihrem Schwiegervater alles ausführlich zu erzählen – sie, die seinem Sohn am nächsten gewesen war.

Ihm zuliebe, aber auch, weil sie sich vielleicht in seinen halb gelähmten Armen Trost erhoffte, brach sie am Morgen des 28. November mit Caroline und John jr. nach Hyannisport auf, nicht ohne – allein und wieder im Morgengrauen – noch einmal am Grab gewesen zu sein.

»Kennedy Compound« – dieser amerikanische Schrein ist ein Ensemble aus einigen stattlichen, aber nicht prätentiösen weiss-hölzernen Strandvillen an der Westküste von Cape Cod, jener Halbinsel, die sich wie ein muskulöser Arm mit erhobener Faust vor Boston ins Meer reckt. Jack und Jackie gehörte auf dem Terrain ein kleineres Haus mit vier Schlafzim-

mern, das sie sich während seiner Zeit als Senator gebaut hatten. Im Haupthaus wartete an diesem Nachmittag der vollständig versammelte Clan auf Jackie. Eigentlich hatte niemand mit Jackie und den Kindern gerechnet, und der Anruf aus Washington, sie käme nun doch, hatte alle in eine gewisse Spannung versetzt. Kaum angekommen, ging Jackie gegen den Protest ihrer Schwägerinnen, die eigentlich erst mit ihr sprechen wollten, die Treppe hinauf in das Schlafzimmer ihres Schwiegervaters. »Bitte – ich möchte jetzt nur mit Grandpa sprechen, deshalb bin ich hier.« In der Hand hielt sie, sorgsam gefaltet, jene Stars-and-Stripes-Flagge, die während der Aufbahrung den Sarg ihres Mannes bedeckt hatte. Joes Krankenpflegerin, Mrs. Dallas, führte sie in das Zimmer. Jackie nahm die Hand ihres Schwiegervaters, den sie immer »Grandpa« genannt hatte, und begann, detailliert zu erzählen, was sich fünf Tage zuvor zugetragen hatte. Die brutalen Fakten hatte man bis dahin von Joe fern gehalten. Aber Jackie war der Meinung, sein Vater habe ein Recht darauf, alles zu erfahren. Joe hielt seine Augen fast die ganze Zeit geschlossen, hörte aber äußerst konzentriert zu. Es war, als wollte er den Tod seines geliebten Sohnes miterleben und dabei die Bilder vor sich sehen, die er aus dem Fernsehen nicht kannte. Schließlich, nach mehr als einer Stunde, küsste Jackie ihn auf beide Augenlider. Sie war völlig erschöpft. Aber sie hatte das Gefühl, von ihrem Schwiegervater, ohne dass der es formulieren konnte, einen klaren Auftrag mitzunehmen: Weil er nicht mehr in der Lage war, sollte sie jetzt die Gralshüterin des Mythos sein.

Gegenüber:
Hoffnung auf eine Fortsetzung des Mythos: Joe Kennedy, umgeben von 18 Enkeln. Vorn Robert F. Kennedy jr. mit seinem Vetter John F. Kennedy jr. auf dem Schoß.

Inzwischen war ein Sturm aufgekommen, Regen klatschte mit jeder Böe gegen die Fenster, der Himmel war pechschwarz. Dennoch ging Jackie mit Caroline und John gegen Abend am Strand spazieren, und dann ließ sie die Kennedys gewähren. Jeder versuchte auf seine Weise, Trost zu spenden, und später schrieb Jackie: »Sie haben mir sehr geholfen. Meiner Veranlagung nach bin ich introvertiert, gern allein, ziehe mich in mein Innerstes zurück und grüble zu viel. Aber sie gaben alle ihr Bestes. Sie zerfleischen sich nicht in Selbstmitleid. Ihre Tapferkeit macht einen stolz, und man denkt, sieh dir diese Menschen an, wie sie sich bemühen – daran solltest du dir ein Beispiel nehmen.« Diese grundlegenden Charakterzüge waren für Jackie ein wichtiger Teil des Kennedy-Mythos.

Schon einen Tag später sollte er endgültig und für alle Ewigkeit manifestiert werden. Jackie ließ den Historiker und Journalisten Theodore White, Autor für das Magazin »Life« und Verfasser des Buches »The Making of the President« (1960), nach Hyannisport kommen. Sie vertraute ihm. White sollte in »Life« das schreiben, was sie dem Land zu sagen hatte – und Jackie würde den Text vor dem Erscheinen penibel redigieren. So entfielen denn auch später bestimmte verfängliche Bemerkungen, etwa über Rose Kennedy: »Seine Mutter liebte ihn nicht wirklich. Sie lief lieber als die Tochter des Bürgermeisters von Boston herum oder erzählte überall, dass sie die Frau eines Botschafters sei. Nein, sie liebte ihn nicht.« Passagen wie diese blieben im Giftschrank von Theodore White unter Verschluss und wurden erst ein Jahr nach Jackies Tod veröffentlicht. Wer ihren Mann umgebracht hatte, spielte für die Präsidentenwitwe keine Rolle. »Ist es denn wichtig, ob CIA, FBI, Mafia oder ein verrückter Misanthrop ihn umgebracht haben? Er ist nicht mehr da. Das ist es, was zählt. Sein Tod muss jetzt in einen Kontext gestellt werden.«

In dem »Life«-Gespräch bediente sich Jackie auf kongeniale Weise jener Instrumente der Markentechnik, wie sie auch Coca-Cola und Disney einsetzten. Sie erzählte von Jacks großer Passion, der Geschichte, die er schon als kleiner Junge in sich aufgesogen habe – auch, weil er oft krank war und vernachlässigt wurde. »Er suchte Helden in den Büchern. Die Geschichte bestand für ihn aus Helden. Dazu gehörte die idealistische, aber auch die pragmatische Seite. Es ging schließlich darum, große Taten zu vollbringen. Das alles hat ihn fasziniert ... So entstand auch seine Leidenschaft für das Musical ›Camelot‹ und die Zeile in einem Song daraus: ›Don't let it be forgot that once there was a spot – for one brief shining moment – that was called Camelot‹ – Nie soll vergessen werden, dass es für einen kurzen glanzvollen Moment einen Ort namens Camelot gab. Wie oft haben wir auf unserem alten Victrola dieses Lied gehört. Er liebte den Song und die Legende dahinter. Und eines ist sicher: Es wird nie ein zweites Camelot geben.«

Letzteres war ihr besonders wichtig. Denn nur so konnte – glaubte sie – der Platz John F. Kennedys in der Geschichte einmalig bleiben. JFK freilich hätte wohl nur eine sarkastische Bemerkung für diesen ganzen

Gegenüber:
Eine ganz und gar amerikanische Familie, im Sommer 1962 auf der Treppe des Hauses in Hyannisport.

Folgende Doppelseite:
So wollte die Welt das Traumpaar von Camelot sehen:
Jack und Jackie in der offenen Limousine.

Zauber übrig gehabt. Er war viel zu skeptisch gewesen, um sich selbst in einem »Camelot« zu wähnen. Jede Form der Verherrlichung war ihm zuwider, und tatsächlich war sie ja auch historisch gar nicht angebracht.

In dem Musical, dessen Libretto ein Harvard-Kommilitone Kennedys, Alan Jay Lerner, geschrieben hatte, geht es um den sagenhaften Ort Camelot, an dem König Artus mit seinen Rittern der Tafelrunde lebt. Galante Herren tanzen mit wunderschönen Frauen, aber es werden von den Helden auch große und vornehme Aufgaben bewältigt. Genau das ist es: Glamour in der Kombination mit einem neuen, offenen und alles eröffnenden Geist. Camelot wird zum Zentrum des Universums. Nachdem der »Life«-Artikel erschienen war, wurde »Camelot« sofort zum Synonym für die tausend Tage von John F. Kennedy im Weißen Haus. Jackie hatte ihr Ziel erreicht. Auch vierzig Jahre später hält der Mythos den Zeiten stand. Über die Frage, wer zum Mythos von Camelot letztlich mehr beigetragen hat, Jack oder Jackie, könnte man sich streiten. Und auch darüber, ob John F. Kennedy dem posthum formulierten Anspruch gerecht geworden ist.

Eines aber ist sicher: Wohl kaum vor Jacqueline Bouvier Kennedy Onassis – und niemals nach ihr – hat es eine Frau gegeben, die auf der ganzen Welt so verehrt wurde und uns so vertraut war. Für die Menschen auf allen Kontinenten war und bleibt sie »Jackie«. Aber wer war diese Frau wirklich?

Jackie wurde am 28. Juli 1929 in Southampton, Long Island, geboren – dort, wo die bessere New Yorker Gesellschaft noch heute ihre Sommer verbringt. Die Eltern, die allerdings weder gesellschaftlich noch finanziell zur Klasse der Rockefellers und Vanderbilts gehörten, sondern sich eher eine Stufe darunter bewegten, besaßen ein Haus in East Hampton. Es hieß »Lasata«, was im Indianischen so viel wie »Platz des Friedens« bedeutet. Das Anwesen mit seinen Ausmaßen und dem englischen Herrenhaus in der Mitte hätte aus einem Roman von F. Scott Fitzgerald stammen können. Genau das galt auch für seinen Besitzer, der es von seinem Vater übernommen hatte. Jack Bouvier war Erbe, Lebemann und Börsenmakler – in dieser Reihenfolge.

Gegenüber: Baby Jacqueline auf dem Arm der Mutter, Janet Lee Bouvier.

Mitte der zwanziger Jahre galt der hoch gewachsene, ewig sonnengebräunte und exotisch wirkende Beau als begehrtester Junggeselle von

Gegenüber:
Jacqueline Bouvier mit ihrem Vater 1930.

New York. Nicht selten wurde er mit Clark Gable verglichen. Die Fantasien der Debütantinnen gipfelten in Bezeichnungen wie »Black Prince« und »Black Orchid« – diese Namen sollte Bouvier, der von französischen Einwanderern eher unspektakulärer Herkunft abstammte, für immer behalten. Sein sexueller Appetit war schon zu Studienzeiten in Yale Legende gewesen, und die Art, wie die Frauen ihn umschwärmten, wurde später von seinem Freund Louis Ehret beschrieben, der fast jeden Abend in Jacks Apartment an der Park Avenue zu Gast war: »Die Frauen flatterten um ihn herum wie liebeshungrige Motten. Er hatte eine unnachahmliche Art, sie anzuschauen und allein mit seinem Blick schmelzen zu lassen. Für ihn war das wie ein sportlicher Wettbewerb. Er war ein Macho und wollte die Frauen dominieren. Mit den Augen begann es und der Rest ergab sich. Er musste einfach seine Männlichkeit bestätigt wissen.«

Das änderte sich nicht, als Jack Bouvier schließlich verheiratet war. In den Country Clubs der Ostküste und auf Soirées an der Park Avenue sprach man darüber. Jackie blieb das nicht verborgen. Zudem war sein außereheliches Liebesleben ein ständiger Streitpunkt zwischen ihren Eltern. Sie war also gewappnet für das, was viele Jahre später auf sie zukommen würde. Um seine Männlichkeit abzurunden, trank Jack Bouvier im Übrigen immer heftiger, was später zum Problem wurde – an der Börse und in seiner Ehe mit Janet aus der begüterten Lee-Dynastie.

Jackie im Alter von sieben Jahren mit ihrem geliebten Cockerspaniel. Mit ihm »sprach« sie, wenn sie wegen der Streitigkeiten der Eltern einsam und verzweifelt war.

Janets Vorfahren waren drei Jahre vor den Kennedys aus Irland nach Amerika eingewandert, wenig später kamen auch die Fitzgeralds, die Familie der Mutter John F. Kennedys. Jackie und ihre dreieinhalb Jahre nach ihr geborene Schwester Caroline Lee, kurz Lee genannt, fühlten sich den französischen Wurzeln ihres Vater mehr verbunden als dem irischen Erbe ihrer Mutter. »Unser Vater war etwas ganz Besonderes. Sein Stil und sein Charme unterschieden ihn von allen anderen. Er war in jeder Weise auffällig. Wir verehrten ihn, und es machte unendlichen Spaß, mit ihm zusammen zu

Mummy – my favorite corner
at Hammersmith –
Christmas 1965 XO Jackie

Jackie im Alter von 15 Jahren in New York.

sein. Er war sehr lustig, wir lachten die ganze Zeit mit ihm. Und er setzte sich über starre Konventionen hinweg – das konnte positiv oder gefährlich sein. Er brachte uns bei, alles, was wir taten, mit dem ganzen Herzen zu tun. Und von ihm lernten wir, dass es überhaupt möglich ist, anders zu sein als der Durchschnitt.«

Jack Bouviers persönliche Interpretation dieses »Andersseins« störte seine Frau Janet mit der Zeit empfindlich. Seine Untreue nahm etwa in gleichem Tempo zu, wie sein Bankkonto abnahm. Auch Janet hatte inzwischen zu trinken begonnen, und oft gab es lautstarke Auseinandersetzungen, bei denen die beiden sich mit Whiskygläsern bewarfen. Wenn es wieder so weit war, kümmerte sich Jackie sofort um Lee, brachte sie außer Hörweite und las ihr aus einem Buch vor.

Jackie selbst war durch jede einzelne dieser sich häufenden Szenen immer wieder aufs Neue tief verletzt und fühlte sich gedemütigt. Sie litt unendlich – vor allem dann, wenn die Eltern versuchten, sie zu benutzen und sich gegenseitig auszuspielen. In dieser Zeit lernte sie aus purer Not-

Gegenüber:
Jackie war eine begabte Zeichnerin. Hier hielt sie 1965 jene Ecke auf Hammersmith Farm fest, in der sie schon als Kind gern saß und malte oder Gedichte schrieb.

wendigkeit das emotionale Überleben. Sie entwickelte die Fähigkeit, sich von der Außenwelt zu distanzieren, sich ganz in sich zurückzuziehen, ihre eigene Welt zu bauen.

Je belastender die Situation in ihrem Elternhaus wurde, desto mehr scheute sie jede Art von Intimität mit Außenstehenden. Gefühle waren etwas, das man für sich behielt, auch vor den Eltern, und allenfalls mit Hunden oder Pferden teilte oder in Bildern ausdrücken konnte. Jackies Rückzug in die Fantasie hatte ein geschärftes Empfinden für Farben und Formen zur Folge. Kunst und Ballett wurden neben dem Reiten zur Passion. Sie begann zu malen und signierte ihre Aquarelle oft einfach mit »Ich«. Diese Zeit, die sie vielleicht am meisten geprägt hat, markiert auch den Beginn einer im Grunde lebenslangen Suche nach dem Kern ihres eigenen Wesens, denn mit niemandem hatte sie sich bis dahin identifizieren können, bei keinem Elternteil hatte sie sich wirklich zu Hause gefühlt.

Selbstmitleid freilich war ihr immer fremd gewesen – schon früh erkannte sie, dass es nicht weiterhalf. Und so bekämpfte sie dieses Gefühl ihr Leben lang erfolgreich. Zugleich hatte sie das abschreckende Beispiel ihrer Mutter vor Augen: Zunehmend erging sich Janet in Selbstmitleid. Wie schlecht hatte sie es in ihrer Ehe getroffen, wie gefährdet waren ihr Wohlstand und das bequeme Leben mit Dienstboten.

Jack und Janet Bouvier trennten sich zunächst und ließen sich später scheiden. Während des Prozesses wurden in der Klatschpresse Details berichtet, die Jackie unendlich peinlich waren. Sie zog sich noch weiter von anderen Menschen zurück. Aber sie war zugleich auch stärker geworden. Ihre Fähigkeit des Rückzugs in eine eigene Welt – man kann es auch Verdrängung nennen – war es, die später im Weißen Haus überlebenswichtig werden sollte. Anders hätte sie die außerehelichen Eskapaden ihres Mannes ebenso wenig ertragen wie die Angst um sein Leben. Schon für den Teenager Jackie war Alleinsein keineswegs deprimierend und hatte auch nichts mit Einsamkeit zu tun.

Damals bildete sich auch ihre unverbrüchliche Religiosität heraus. Mit Gott konnte sie sprechen, wenn sie allein war, ihm konnte sie alles anvertrauen. Ihr Stiefbruder berichtet, dass Jackie auf gemeinsamen Reisen jeden Morgen und jeden Abend in ihrem Hotelzimmer betete – auf

Knien. Aber sie sprach mit niemandem über ihren Glauben und trug ihn nicht vor sich her wie etwa Rose Kennedy.

Jackies Mutter Janet heiratete bald wieder: Der Multimillionär Hugh D. Auchincloss stammte aus einer schottischen Einwanderer-Dynastie und konnte Janet endlich all das bieten, was sie bis dahin vermisst hatte: Er war treu, reich und die Familie hatte im wichtigen New Yorker »Social Register« 47 Einträge. Die Rockefellers hatten nur 42 und die Astors und Bouviers ganze zwei Erwähnungen. Auchincloss besaß zwei Landsitze, die damals zu den stattlichsten in Amerika gehörten: Merrywood in Virginia, nahe Washington, und Hammersmith Farm im mondänen Newport auf Rhode Island als Sommerresidenz. Das Grundstück dort war von keinem Geringeren als Frederick Olmsted angelegt worden, der auch den New Yorker Central Park entworfen hatte. Beide Häuser wurden für Jackie und ihre Schwester, die weiter bei der Mutter lebten, zu wichtigen Faktoren einer gewissen Stabilität. Den Stiefvater nannten sie »Onkel Hughdie«, Auchincloss' Kinder aus der ersten Ehe waren für sie wie Cousins. Vor allem mit Yusha, ihrem Stiefbruder, verstand sich Jackie. Er lebt noch heute auf Hammersmith Farm und hütet einen Schatz höchst poetischer Briefe und Zeichnungen von ihr. Die heimliche und unerfüllte Liebe seines Lebens war zweifellos Jackie.

Jackies »neue« Familie: Mutter Janet mit der neugeborenen Janet jr., daneben ihr Mann Hugh D. Auchincloss II mit seinem Sohn Thomas. In der Reihe darüber Nina Auchincloss (links) und Lee Bouvier. Ganz oben: Jackie und Hugh D. Auchincloss III, genannt »Yusha«.

Jackie suchte unterdessen weiter nach ihrer Identität, die sie in dieser ganz und gar amerikanischen, selbstzufriedenen und damit von äußeren Einflüssen isolierten Welt nicht finden konnte. Sie war ihr zu begrenzt. Immer tiefer tauchte sie in das Universum von Kunst und Geschichte ein. Im Sommer 1945 begann sie sich ausgiebig mit einer der faszinierendsten Gestalten der französischen Geschichte zu befassen:

Madame de Récamier, die Ende des 18. Jahrhunderts den wichtigsten Pariser Salon führte. François Chateaubriand, der Staatsmann und Schriftsteller, verkehrte dort ebenso wie Madame de Staël. Die gegenseitigen Einflüsse dieser Protagonisten waren ebenso spannend wie die Person der Gastgeberin, mit der sie sich damals in ihrer Fantasie mehr und mehr identifizierte.

»Wenn Jackie etwas aufnahm, dann sehr intensiv, und dann wurde es zugleich auch etwas Bleibendes«, sagt Yusha Auchincloss. »Sie erzählte mir von Juliette de Récamier, dieser dunkelhaarigen Schönheit mit Intelligenz und Eleganz. Ich hatte das Gefühl, dass die Gestalt aus der Geschichte damals zu einer Art Leitstern für sie wurde und blieb. Als wir einige Jahre später nach Paris reisten, sahen wir im Louvre ein berühmtes Porträt der Madame de Récamier. Jackie stand schweigend davor, und ich merkte, wie sie das Bild ihres Idols regelrecht in sich aufsog.«

All dies half ihr auch, gegen den Willen ihrer Mutter, mit der sie ständig zu kämpfen hatte, einen eigenen Weg zu finden und zu gehen. Janet sah in Jackies Interesse an der französischen Kultur eine Provokation: Es erinnerte sie immer wieder an Jack Bouvier. Sie vermeinte in ihrer Tochter den verhassten Ex-Mann zu erkennen, zumal auch die physische Ähnlichkeit unverkennbar war. Ständig kritisierte sie Jackies Äußeres, ihre angeblich zu großen, zu maskulinen Hände und Füße, ihre breiten Schultern, ihre niedrige Stirn – alles Merkmale, die Jackie von ihrem Vater geerbt hatte.

Gegenüber:
Jackie im Alter von 17 Jahren, fotografiert von Yusha Auchincloss, der bis zu ihrem Tod ihr Vertrauter blieb.

Alle Aggressionen, die sie noch immer gegen Jack Bouvier hegte, richteten sich nun also gegen Jackie. Dabei hatte diese gerade von der Mutter jene Charakterzüge geerbt, die aus dem so introvertierten Mädchen später den Mythos machen sollten.

»Unsere Mutter war sehr anspruchsvoll«, sagt Lee Radziwill, Jackies jüngere Schwester. »Sie war aber auch sehr diszipliniert und vor allem mutig. Im Leben und im Sport. Sie war eine große Reiterin und gewann Hunderte von Preisen. Jeden Knochen ihres Körpers hat sie sich gebrochen und auch die Wirbelsäule. Aber sie hörte nie auf zu reiten. Genauso war sie auch im Leben: Sie gab einfach nicht auf.«

Auch Lee hatte im Übrigen unter der Obsession ihrer Mutter zu leiden, der verhasste Ex-Mann übe noch immer zu viel Macht über die Töchter aus. Als sie ihren künftigen Ehemann, den polnischen Fürsten Stanislas Radziwill, zu Hause vorstellte, bemerkte die Mutter indigniert: »Warum willst Du ihn heiraten? Er ist doch nur eine europäische Version deines Vaters!«

1949 ging Jacqueline Bouvier für ein Jahr nach Frankreich, um Kurse an der Sorbonne zu belegen. Sie studierte die Sprache und Geschichte des Landes intensiv, aber sie wurde auch in die französische Gesellschaft einge-

Vorhergehende Doppelseite: Jacqueline Bouvier in der Redaktion des »Times-Herald« in Washington, wo sie eine Kolumne als »Inquiring Camera Girl« hatte. Vorn auf dem Tisch ihre Kamera.

führt, nahm an Kostümbällen teil, für die Jean Cocteau Kostüme entwarf, frequentierte die Bar im Hotel Ritz, Hemingways Lieblingsplatz, und besuchte die Theater und Revuen der Stadt. Paris hatte in jener Zeit die Kriegswirren schon halb verkraftet und viel zu bieten: Die Ballets de Monte Carlo mit Tamara Toumanova als Primaballerina gastierten, Josephine Baker hatte ihr Comeback an den Folies-Bergère, im Nachtclub »Le Bœuf sur le Toit« saß Marlon Brando und lauschte Juliette Greco und Eartha Kitt. Landpartien zu den schönsten Schlössern Frankreichs rundeten dieses Schlüsselerlebnis ab. Amerika würde danach nie mehr dasselbe, dafür aber die Sehnsucht nach Europa immer präsent sein.

Im Juni 1951 brach Jackie wieder nach Frankreich auf, diesmal mit ihrer Schwester. Wenige Tage zuvor hatte sie bei gemeinsamen Freunden einen jungen Kongress-Abgeordneten aus Boston kennen gelernt: John Fitzgerald Kennedy.

Nach ihrer Rückkehr und ihrem Studienabschluss in französischer Literatur an der George Washington University begann Jackie, als Reporterin für den Times-Herald in Washington, D. C., zu arbeiten. Die Hauptstadt war damals bei weitem kleinstädtischer als heute, auch wenn es als »City of Conversation« daherkam. Jackie verfasste eine Gesellschafts-Kolumne unter dem Titel »Inquiring Camera Girl«, für die sie Prominente befragte und fotografierte. Diese wurden mit sorgsam vorbereiteten, oft sehr persönlichen Fragen konfrontiert: »Glauben Sie, eine Frau sollte ihrem Ehemann das Gefühl geben, er sei klüger als sie selbst?« – »Wenn Sie ein Rendezvous mit Marilyn Monroe hätten, worüber würden Sie mit ihr sprechen?« Jackie wandte auch Praktiken an, über die sie selbst später erschrak. So fing sie zwei Nichten des späteren Präsidenten Eisenhower auf dem Schulweg ab, um ihnen Indiskretionen zu entlocken.

Es blieb nicht aus, dass sie irgendwann auch den attraktiven John F. Kennedy interviewte, der 1952 mitten in der Kampagne für die Senatswahl steckte und über den bereits alle redeten. Er erinnerte sich sofort an Jacqueline Bouvier, hatte aber kaum Zeit, ein Verhältnis zu einer Frau zu pflegen. Als er dann aber gewählt worden war, sahen sie sich oft. Jackie gehörte zu den wenigen Frauen, die John F. Kennedy wirklich interessierten. Er war gern mit ihr zusammen, beobachtete ihre Bewegungen, hörte ihr stunden-

Gegenüber: Jacqueline Bouvier, fotografiert von Richard Rutledge 1951.

lang zu, wenn sie von Malern, Schriftstellern und Europa erzählte, langweilte sich nie in ihrer Gegenwart. In kulturellen Dingen tendierte John F. Kennedy eher zum Populären, manchmal auch einfach nur zum Mittelmaß. Er las vorwiegend Ian Flemings James-Bond-Romane, hörte Frank Sinatra und liebte Broadway-Musicals. In der Oper und im Ballett schlief er sofort ein. Jackie erweiterte dieses etwas begrenzte Spektrum, indem sie ihn mit ihren Erzählungen und Ideen in andere Welten entführte. Die beiden teilten einen ausgeprägten Sinn für gehobenen Klatsch und Ironie. Jackie schüttete sich aus vor Lachen, wenn Jack Winston Churchill und im nächsten Moment den flamboyanten Bühnenautor Noël Coward imitierte. Dann diskutierten sie die Geschichte Europas, redeten über das alte Rom und Napoleons Feldzüge. Sie kannte sich besonders gut in französischer Geschichte aus, er sich in englischer. Er verehrte Churchill, sie de Gaulle.

Kennedy begann, Jacqueline Bouvier in sein Kalkül einzubeziehen. Ein Senator, der auf das Weiße Haus erpicht war, ohne Ehefrau? Undenkbar.

Jackie und John F. Kennedy im Juni 1953, kurz vor ihrer Hochzeit.

Und er stellte sich Jackie auf dem internationalen Parkett vor. John F. Kennedy sah sich – nicht zuletzt getrieben durch seinen Vater – vor allem als öffentlichen Menschen mit einer – damals noch nicht vollständig definierten – öffentlichen Aufgabe. Er hätte Schwierigkeiten gehabt, die Frage zu beantworten: »Wer bist du eigentlich?« Überhaupt fiel es ihm schwer, über sich selbst zu sprechen oder gar Gefühle zu äußern. Deshalb gab er Jackie zwei Bücher, die gewissermaßen erklären sollten, wie er sich sah.

Das eine war »Pilgrim's Way« von John Buchan. Darin heißt es, das öffentliche Amt sei es, wofür sich alles lohne, und die Politik sei das größte und ehrenvollste Abenteuer. Dieser Ritter-Jargon entsprach tatsächlich Jacks Vorstellung von seiner Zukunft – nicht umsonst hörte er abends vor dem Schlafengehen oft die Titelmusik aus »Camelot«. Das andere Buch, Lord David Cecils Biografie von Queen Victorias Premierminister »The Young Melbourne« spielt in der Welt junger englischer Aristokraten im 18. und frühen 19. Jahrhundert und es beschreibt Figuren, die sich ständig zwischen höchstem politischem Ernst und wildesten Sinnesfreuden bewegen. Monogamie war in dieser Gesellschaft ein Fremdwort. Dieses Buch trug Jack seit seiner Studentenzeit mit sich herum und falls Jackie es aufmerksam gelesen hatte, konnte sie zumindest ahnen, was auf sie zukommen würde. Ihre Verlobung mit einem New Yorker Börsenmakler, den sie nie geliebt hatte, war inzwischen aufgelöst worden. Ihre Mutter hatte sie zu der Verbindung gedrängt, weil der WASP-Hintergrund des jungen Mannes mit Namen John Husted perfekt zu Janets neuer Familie, den Auchincloss, gepasst hätte. Nach einem langweiligen Wochenende auf Hammersmith Farm, als Jackie ihren Verlobten zum Flughafen brachte, steckte sie ihm den Ring einfach wortlos in die Jackentasche. Die Mutter tobte, aber der Rest der Familie war nicht überrascht. Sie erwarteten mehr von Jackie als eine präzise vorhersehbare Zukunft im gehobenen Mittelmaß.

1953, fast zwei Jahre nach ihrer ersten Begegnung, begleitete Jackie John F. Kennedy zur Amtseinführung des neuen Präsidenten Dwight D. Eisenhower und ließ nun um sich werben. Black Jack, ihr Vater, hatte ihr den Rat mitgegeben, nicht zu viel von sich herzugeben, sondern immer etwas zurückzubehalten, einem Mann das Gefühl zu geben, dass sie nicht leicht zu haben sei. Sie solle mit den Männern spielen. Als großer »Womanizer« wusste er, wovon er sprach.

Gegenüber:
Hochzeit in Newport, Rhode Island: Jackie lässt sich nicht anmerken, wie verzweifelt sie darüber ist, dass ihr leiblicher Vater unerwünscht war. Die »Regie« des Ereignisses hatte ohnehin Jacks Vater übernommen.

Kennedy war ein leichtes Opfer. Er war Frauen gegenüber unsicher – so lassen sich vielleicht auch seine vielen One-Night-Stands erklären, die einerseits kein großes Engagement erforderten, andererseits seiner Männlichkeit schmeichelten. Von Anfang an kannte Jackie als gut informierte Reporterin die entsprechenden Gerüchte. Und obwohl es sogar konkrete Warnungen gab, ließ sie sich davon nicht stören. Im Gegenteil: Eine solche Gefahr erschien ihr sogar auf merkwürdige Weise anziehend, auch sexuell. Es erinnerte sie an ihren Vater, Black Jack, den berüchtigten Schwerenöter. Sie würde damit schon umgehen können, anders und sehr viel nüchterner als ihre Mutter. Einen ausgewachsenen Vater-Komplex bescheinigten ihr ihre Freunde – das war ihr freilich selbst nicht bewusst. Und mit der früh erworbenen Leidensfähigkeit hatte sie das notwendige Rüstzeug für ein Leben an der Seite von John F. Kennedy.

Die Hochzeit in Newport wurde zum glamourösen Medienereignis – Joseph Kennedy hatte das Ganze an sich gerissen und dafür gesorgt, dass seine Geschäftsfreunde, aber auch Politiker, Künstler und ein paar Filmstars erschienen. Der Verkehr in Newport brach zusammen, weil Schaulustige die Straßen verstopften. Ungezählte Kamerateams und Fotografen erwarteten die ankommenden VIPs und später das Brautpaar vor der Kirche. Joe sah die Inszenierung dieser Hochzeit als weitere Stufe eines Generalstabsplans, dessen Ziel der Einzug seines Sohnes und dessen attraktiver Frau ins Weiße Haus sein sollte. Bilder vom Eröffnungswalzer beim anschließenden Fest auf Hammersmith Farm zeigen einen triumphierenden Joe, der endlich seine ersehnte Beute hatte – unter der Zeugenschaft von über eintausend Gästen.

Für Jackie wurde ausgerechnet ihre Hochzeit zur neuen, harten Probe in Disziplin und Contenance. Sie verabscheute den Rummel, den ihr Schwiegervater veranstaltete, hätte lieber nur mit einigen Freunden gefeiert. Und noch etwas brach ihr fast das Herz: Ihr Stiefvater Hugh D. Auchincloss begleitete sie zum Altar. Auf listige Weise hatte ihre Mutter verhindert, dass Black Jack Bouvier an der Hochzeit teilnahm. Einerseits schämte sie sich für den Ex-Mann, der im Zweifelsfalls betrunken erschienen wäre, andererseits handelte es sich um die subtile Rache einer Eifersüchtigen. Die Nähe zwischen Vater und Tochter hatte sie immer gestört. Jackie, die ihren Vater

noch immer abgöttisch liebte, war verzweifelt. Sie ließ sich nichts anmerken. Wieder war ein Test bestanden.

Das Paar bezog ein schönes altes Haus im noblen Washingtoner Stadtteil Georgetown. Dort sollte der Weg zum Sieg geplant werden, und Jackie wollte ihren Anteil daran. Natürlich sorgte sie für die Inneneinrichtung, suchte Antiquitäten, Möbelbezüge und Vorhangstoffe aus, als handle es sich bereits um die Generalprobe für das Weiße Haus. Sie begann, für ihren Mann zu arbeiten, versorgte ihn mit Zitaten von Voltaire, Talleyrand und Rousseau und übersetzte unermüdlich französische Fachliteratur über Indochina und Algerien, das damals französische Kolonie war.

Jackie übersetzte zum Beispiel auch die wichtigsten Passagen aus den Studien des Franzosen Bernard Faure und sie erteilte ihrem Mann regelrechte Lektionen, unter anderem über die Geschichte des Vietkong und die Erfahrungen der Franzosen bei der Besetzung von Indochina. Sie fasste den Inhalt zusammen und markierte, was ihr besonders wichtig erschien. Die Experten in der Umgebung des Senators waren beeindruckt. Damit konnten

Im Büro des Senators von Massachussetts, John F. Kennedy: Jackie hilft ihm bei der Ausarbeitung außenpolitischer Reden.

Gegenüber:
Jack und Jackie auf Hochzeitsreise.

sie nicht dienen. In den Dossiers, die Jackie für ihren Mann verfasste, ging es nicht nur um Geschichte, Kunst und Philosophie, sondern auch um handfeste politische und militärische Themen. Das alles floss später in mehrere große außenpolitische Reden ein, die Kennedy als Senator hielt. Darin sprach er beispielsweise vom Kampf Algeriens um die Unabhängigkeit und forderte, diese Bemühungen zu unterstützen. Das alles klang dann so überzeugend, als sei er mindestens dreimal vor Ort gewesen. »Die stärkste einzelne Kraft in der heutigen Welt ist weder der Kommunismus noch der Kapitalismus, weder die Wasserstoffbombe noch Lenkwaffen. Es ist der ewige Wunsch der Menschen, frei und unabhängig zu sein«, sagte er in einer seiner Reden.

Der junge Senator absolviert Pflichtbesuche, die Jackie verabscheute.

Als sich Jack wegen seiner schweren Rückenprobleme zwei lebensgefährlichen Operationen unterziehen musste und monatelang ans Bett gefesselt war, las Jackie ihm stundenlang vor und lernte mit ihm seine und ihre Lieblingsgedichte auswendig. Und sie recherchierte für sein Buch »Profiles in Courage«(Zivilcourage), in dem er berühmte amerikanische Politiker porträtierte und das ihn in ganz Amerika populär machen sollte. Es landete auf der Bestseller-Liste und er bekam schließlich den Pulitzer-Preis.

Jackie betätigte sich auch als unermüdlicher Coach ihres Mannes. Sie half ihm, seine Gestik besser zu kontrollieren, bei seinen Reden nicht so schnell zu sprechen und die nasale East-Coast-Färbung seiner Stimme zu reduzieren. Beim Üben vor dem Spiegel brachen sie oft in schallendes Gelächter aus, aber es sollte sich lohnen.

Das Klischee von der unpolitischen, nur an schöngeistigen Dingen interessierten Politiker-Gattin war von Anfang an falsch gewesen. Sie hasse Politik regelrecht, hatte man in Washington gesagt – wahrscheinlich, weil sich das für eine schöne Frau in der Eisenhower-Ära so gehörte. Sicher war Jackie kein »political animal«, aber sie war an den Mechanismen der Politik höchst interessiert – vor allem auch an den Intrigen und Ränkespielen hinter den Kulissen. Niemand konnte ihr etwas vormachen. Dazu hatte sie dann doch schon zu viel erlebt und Washington als »Inquiring Camera Girl« zu gut kennen gelernt. Was sie tatsächlich hasste, war vor allem der

Preis, den Politiker zu zahlen haben: der Verlust jeglicher Privatsphäre, die ständige Präsenz des »public eye«. So gut es ging, hat sie zeitlebens versucht, sich davor zu schützen – und das durchaus erfolgreich. Sie zog klare Grenzen.

So ist die Geschichte der Jacqueline Bouvier Kennedy auch und besonders die Chronik einer Emanzipation:

Als Kind hatte sie sich aus den Wirren ihres Elternhauses befreien müssen und war in die innere Emigration ihrer Fantasiewelt gegangen. Als Teenager musste sie sich von den überkritischen Blicken und verbalen Demütigungen ihrer Mutter emanzipieren. Und wenn sie jetzt ihren eigenen Ansprüchen an das Leben gerecht werden wollte, dann musste sie sich erst einmal von den Anforderungen des Kennedy-Clans an ein neues Familienmitglied freimachen und gleichzeitig auch von den Erwartungen, die ein ganzes Volk, zuletzt geprägt durch die Spießigkeit der Eisenhower-Jahre, an sie als First Lady haben würde. Um das zu schaffen, musste sie ihre eigene Persönlichkeit erfinden – so tragfähig, dass man ihr glaubte, und zugleich

Zugleich verinnerlichte Jackie das Prinzip des »immer nur lächeln, es interessiert keinen, wie du dich wirklich fühlst« konsequent durchzuhalten.

so geschickt, dass der Mythos ihres Mannes unter keinen Umständen verwässert würde.

In einem Interview anlässlich des Parteikongresses, auf dem Jack offiziell zum Präsidentschaftskandidaten gekürt wurde, gab sie zu Protokoll: »Er könnte niemals mit einer Frau verheiratet sein, die das Rampenlicht mit ihm teilen will.« Aber natürlich wollte sie genau das. Und oft genug stahl Jacqueline Kennedy ihrem Mann die Schau. Der nahm auch das mit Ironie. Noch wenige Stunden vor dem Mord von Dallas begann er eine Rede mit den Worten: »Ich bin der Mann, der Mrs. Kennedy begleitet. Sie ist wunderbar. Und wer fragt den Vizepräsidenten und mich, was wir heute anhaben?«

Tausend Tage zuvor waren die Kennedys im Weißen Haus angekommen.

John F. Kennedy wurde am 8. November 1960 zum Präsidenten der Vereinigten Staaten gewählt. Seine Frau war zu dieser Zeit hochschwanger. Der Geburt ihres zweiten Kindes sah sie mit einiger Sorge entgegen. Sie hatte bereits eine Totgeburt und zwei Fehlgeburten hinter sich. Die Anspannung in diesen Wochen verstärkte die Angst, dass es auch diesmal zu Komplikationen kommen könnte.

Natürlich kamen am Wahltag alle Kennedys in Hyannisport zusammen. In fast allen Räumen der diversen Häuser waren Fernsehgeräte eingeschaltet. In einigen Kinderzimmern hatte Kennedys Team Standleitungen zum Wahlzentrum eingerichtet. Jack hatte sich mit seiner Frau und der kleinen Caroline in sein Haus auf dem weitläufigen Gelände zurückgezogen und war gegen halb vier morgens eingeschlafen. Als dann am nächsten Tag die Ergebnisse feststanden, ging Jack über den Rasen hinüber zum Haus seiner Eltern, wo sich alle versammelt hatten. Die Familie erhob sich, als er den Raum betrat. Er war jetzt nicht mehr Jack. Er war der Präsident.

Jackie war in diesem feierlichen Augenblick nicht anwesend. Sie ging, in einen Regenmantel gehüllt, allein und gedankenverloren am Strand spazieren. Was sie umtrieb, war die bis dahin verdrängte Erkenntnis, dass sie ab sofort – und bis ans Ende ihres Lebens – der Öffentlichkeit gehören würde. Jackie blickte lange hinaus auf die bewegte, novembergraue See. Dies war für sie der letzte Moment in Freiheit. Nun gab es kein Zurück

mehr. Wenig später ging Jack hinunter zum Strand, um sie für das große Siegesfoto abzuholen.

Das zweite Kind, geboren 1960: John F. Kennedy jr., der 1999 beim Absturz seines Flugzeugs ums Leben kam.

Kaum drei Wochen später, am 25. November, kam John F. Kennedy junior zur Welt, einen Monat zu früh. Mehr als dreitausend Telegramme aus der Bevölkerung erreichten die künftige First Family – ein sicheres Zeichen dafür, dass Amerika bereits am Leben der Familie und an dem gerade entstehenden Mythos teilnahm.

Natürlich verstand Jackie sofort, dass zu einem Mythos vor allem auch die visuelle Seite gehörte, die glamouröse Oberfläche sozusagen. Wie also würde ihre Garderobe aussehen? Sie war seit eh und je süchtig nach französischer Couture, die sie als amerikanische First Lady natürlich nur noch ausnahmsweise tragen durfte. Aber es gab eine Lösung. Ein alter Freund war der Modeschöpfer Oleg Cassini, der einer russischen Fürstenfamilie entstammte und auch Kostüme für Hollywoodfilme entwarf. Jetzt wurde er dazu ausersehen, das perfekte Design für Jackies Rolle zu schaffen. In kürzester Zeit musste Cassini, immer unter Jackies Anleitung, ein Image entwerfen – in

Vorhergehende Seite links: Die Kennedys mit Farah Diba und dem Schah von Persien.

Vorhergehende Seite rechts und gegenüber: Oleg Cassini dachte sich für jeden Anlass etwas Neues aus und wiederholte doch das ewig Gleiche: Jackie hatte ihren unverwechselbaren Stil schnell gefunden.

Form ungezählter Kleider, Kostüme und Mäntel. Er ließ sich dabei von seinen französischen Kollegen inspirieren, manche Stücke waren von den Originalen kaum zu unterscheiden. Zur feierlichen Amtseinführung verpasste er seiner Kundin einen schlichten Wollmantel, dazu den ersten »Pillbox«-Hut. »Ich wusste, dass die Damen der Gesellschaft zu diesem Anlass mit riesigen Pelzen herumlaufen würden«, sagt Cassini. »Und ich wollte, dass sie aus diesem Berg von Pelzen hervorstach. Auf den ersten Blick sollte die Welt sehen, dass ihr Markenzeichen eine einfache, unprätentiöse Eleganz sein würde.«

Die Bilder von der feierlichen Amtseinführung bei klirrender Kälte am 20. Januar 1961 gingen um die Welt. Vor allem John F. Kennedys bahnbrechende Rede, die einen ganz neuen Abschnitt in Amerikas Geschichte verhieß, schlug ein wie eine Bombe. »Fragt nicht, was euer Land für euch tun kann, sondern fragt, was ihr für euer Land tun könnt«, lautete der vielleicht berühmteste Satz daraus. Und bereits an diesem ersten Tag der neuen Administration begann sich die Atmosphäre radikal zu verändern – zur Sorge vieler, die Veränderung eher als Bedrohung denn als Chance betrachteten. Unter den Gästen bei den Inaugurations-Feierlichkeiten fanden sich plötzlich Dichter wie W. H. Auden und John Steinbeck, Komponisten, Maler und Musiker – fünfzig an der Zahl hatten Einladungen bekommen, mehr als in den vergangenen Jahrzehnten zusammen. Natürlich hatte Jackie die Zusammenstellung der Gästeliste wesentlich beeinflusst. Ihre Künstlerabende im Weißen Haus wurden schon bald Legende. Von Igor Strawinsky bis Leonard Bernstein, von Pablo Casals bis Arthur Rubinstein traten die bedeutendsten Musiker der Zeit auf. Als André Malraux, Charles de Gaulles legendärer Kulturminister, zu Gast war, kamen Saul Bellow, Arthur Miller, Tennessee Williams und noch ein Dutzend anderer amerikanischer Autoren dazu. Jacqueline Kennedy war auf dem besten Weg, eine Art weiblicher Malraux der USA zu werden.

Folgende Doppelseite: Wie Jacqueline Kennedy die Affären ihres Mannes aushielt, blieb ihr Geheimnis. Verdrängung hatte sie als Kind gelernt, und von ihrem Vater war sie einiges gewohnt.

Das White House wurde für sie zu einer Art Traumpalast, ein Gehäuse für ihre eigene Welt, eine letzte Zuflucht für Gefühle und Ängste, die sie mit niemandem teilen wollte. Ähnlich dem Kinderzimmer auf dem Landsitz der Bouviers, in dem sie spielte, wenn der Streit zwischen den Eltern wieder einmal schlimm war und sie ihren Tieren schon alles

Gegenüber:
Jackies privater Salon mit der blauseidenen Chaiselongue. Hier bereitete sie sich, meist mit der Hilfe einer Zofe, auf ihre Auftritte vor. Hinten links der Schminktisch, hinter dem chinesischen Paravent links zog sie sich um. Die Wände sind mit Familienbildern »gepflastert«.

»erzählt« hatte. Nun begann sie, sich das Gleiche noch einmal zu schaffen – diesmal im XXL-Maßstab. Sie ahnte, dass Jack sein geheimes Liebesleben weiterführen würde, vielleicht sogar verstärkt. Und sie wusste, wie korsettartig das Programm einer First Lady aussah – übrigens eine Bezeichnung, die sie hasste. »›First Lady‹ ist ein Name für ein Reitpferd«, sagte sie einmal. Von ihrem neuen Personal wollte sie denn auch einfach »Mrs. Kennedy« genannt werden. Was sie also dringend brauchte, war ein neuer Fluchtpunkt, an dem sie sich von den Demütigungen durch ihren Mann und von der Last der neuen Aufgabe ablenken konnte, und der gleichzeitig ein Symbol ihrer Eigenständigkeit war. Schon am nächsten Tag begann Jackie damit, die umfangreichsten Renovierungsarbeiten zu veranlassen, die das Weiße Haus seit dem Erstbezug im Jahre 1802 jemals erfahren hat. Es war bitter nötig. Dieser amerikanische Schrein mit seiner hohen symbolischen, geradezu religiösen Bedeutung, wirkte wie ein leicht heruntergekommenes Hotel der B-Kategorie. Die Halle im ersten Stock verglich Jackie mit »einer Zahnarztpraxis, die in einem Bunker untergebracht ist«.

Das Reich der kleinen Prinzessin: Carolines Kinderzimmer im Weißen Haus.

Nichts passte zusammen. Die Möbel waren ein krauses Sammelsurium, die Bilder an den Wänden drittklassig – ein abenteuerlicher Stilmix hatte sich gebildet. Fast nichts stammte aus der Epoche, in der das Weiße Haus errichtet worden war, einer Zeit, die durchaus beachtliche Americana hervorgebracht hatte, oft gefertigt von Handwerkern, die aus Europa eingewandert waren. Solche Stücke mussten wieder her – abgesehen von neuen Farben für die Wände, anderen Vorhängen und den passenden Gemälden –, ein Ensemble, das nicht nur erfreulicher sein, sondern auch die Geschichte des Ortes reflektieren sollte. Die damals berühmte Innenarchitektin »Sister« Parish, eine enge Freundin, arbeitete Hand in Hand mit Jackie und setzte deren Ideen perfekt um.

Die Privaträume der Präsidentenfamilie, unter Eisenhower mit dem Charme eines Holiday Inn und ungezählten riesigen Fernsehtruhen versehen, wurden jetzt auf das Level »wohnliche Eleganz mit europäischem Einschlag« gebracht. Jedenfalls war der Mief beseitigt, ohne dass das Ganze zu pompös wirkte. Teuer war es dennoch.

Gegenüber:
Stolz präsentiert die First Lady in einer Fernsehsendung das renovierte Weiße Haus und die historischen Objekte, die sie selbst ausgesucht hat.

Da Jackie die gigantischen Kosten nicht den Steuerzahlern aufbürden konnte, gründete sie ein Komitee aus Historikern und gebildeten Millionären, das nicht nur die geeigneten Möbelstücke, sondern auch gleich die entsprechenden Sponsoren suchen sollte. Als das Mammutprojekt abgeschlossen war, präsentierte Jackie das neue alte White House in einer langen Fernsehsendung. Mit ihrer merkwürdigen flüsternden Stimme und etwas steif wirkenden Gesten führte sie die Zuschauer durch alle offiziellen Räume. Man fragte sich, wie dieses zarte Wesen es geschafft hatte, dem Weißen Haus ein neues Gesicht und damit zugleich eine neue Bedeutung zu geben.

Der Chef-Butler des Weißen Hauses, J. B. West, beschrieb es so: »Sie hatte einen eisernen Willen. Eine solche Entschlossenheit hatte ich noch nie erlebt. Dabei war sie so gewinnend und einschmeichelnd, so geschickt und subtil, dass sie ihren Willen jedem aufdrängen konnte, ohne dass der es auch nur im Ansatz merkte.«

Ihr Personal dirigierte die First Lady mit gelben Memo-Zetteln, von denen neben ihrem Bett und auf dem Schreibtisch stapelweise Blöcke lagen. Jeden Morgen feuerte sie ganze Salven dieser Memos auf die Mitarbeiter des Weißen Hauses ab – ganz wie es der von ihr bewunderte Winston Churchill mit seinen »Action This Day«-Zetteln im Zweiten Weltkrieg getan hatte, um Generäle, Admiräle und Minister zu steuern.

Bisweilen aber wollte sie ihre Macht auch außerhalb ihres unmittelbaren Einflussbereichs ausprobieren – auf der weltpolitischen Bühne. Teilweise geschah das hinter den Kulissen. Es ist nur wenig bekannt, dass Jacqueline Kennedy ihren Mann immer wieder gedrängt hatte, mit der Sowjetunion und Großbritannien den Vertrag über das Verbot von Atomwaffentests zu schließen – gegen den Widerstand einiger Berater. Sie glaubte an das Konzept der Abrüstung und hielt einen Krieg mit taktischen Atomwaffen für eine gefährliche Illusion. Diese Ansicht war nicht aus der Luft gegriffen. Jackie hatte die Werke über Kolonialkriege von den französischen Generälen Bugeaud, Galliéni und de Lattre de Tassigny gelesen – natürlich im Original. Sie glaubte im Übrigen an eine Normalisierung des Verhältnisses zur Sowjetunion – keineswegs nur, weil es ihr auf dem Wiener Gipfeltreffen gelungen war, Nikita Chruschtschow zu »enteisen«. Sie war über-

John F. Kennedy bei dem Versuch, auf dem Gipfeltreffen in Wien Frau Chruschtschow für sich zu »erwärmen«. Nikita Chruschtschow ist in Jackies Gegenwart bereits aufgetaut. Deshalb kann sie so stolz lächeln – es war ein hartes Stück Arbeit.

zeugt, dass dies die einzige Lösung für beide Seiten sei. Und das mitten im Kalten Krieg. Jackie sorgte hartnäckig dafür, dass Kennedy dem Verkauf von fünf Millionen Tonnen Weizen an die Sowjetunion zustimmte, um eine Hungerkatastrophe abzuwenden. Für Jackie war Politik nur dann sinnvoll, wenn sie mit Menschlichkeit zu tun hatte.

Königspaare unter sich: Queen Elizabeth II. und Prinz Philip auf Staatsbesuch in Washington.

Auch Jacqueline Kennedys Reise nach Indien 1962, zusammen mit ihrer Schwester Lee, ohne den Präsidenten, war nur scheinbar ein luxuriöser Bildungsurlaub. Präsident Nehru brachte die illustren Gäste an die schönsten Plätze, fuhr mit ihnen auf dem Ganges spazieren, zeigt ihnen das Taj Mahal. Dort bedauerte Jackie in einer – im übrigen frei gehaltenen – längeren Rede, dass dieser Hochgenuss ihrem Mann nicht zuteil werde. Aber John F. Kennedy war ganz bewusst zu Hause in Washington geblieben. Seiner Frau traute er zu, die damals sehr gespannten Beziehungen mit Indien zu entkrampfen.

Nehru hatte drei Monate zuvor 30 000 Soldaten nach Goa und auf andere portugiesische Territorien geschickt – für die USA mit ihren Sicher-

Vorhergehende Doppelseite: Besuch in Indien im März 1962. Links hinter Jackie der amerikanische Botschafter John Kenneth Galbraith, rechts neben ihr ein Fremdenführer. Halb verdeckt: Schwester Lee mit rosa Kopftuch, neben ihr Botschaftergattin Kitty Galbraith.

heitsinteressen im asiatischen Raum ein bedrohliches Zeichen. Überhaupt schien Indien politisch immer mehr in Richtung Sowjetunion zu driften. Kennedy hatte mit der Einstellung der Entwicklungshilfe gedroht. Jetzt sprach Nehru von unbotmäßiger Einmischung in die Angelegenheiten Indiens. Die wohl kalkulierten und vom amerikanischen Botschafter John Kenneth Galbraith perfekt choreographierten Auftritte Jacqueline Kennedys ließen die antiamerikanische Stimmung im Land schnell kippen. »Nehru konnte gar nicht anders, als sich dieser Stimmung anzuschließen. Es war erstaunlich. Für mich und die amerikanische Regierung war das Feld bereitet. Jackie hatte eine diplomatische Glanzleistung vollbracht«, erinnert sich Galbraith. Es schien, als wäre sie nach Indien gereist, um Durga zu treffen, die Göttin der Macht. Was sie liebte, war die Macht hinter den Kulissen. Dass sie dieses Instrumentarium beherrschte, hatte sie nun endgültig unter Beweis gestellt. Und vielleicht hatte sie wirklich etwas mit Durga gemeinsam: Sie konnte sich anstarren lassen, ohne etwas preiszugeben – eine Form von Macht. Der Besuch war für die Inder eine Sensation. Zu Hunderttausenden säumten sie die Straßen und skandierten: »Ameriki Rani, Ameriki Rani! – Amerikanische Königin!« Alle wollten Jackie sehen.

Mit Durga, der indischen Göttin der Macht, fühlte sich Jackie in jenen Tagen durchaus verwandt.

Die Königin reiste weiter – nach Pakistan. Diese Mission war noch delikater, denn der pakistanische Präsident Ayub Khan war der Erzrivale Nehrus, dessen Herz sie eben erst gewonnen hatte. Nichts durfte darauf hinweisen, dass sie womöglich den Aufenthalt in Pakistan mehr genießen könnte als die Indienreise. Andererseits sollte Ayub nicht merken, wie sehr sich das Verhältnis zwischen Amerika und Indien durch Jackies Besuch dort verbessert hatte. Ein neuer diplomatischer Balanceakt begann.

Ihn zu vollführen, dazu gehörte einiges an Mut. Pakistan war wie Indien eine wichtige Bastion gegen eine mögliche Machtübernahme des Kommunismus in Asien. Immer wieder versuchten die Sowjets, in Pakistan Einfluss zu gewinnen. Ayub Khan durfte auf keinen Fall verstimmt werden. Er war bereits im Jahr zuvor auf Staatsbesuch in Washington gewesen und hatte Jackie zu ihrem Coming Out als politische First Lady verholfen. Mit

Fahrt auf dem Ganges, mit Schwester Lee und einer indischen Führerin.

größtem Geschick orchestrierte sie ein Staatsdiner auf George Washingtons Landsitz Mount Vernon.

Der Ort symbolisiert die tiefsten Wurzeln der amerikanischen Geschichte, vor allem des Civil War. Jackie ließ ein halbes Bataillon Soldaten und ein Musikcorps in historische Kostüme stecken. Feurige Hymnen wurden geschmettert, Musketen abgefeuert, und Amerika musste Ayub Khan als »großartigstes revolutionäres Land« erscheinen – ganz so, wie Kennedy es wollte, auch wenn es ein wenig geschichtsklitternd war. Schließlich ging es darum, »Gemeinsamkeiten« zu entdecken. Ayub Khan fühlte sich geehrt und Jacqueline Kennedy hatte eine Rolle in der Präsidentschaft gefunden, die weit über die einer begnadeten Dekorateurin und geduldigen Gattin hinausging. Sie hatte an Macht gewonnen. Und die sollte sie auf der Pakistan-Reise wieder einsetzen. Aber diesmal sollte Jackie, so das Avis aus Washington, den Pakistani etwas härter anfassen als Nehru. Das setzte sie mit ihrem Gefühl für subtile Inszenierungen sogleich um: Das Lächeln war jetzt etwas kühler, die Garderobe leicht strenger. Und auf der Wanderung zum Khyber-

Folgende Doppelseite:
Von der First Lady geschickt arrangiert: Ein Abend zu Ehren des pakistanischen Präsidenten Ayub Khan auf Mount Vernon.

Vorhergehende Doppelseite: Jackie Kennedy sucht Ablenkung auf dem Pferd – schon als Kind zog sie sich auf diese Weise zurück.

pass, auf dessen Rückseite Afghanistan und die Republiken der Sowjetunion liegen, trug Jackie gar eine Soldatenkappe.

Und dann das rauschende Finale. Im Stadion von Karatschi gaben Tausende von Pakistanis eine Galavorstellung in Trachten, die schönsten Vollblüter wurden vorgeführt. Ayub Khan und Jackie teilten die große Passion für Pferde, und als Geschenk für die First Lady wurde schließlich ein rassiger schwarzer Hengst in das Stadion geführt.

Zu Hause in Washington zeigte sich Präsident Kennedy hoch erfreut über die diplomatischen Erfolge seiner Frau, über die sie ihm schon täglich von unterwegs per Kabel berichtet hatte. So etwas wie Dankbarkeit allerdings konnte Kennedy nicht äußern – auch, wenn er sie vielleicht empfand. Er selbst hatte sich während Jackies Abwesenheit mit einer seiner Freundinnen, Judith Campbell, vergnügt. Und just in jenen Tagen teilte FBI-Chef J. Edgar Hoover ihm mit, dass es enge Verbindungen zwischen Campbell und dem Mafia-Boss Sam Giancana gebe, der zu den schlimmsten Feinden der Kennedys gehörte und ganz offensichtlich Material für ein Erpressungs-Szenario sammelte. Bei Jack schien der Realitätsverlust in gleichem Maße zu wachsen wie die Lust am Spiel mit dem Feuer.

Jackie auf ihrem Landgut »Glen Ora« in Virginia mit dem pakistanischen Präsidenten Ayub Khan und dem schwarzen Vollblüter, den er ihr bei ihrem Besuch in seinem Land geschenkt hatte.

Wie viel wusste Jackie von dieser und anderen Affären ihres Mannes? Vermutlich wollte sie gar nicht alles wissen. Die Meisterin der Verdrängung und der Disziplin hatte ihre Aufgabe und damit Ablenkung längst gefunden. Was hätte sie auch tun sollen? Einen Skandal herbeiführen, ihrem Mann drohen, aus dem Weißen Haus ausziehen? Dazu war sie viel zu rational. Überdies liebte sie Jack, trotz allem, abgöttisch. Das machte die Verletzungen ernster, aber gleichzeitig hielt es sie bei ihm – wieder ein Paradoxon in Jackies Leben.

Gegenüber: Auf politischer Mission in Pakistan: Jackie am Khyberpass.

Gegenüber und folgende Doppelseite: Die letzten Ferien mit ihrem Mann: Jackie an Bord der »Honey Fitz« im Sommer 1963.

Schon als kleines Kind liebte sie das Meer und Boote in jeder Form. Und auch ihr erstes Titelblatt als First Lady zeigte sie mit ihrem Mann auf einem Boot, ihre Haare vom Wind zerzaust, im Hintergrund das Meer. »Das war wie ein Symbol für ihre ganze Existenz«, sagt der Mythen-Forscher Wayne Kostenbaum. »Die Elemente Wasser und Wind, die sie entweder ertrinken ließen oder retten konnten – alles hing davon ab, was sie selbst in die Hand nahm und wie sie mit den konkurrierenden Mächten, mit dem Schicksal, verhandelte. Jackie ist Iphigenie, die entweder geopfert oder zur Gottheit erhoben wird.«

Im Sommer 1963 war Jackie mit ihrem dritten Kind, Patrick Bouvier Kennedy, schwanger. Der Junge starb zwei Tage nach der Geburt an einer seltenen Lungenkrankheit. 1956 hatte Jackie bereits eine Fehlgeburt erlitten.

Gegenüber:
Paris nahmen sie im Sturm:
Die Kennedys treffen zum
Staatsbankett in Versailles ein.

Ihren größten Auftritt als irdische »Gottheit« hatte Jacqueline Kennedy in der Stadt, die sie immer als ihre eigentliche – geistige – Heimat ansah: in Paris, beim Staatsbesuch im Mai 1961. Wieder skandierten die Menschenspaliere an den Straßen: »Vive Jacqueline, vive Jacqueline!« Madame de Gaulle, die mit Jackie in der Citroen-Limousine saß, wäre am liebsten im Boden versunken. Sie hielt sich etwas darauf zugute, als Präsidentengattin so wenig wie möglich in Erscheinung zu treten und in der Lage zu sein, in Paris unerkannt spazieren zu gehen. Minuziös hatte Jackie sich vorbereitet. Bereits Monate zuvor hatte sie mit dem verblüfften, vor allem aber hoch erfreuten General de Gaulle über französische Geschichte und Kultur korrespondiert. Und nie zuvor hatte irgendeine First Lady mit so viel Akribie die Garderobe zusammengestellt. Zum Staatsbankett im Spiegelsaal von Versailles erschien sie in einem strahlend weißen, bestickten Satin-Abendkleid mit passendem bodenlangem Seidenmantel, langen Handschuhen und Diadem – das Ganze hatte der Pariser Couturier Hubert de Givenchy entworfen und nicht etwa der geniale Imitator Oleg Cassini. Die Hommage an Frankreich sollte perfekt sein.

Als Jackie am Arm de Gaulles den kerzenbeleuchteten Spiegelsaal betrat, waren plötzlich ihre Mädchenträume Wirklichkeit geworden. Am nächsten Tag schrieb der »Figaro«: »Versailles hat eine Königin!« Beim Diner dolmetschte Jackie unermüdlich für ihren Mann und de Gaulle, beteiligte sich aber ebenso an den Gesprächen. Der französische Präsident, gerade bei den Amerikanern als hoffnungslos arrogant verschrien, zeigte sich beeindruckt vom Niveau seiner Gäste. Und das politische Spiel war längst eines mit drei Spielern geworden. Jackie hatte es geschafft, die beiden Präsidenten, die kaum unterschiedlicher hätten sein können, ins Gespräch zu bringen. Sie gewannen gegenseitiges Vertrauen und es herrschte eine Offenheit, die Beobachter auf Jacqueline Kennedys Konto verbuchten.

Als Zugabe ließ de Gaulle seinen amerikanischen Kollegen wissen, wie man am besten mit Chruschtschow sprach, er warnte vor einem militärischen Engagement in Südostasien, einschließlich Vietnam, und er ermutigte Kennedy, einen eigenen Weg zu gehen, seine Berater zwar anzuhören, aber nie Entscheidungen aus der Hand zu geben. Ratschläge eines Freundes.

Folgende Doppelseite:
Die Könige der Neuen Welt zu
Gast im alten Europa: Die
Kennedys mit General de Gaulle.

Vorhergehende Doppelseite: Die Familie im Garten des Weißen Hauses.

Ratschläge von anderen hat John F. Kennedy nur befolgt, wenn sie ihm gerade ins Konzept passten. Noch am 20. November 1963 hatten die Sicherheitsbeamten ihm dringend geraten, die Reise nach Texas abzusagen oder wenigstens Dallas auszulassen. Die Umstände dort seien nicht berechenbar. Wenn er aber auf dem – für den beginnenden Wahlkampf wichtigen – Besuch bestünde, müsse das »Bubbletop«, eine schützende Plexiglashaube, auf die Limousine montiert werden. Das lehnte Kennedy ebenso ab wie Sicherheitsbeamte auf den dafür vorgesehenen Trittbrettern des Wagens. Sein Argument: Die Sicht auf Jackie dürfe nicht beeinträchtigt werden. Tatsächlich säumten Hunderttausende die Straßen, als das Paar in Texas eintraf. Alle wollten Jackie sehen. Auf der Station Dallas, Fort Worth, begann der Präsident seine Rede vor Honoratioren der Stadt mit den Worten:

»Vor zwei Jahren, in Frankreich, stellte ich mich als der Mann vor, der Jacqueline Kennedy nach Paris begleitete. Hier in Texas beschleicht mich allmählich ein ähnliches Gefühl. Warum interessiert sich eigentlich niemand dafür, was Lyndon und ich anziehen werden?«

Das »Bubbletop« aus Plexiglas hätte John F. Kennedy wahrscheinlich schützen können.

Am 22. November, kurz nach 12.30 Uhr fielen die tödlichen Schüsse. Sie trafen den Kopf des Präsidenten. Über ihren Schoß und die Beine ergossen sich Blut und Hirnmasse. Sie schrie: »Mein Gott, sie haben Jack getötet! Sie haben meinen Mann getötet!« Im Zustand des Schocks kletterte sie auf den Kofferraum des Wagens und streckte verzweifelt den Arm aus – wie eine Ertrinkende. Ob sie fliehen oder einem Sicherheitsbeamten in das Auto helfen wollte, wusste sie später selbst nicht mehr. In Sekunden war nicht nur ein Leben zerstört worden, sondern die Hoffnung eines ganzen Volkes. Jackie, noch immer in ihrem blutverschmierten pinkfarbenen Kostüm mit »Pillbox«-Hut, begleitete den Sarg an Bord der Air Force One nach Washington. Bereits im Flugzeug begann sie, die Beerdigung zu organisieren. Noch vor dem Start der Maschine war Lyndon B. Johnson als neuer Präsident vereidigt worden. In der Hauptstadt versammelten sich in jenen Stunden die Familien, um Jackie bei ihrer Ankunft beizustehen. In den frühen Morgenstunden des 23. November wurde John F. Kennedys Sarg in den Ostflügel des Weißen Hauses gebracht. Ein katholischer Priester sprach ein Gebet.

Dallas, Texas – 22. November 1963 – kurz nach 12.30 Uhr.

Vorhergehende Doppelseite:
Nach dem Mord: Noch auf dem Flug von Dallas nach Washington wird der neue Präsident Lyndon B. Johnson vereidigt. Jackie steht wie in Trance daneben. Links: Lady Bird Johnson.

Jackie kniete nieder, legte beide Arme über den Sarg und ließ ihren Kopf einige Minuten lang darauf ruhen. Dann stand sie auf und Bobby Kennedy begleitete sie in ihre Privaträume. Das war der erste Moment, in dem sie bitterlich schluchzte. »Später bat Jackie Robert McNamara und mich, zu entscheiden, ob der Sarg offen oder geschlossen sein sollte, wenn die Menschen kommen würden, um sich vom Präsidenten zu verabschieden«, erinnert sich Arthur Schlesinger, der an jenem Tag als Sonderberater des Präsidenten Stallwache im Weißen Haus hielt. »Kennedys Gesicht war inzwischen künstlich wiederhergestellt worden und wirkte wie Wachs. Es war eine schreckliche Erfahrung, jemanden, der so viel Positives und so viel Hoffnung für uns alle verkörpert hatte, in diesem Zustand zu sehen. Natürlich empfahlen wir, den Sarg zu schließen.« So geschah es. Zuvor legte Jackie zwei Briefe ihrer Kinder in den Sarg, ein Armband ihrer Schwester Lee, Manschettenknöpfe und eine Medaille mit dem Bildnis des heiligen Christophorus, die sie ihm wenige Monate zuvor zum 10. Jahrestag ihres Kennenlernens geschenkt hatte. Sie schnitt eine Strähne von seinem Haar ab, sein Bruder Bobby legte ihm eine Locke von sich und einen Rosenkranz in den Sarg. Für den 25. November wurden vierzig Staats- und Regierungschefs in Washington erwartet. 48 Stunden blieben, um alles zu organisieren und die Zeremonie minuziös zu planen. Jackie wollte unbedingt die Kontrolle über diese die ganze Welt bewegende Inszenierung behalten – die einzige Möglichkeit, nicht die Kontrolle über sich selbst zu verlieren. Hinter dem Sarg sollte, wie bei Lincolns Beerdigung, ein reiterloses Pferd laufen. Der Wagen mit dem Sarg, der in die amerikanische Flagge gehüllt war, sollte von sechs Pferden gezogen werden. Und für alle Zeiten sollte auf dem Grab in Arlington eine ewige Flamme brennen – wie auf dem Grab des unbekannten Soldaten unter dem Arc de Triomphe in Paris. Charles de Gaulle, der auch nach Washington gekommen war, sagte: »Jacqueline Kennedy hat der Welt gezeigt, wie man zu trauern hat.«

Gegenüber:
Die Aufbahrung im Ostflügel. Jackie trägt noch immer das blutbefleckte Kostüm. Unmittelbar hinter ihr steht Bobby, links neben ihr der inzwischen vereidigte Präsident Johnson und dessen Frau, sowie Ethel Kennedy.

Nach der Beisetzung suchte Jackie ihren alten Vertrauten, Kennedys Pressechef Pierre Salinger, auf und sagte: »Es gibt für mich in diesem Leben jetzt nur noch eine einzige Aufgabe: Ich muss meine Kinder so gut wie irgend möglich erziehen und ihnen helfen, diese grauenvolle Erfahrung zu verarbeiten. Es geht jetzt um ihr Überleben.«

HONOR GUARD

In den Wochen und Monaten danach war es vor allem Bobby Kennedy, der ihr durch seine Nähe half, der aber andererseits selbst Hilfe brauchte. Er kam einfach nicht über den Tod des geliebten Bruders hinweg. Ein paar Tage nach dem Mord hatte er im Weißen Haus übernachtet und jemand hatte gehört, wie der zutiefst Gläubige immer wieder ausgerufen hatte: »Oh, mein Gott! Warum, warum?« Jackie gab ihm ein Buch von Edith Hamilton: »The Greek Way«. Darin geht es um die griechischen Schriftsteller und Philosophen, deren Verständnis von Schicksal, und um die Charaktere, die sie in ihren Stücken beschrieben. »Bobby und Jackie lasen sich aus den Werken von Herodot vor«, erinnert sich Arthur Schlesinger.

»Bobby hatte eine Zeile unterstrichen: ›Alle Arroganz wird eine Ernte reich an Tränen bringen. Gott wird mit jenen, die übermäßigen Stolz an den Tag legen, eines Tages abrechnen.‹«

Nach Bobby Kennedys Ermordung zog sich Jacqueline Kennedy endgültig nach New York zurück. Nie mehr wollte sie etwas mit Politik zu tun haben, nur noch ihre Kinder beschützen. Und sie kehrte in die Tage ihrer eigenen Kindheit zurück. New York hatte sie immer geliebt – das Metropolitan Museum, den Central Park, das Tempo der Stadt. Hier fühlte sie sich sicher, auch wenn die Angst um die Kinder im Grunde immer ihre Begleiterin blieb. Einmal sagte sie: »In diesem Land töten sie Kennedys.«

Nicht zuletzt deshalb setzte sie alles daran, eine Art Fluchtmöglichkeit zu schaffen und ihre kleine Familie finanziell für alle Zukunft abzusichern. 1968, wenige Monate nach Bobbys Tod, heiratete Jackie den griechischen Reeder Aristoteles Onassis. Der Mythos »Jackie O.« entstand. Sieben Jahre dauerte diese, oft als Jetset-Leben missverstandene Odyssee. In den ersten Jahren ihrer Ehe gab es eine, durchaus auch körperliche, Anziehung zwischen den beiden. Aber bald verbrachten sie immer weniger Zeit miteinander. Jackie wollte so oft wie möglich bei ihren Kindern in den USA sein, Onassis wurde nach dem Tod seines Sohnes Alexander zunehmend schwieriger, obwohl seine Frau sich rührend und mit großer Geduld um sein Seelenheil bemühte. Nach dem Tod des Reeders 1975 ist Jacqueline Bouvier Kennedy Onassis dann endlich bei sich selbst angekommen. Sie lebte jetzt wieder ständig in New York oder auf ihrem Anwesen auf der Insel Martha's Vineyard vor der Ostküste der USA. Am sozialen Leben der Stadt

Vorhergehende Doppelseite:
Moment des Abschieds und der Erinnerung: in jenen Tagen wuchsen Jackie und Bobby in ihrer Trauer immer näher zusammen.

Gegenüber:
Das Ende von Camelot: Bobby Kennedy überreicht Jackie die Fahne, die den Sarg von John F. Kennedy bedeckte.

Gegenüber:
Mit Norman Mailer in der Kennedy Library.

nahm sie kaum teil, weil es sie langweilte. Nur engste Freunde sah sie, zu ihnen hielt sie intensiven Kontakt. Viel Zeit verbrachte sie im Central Park oder sie vergrub sich in der Bibliothek ihrer Wohnung an der Fifth Avenue. Die Leidenschaft für Bücher machte sie zum Beruf, als Lektorin beim Verlag Doubleday. Unter anderem gab sie viel beachtete Biographien bedeutender Frauen der Geschichte heraus. Eigene Memoiren verboten sich von selbst. Außerdem kümmerte sie sich um den Erhalt von Baudenkmälern wie Grand Central Station, trat aber so gut wie nie selbst in Erscheinung. Eher selten traf Jackie in ihren letzten Jahren die Kennedys. Ihre Kinder Caroline und John hatte sie ohnehin immer auf eine gewisse Distanz zur Familie des Vaters gehalten, nicht aber zu dessen Mythos.

Die Geschichte der Jacqueline Kennedy Onassis ist auch eine Geschichte des Widerstands. Sie leistete Widerstand, indem sie ihre Fantasie ebenso kultivierte wie die Ruhe um sich herum. Sie lehnte auf subtile Weise Amerika ab, das Weiße Haus, die Kennedys als Macht-Maschine, die Rolle der guten Witwe und viele andere Konventionen. Und sie leistete, so lange es eben ging, Widerstand gegen die schwere Krankheit, die ihre letzten Jahre überschattete.

Am 19. Mai 1994 um 22 Uhr 15 starb Jacqueline Bouvier Kennedy Onassis in ihrer Wohnung an Lymphdrüsenkrebs. »Ich war an jenem Abend bei ihr«, sagt der Stiefbruder Yusha Auchincloss, bis zuletzt einer ihrer engsten Vertrauten. »Sie sprach nicht mehr. Aber ich merkte an ihrem ruhigen Atem und an dem immer noch festen Druck ihrer Hand, dass Jackie wusste, wohin der Weg führen würde. Sie hatte keine Angst. Alles war vorbereitet. Sie starb mit Würde und Hoffnung, ohne eine Spur von Selbstmitleid – genauso, wie sie gelebt hatte.«

HEMINGWAY'S
SPAIN

BOBBY

KEIN WASSER WAR IHM ZU EISIG, KEIN GIPFEL ZU HOCH.

Freunde fürchteten seine wilden Expeditionen. Am Morgen des 1. Juli 1967 kroch Robert Kennedy, zu jener Zeit Senator des Staates New York, aus seinem Zelt und blickte schlaftrunken auf die gigantischen Erhebungen des Grand Canyon. Das Thermometer war schon um sieben Uhr auf fünfunddreißig Grad geklettert. Kennedy deutete auf den höchsten Gipfel und sagte: »Dort werden wir heute Abend sein.« Seine Frau Ethel, sein Freund, der Schriftsteller George Plimpton, der Sänger Andy Williams und James Whittaker, der als erster Amerikaner den Mount Everest bestiegen hatte, schauten sich an. »Habt ihr den Mut?«, fragte Robert Kennedy seine Entourage. Die ahnte, was an diesem Tag auf sie zukommen würde. Die kleineren der zehn Kennedy-Kinder und deren »Nannies« wurden mit einem Hubschrauber auf den Berg geflogen. Für alle anderen gab es kein Entkommen. Der Tross setzte sich in Bewegung. Nach drei Stunden machte der erste professionelle Bergführer schlapp. George Plimpton erinnert sich: »Obwohl ich in sehr guter körperlicher Verfassung war, wäre ich am liebsten umgekehrt. Sogar James Whittaker, dem sonst nichts zu schaffen machte, schlug das vor. Er musste außerdem noch einige von Bobbys Kindern tragen. Bobby hatte kein Einsehen mit uns Schwächlingen, stellte sich auf einen Felsvorsprung und zitierte aus ›Heinrich V.‹ von Shakespeare: ›Wir Auserwählten, wir glückliche Bande von Brüdern! Der, der heute Blut mit mir vergießt, der soll mein Bruder sein!‹ Dann fiel Andy Williams zu Boden. Er konnte nicht weiter und musste auf einen Esel gesetzt werden, der ihn weiter in Richtung Gipfel trug. Ethel war vollkommen euphorisch und brachte Bobby dazu, immer wieder aus ›Heinrich V.‹ zu zitieren. Als wir schließlich oben ankamen, fielen wir uns völlig erschöpft

in die Arme. Für Bobby war es, als habe er ein gefährliches wildes Tier besiegt. Sein Kampf mit sich selbst hatte immer etwas davon.«

Er liebte das Risiko: Beim Wildwasser-Rafting ging er weiter als alle anderen, entgegen aller Warnungen.

Bobby trug auch stets ein zerlesenes Exemplar von Ralph Waldo Emersons »Essays« bei sich. Darin hatte er die Zeile unterstrichen: »Tue immer, wovor du Angst hast, es zu tun!« Mut zu beweisen war für Robert Kennedy eine geradezu kultische Handlung. Das Muster des Narzissmus findet sich hier wieder – wie bei seinem Bruder Jack, nur in etwas anderer Form. Der größte Makel war für Bobby, dass er sich im Krieg nicht hatte beweisen können wie seine älteren Brüder. Die höchste Auszeichnung, die ein Mensch erreichen konnte, war in seinen Augen die Ehrenmedaille für Tapferkeit vor dem Feind. Zeitlebens eiferte er den Kriegshelden Joe und Jack nach, aber er musste sich zunächst mit einer Nebenrolle begnügen – jedenfalls nach außen. In Wahrheit wurde er schon als engster Mitarbeiter John F. Kennedys im Weißen Haus zum eigentlichen Wahrer des Familien-Mythos – der Vater wollte es so, vielleicht, weil er glaubte, auf ihn den größten Einfluss zu haben.

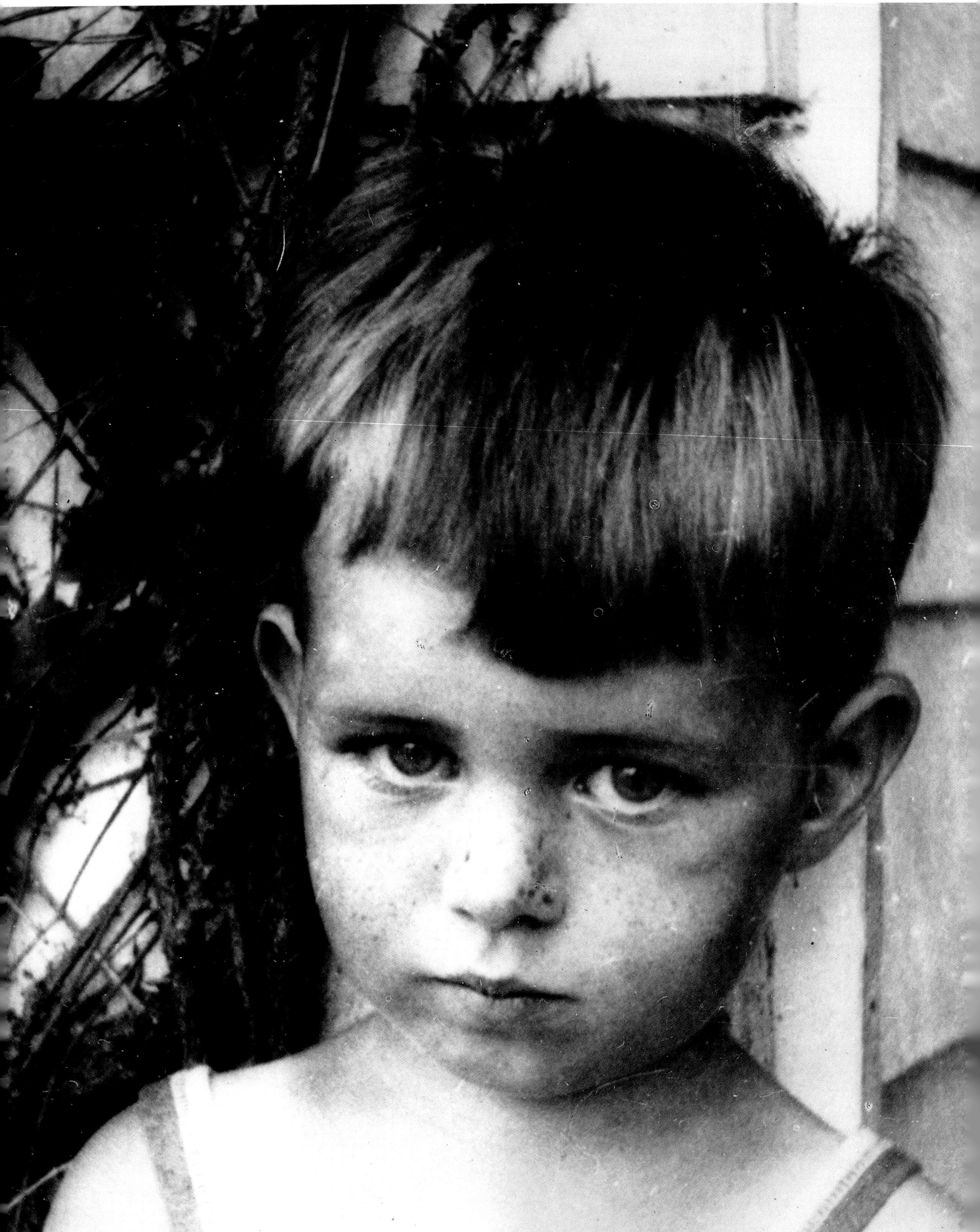

Bereits als Kind hatte Bobby alles daran gesetzt, die Gunst des Patriarchen zu gewinnen. Seine drei Brüder galten in der Familie als Stars, er dagegen fand wenig Beachtung. Als er geboren wurde, meinte seine Mutter Rose Kennedy lakonisch: »Auch wenn man sich noch so leidenschaftlich zum Elternsein bekennt – beim siebten Kind lässt die Begeisterung doch etwas nach.« Genau das muss Robert Kennedy gespürt haben. Die Minderwertigkeitskomplexe waren ihm in die Wiege gelegt. Und sie wurden stärker, als sich herausstellte, dass er kleiner und schwächer sein würde als seine Brüder. Sogar Edward, der Jüngere, wuchs ihm bald über den Kopf. »Als siebtes von neun Kindern muss man kämpfen, um zu überleben«, sagte Robert Kennedy einmal. Dieser Kampf war seine Antwort auf die Angst, den väterlichen Anforderungen nicht zu genügen.

Bobby fiel nichts leicht. Er war der Freundlichste und Scheueste in der Familie, konnte sich am wenigsten artikulieren und auch an körperlichen Fähigkeiten mangelte es. Bei Tisch musste er neben seinen kleinen Schwestern sitzen. Als er vier Jahre alt war, rannte er in eine Glastür. Er hatte sich, wie immer, besonders beeilt, um pünktlich beim Abendessen zu sein. Eine Gehirnerschütterung und Schnittwunden im Gesicht waren die Folge. Andauernd ließ Bobby irgendetwas fallen oder stolperte. Die anderen lachten. Ein Außenseiter auf seinem schwierigen Weg ins Leben, den er allein nicht hätte gehen können. Er brauchte die Struktur seiner Familie, und er wollte dieser Familie dienen. Im Grunde stellte er sich die Welt außerhalb des Clans immer als Feindesland vor. Schon in der Schule fand er diese Theorie bestätigt. Er wurde gehänselt und hatte kaum Freunde. Nichts fiel ihm zu wie seinen Brüdern. Weder als Athlet noch als Lernender war er sonderlich begabt. Am liebsten war er allein, und um diese Position zu verteidigen, entwickelte er schon früh Wesenszüge, die ihm seine Kameraden als Arroganz auslegten. Wenn ihm etwas nicht passte, übergoss er sie mit beißendem Spott – seine einzige Waffe in jenem darwinistischen Kampf, den er schon aus seiner Familie kannte. Den »Knilch« hatte sein Vater ihn genannt. Und diese Rolle spielte er auch in den Klassengemeinschaften der katholischen Internate, auf die er geschickt wurde. Eine Zuflucht freilich blieb seine Frömmigkeit, die er, um wenigstens der Mutter zu gefallen, früh entwickelt hatte. Gleichzeitig wurde ihm schon im zarten Alter bewusst,

Gegenüber:
Dritter Sohn und siebtes Kind: Robert F. Kennedy im Alter von drei Jahren.

Folgende Doppelseite:
Der mächtigste katholische Clan Amerikas bei der Investitur von Papst Pius XII. im Jahr 1939: (v.l.n.r.) Kathleen, Patricia, Bobby, John, Rose, Joe mit Edward, Eunice, Jean und Rosemary. Nur Joe jr. fehlt.

dass die Welt eine Bühne ist. Als Botschafter in London hatte der Vater seine Kinder dem Papst und der Königin von England vorgestellt. Die Familie hatte in der anspruchsvollen Londoner Gesellschaft eine Art Glamour-Status und sie sang unisono jenes Hohelied des Erfolgs, das der Vater dirigierte. Schon sehr früh und auf ganz natürliche Weise hatten die anderen Kinder der Kennedys ihre entsprechenden Rollen angenommen. Es war klar, dass aus ihnen »etwas werden« würde. Für den »Knilch« dagegen schien in diesem Stück vom Gewinnen zunächst keine Rolle vorgesehen.

Als Bobby sieben Jahre alt war, begann er dieses Manko mit seiner Tätigkeit als Ministrant zu kompensieren. Hier konnte er immerhin einen kleinen, aber unverzichtbaren Part im größten Drama der christlichen Welt, dem Abendmahl, spielen. Wenn er das Weihrauchgefäß schwenkte und das Glöckchen läutete, während der Priester Brot und Wein verteilte, konnte Robert Kennedy für einen Moment vergessen, wie unbedeutend seine Rolle beim Abendmahl der Familie war. Für ihn entstand in jenen Jahren eine Art Nebenmythos, bedeutend und geheimnisvoll. Sein damals erworbener tiefer Glaube an christliche Werte und an die Bedeutung der katholischen Riten hat ihn auch später im Leben nie verlassen – nicht bis zum Tod seines Bruders, der bei Bobby eine intensive Beschäftigung mit den alten Griechen und existenzialistischen Ideen auslöste.

Kathleen, Bobby, Ted, Patricia und Rosemary bei der Abreise nach England 1938.

Was dem Knaben Bobby fast vollständig fehlte, war der Mut seiner Brüder. Während die anderen schwammen und segelten wie junge Götter, hatte er Angst vor dem Wasser. Nur langsam lernte er, sich in diesem Element zu bewegen. Um den Prozess zu beschleunigen und damit sein Ansehen in der Familie zu erhöhen, sprang er als Vierjähriger von einer Jolle in den Atlantik bei Hyannisport. Sein älterer Bruder Joe rettete ihn. »Wie in Trance und ohne viel nachzudenken wiederholten sich solche selbst gestellten Mutproben in regelmäßigen Abständen. Meist kamen sie völlig unerwartet. Beim Skifahren stürzte sich Bobby urplötzlich die steilsten Hänge hinunter, überschlug sich manchmal, kam aber immer unten an«, erzählt seine Schwester Eunice. »Ich erinnere mich an einen Ferien-

aufenthalt am Cap d'Antibes an der Riviera, damals war Bobby gerade zehn Jahre alt. Ich sah ihn auf einem Felsvorsprung über einer Grotte stehen und hinunter ins Wasser starren. Ich dachte noch: ›Er wird nie springen.‹ Aber genau das tat er.«

Patricia, Ted, Rose, Bobby, Eunice und John F. Kennedy am Cap d'Antibes: Die Familie gab Bobby eine Struktur.

Das Prinzip schien zu funktionieren. Die Selbstüberwindung machte Bobby stärker. Seine Schulnoten wurden besser, ebenso seine sportlichen Leistungen, und er fand einige Freunde. Nach dem College ging er zur Marine, dann nach Harvard, um Jura zu studieren. Er wurde der einzige Kennedy mit Hochschulabschluss. Der Einzelgänger blieb er.

»Einmal sah ich ihn im Haus von gemeinsamen Freunden, wie er, von Büchern umgeben, über ein Manuskript gebeugt, in der Ecke saß, während um ihn herum eine wilde Party mit sehr hübschen Mädchen tobte. Es war ein höchst merkwürdiger Anblick«, erinnert sich George Plimpton. »Er wollte dabei sein, fühlte sich aber nicht als Teil der Gruppe und sonderte sich ab. Den Mädchen gegenüber hatte er Minderwertigkeitskomplexe, und auch die Jungs waren zu strahlend für ihn, zu schnell in der Konversation.

Als die meisten gegangen waren, nahm er ein Mädchen an der Hand und fragte sie: ›Wollen wir ins Kino gehen?‹«

Das Mädchen war die Gastgeberin der Party, eine Schönheit namens K. K. Hannon. Sie berichtete dem Kennedy-Biographen Evan Thomas später von Bobbys Avancen. »Eines Abends nach dem Kino brachte er mich im Auto nach Hause. Ich sagte zu ihm: ›Wir können hineingehen – komm doch mit!‹ Aber er sagte: ›Nein, bitte bleib noch ein bisschen sitzen.‹ Ich fror und hatte eiskalte Hände. Er meinte: ›Du kannst die Hände auf meine Brust legen.‹ Das tat ich dann auch. Es war eine intime Geste, aber es hatte nichts Sexuelles. Er suchte einfach nur nach Nähe, wollte reden und mich wärmen.« Bobby war entschlossen, das Mädchen zu heiraten. Wenig später trafen er und K. K. bei einem abendlichen Spaziergang in Boston auf John F. Kennedy. Der ältere Bruder, damals schon Kongressabgeordneter, war mit zweien seiner Assistenten auf der Suche nach Gesellschaft für die Nacht. Als er Bobby und K. K. sah, blieb er stehen, musterte das Mädchen, das in seinem Pelzmantel sehr sexy aussah, und sagte zu seinen Begleitern:

Dolce Vita in Palm Beach: Nur in der Familie gab sich Bobby (vorne, kniend) wirklich locker.

Bobby Kennedy als College-student: Er war kein Don Juan wie sein Vater und sein Bruder.

»O.K., Jungs, das war's. Gute Nacht!« Er hatte sich entschlossen, mit seinem Bruder und dessen Freundin ins Kino zu gehen. Am nächsten Morgen rief Jack bei K. K. an. Sie fand ihn wunderbar. Das war das Ende ihrer Beziehung zu Bobby, der darauf nicht etwa mit Wut oder Eifersucht reagierte. Es war für ihn ein normaler Vorgang, solche Opfer zu bringen. Offenbar hatte er sich ohnehin entschlossen, den bekannten Don-Juanismus des Vaters und des Bruders bis an den Rand Prüderie zu konterkarieren.

Glaubte er, nicht das gleiche Recht zu haben wie sie? Hielt er sich aus moralischen, womöglich religiösen Gründen zurück? Jedenfalls nahm er sich das »Recht«, selbst ein »Womanizer« zu werden, erst heraus, als er sowohl vom Vater als auch vom Bruder akzeptiert wurde – und das sollte noch länger als ein Jahrzehnt dauern. Es ist kein Wunder, dass Bobby Kennedy als Erster der Brüder heiratete. Um mit seiner wilden Individualität, mit seinem aus der Not geborenen Kampfgeist überleben zu können, brauchte er einen Menschen an seiner Seite. Die Initiative ging nicht von ihm aus, sondern von einem Mädchen namens Ethel Skakel. Die burschi-

kose Absolventin des College vom Heiligen Herzen in Manhattanville bei New York hatte sich bis dahin nur wenig für Jungen interessiert. Sie war sportlich, quicklebendig und liebte saftigen Schabernack, der die Nonnen, die sie erzogen, regelmäßig in Aufregung versetzte. Jeden, den sie traf, begrüßte sie mit »Hi ya Kid«. Ansonsten war sie genauso streng katholisch erzogen worden wie Bobby – Mutter Skakel hatte für das tägliche Gebet ein Weihwasserbecken vor ihrem Schlafzimmer. Im ersten Sommer, in dem Ethel und Bobby verlobt waren, kam Ethel nach Hyannisport und fügte sich sofort in die Familie ein. Mit ihrer Sportlichkeit und ihrem lauten Lachen war sie von den Kennedy-Schwestern kaum zu unterscheiden. Ethel glaubte, den perfekten Ehemann gefunden zu haben, und verehrte ihn vom ersten bis zum letzten Tag. Sie betrachtete Bobby ein wenig wie Gott. Gott tat zwar unerklärliche Dinge, aber er hatte immer Recht. Ethels bedingungslose Liebe tat Bobby gut. Er wurde freier und offener und war bereit, andere Menschen zu treffen und sich für sie zu interessieren. Zum ersten Mal in seinem Leben traten die Minderwertigkeitskomplexe, das Gefühl, weniger wert zu sein als andere Mitglieder seiner Familie, in den Hintergrund.

Im Jahr seiner Hochzeit nahm Robert Kennedy einen untergeordneten Posten im Justizministerium in Washington an. Gerade hatte er seinen ersten Fall auf den Tisch bekommen – eine Anzeige wegen politischer Korruption in New York – da rief Kenny O'Donnell an, der als Assistent des Kongressabgeordneten John F. Kennedy arbeitete. Er drängte Bobby, Wahlkampfmanager seines Bruders zu werden. Der bewarb sich 1952 um das Amt des Senators von Massachusetts. Bobby lehnte ab. Er sah sich nicht in der Lage, eine so verantwortungsvolle Aufgabe, von der zudem noch das Schicksal der Dynastie abhängen könne, zu übernehmen. Zudem hatte er gerade die ersten Schritte in eine Art geistige Unabhängigkeit von der Familie unternommen.

Wieder einmal war es Joe Kennedy, der das Problem löste. Er setzte Bobby unter Druck und bedeutete ihm, dass nur er diese Arbeit für seinen Bruder übernehmen könne. Bobby bewährte sich als präzise arbeitender Organisator und lernte, dass in einem Wahlkampf jede Form von Rücksicht gefährlich ist. Nur Geschick und Härte zählen. Vor allem Letztere legte er an den Tag und brüskierte damit Gewerkschafter, Politiker und Journali-

Gegenüber:
Mit seiner Individualität und seinem Kampfgeist brauchte er einen Menschen an seiner Seite. Robert F. Kennedy am Tag seiner Hochzeit mit Vater Joe.

sten gleichermaßen. Als Delegierter seines Vaters bewährte er sich, indem er seinem Bruder zum Sieg verhalf. Damit konnte er endgültig beweisen, dass er nicht mehr der schwache »Knilch« war, als den ihn die Familie einst gesehen hatte.

Die Politik selbst stieß Bobby eher ab. Hände schütteln, Smalltalk und Halbwahrheiten verbreiten, dazu noch ein Stück der eigenen Seele verkaufen – auf die Dauer konnte das nichts für ihn sein. Nach der Kampagne kehrte Robert Kennedy nach Washington zurück, um für Senator Joseph McCarthy zu arbeiten. Der berüchtigte Kommunistenjäger war ein Freund von Joe Kennedy. Der hatte einst mit viel Geld McCarthys Wahlkampf für einen Senatssitz des Bundesstaates Wisconsin unterstützt. Zutiefst davon überzeugt, dass der Kommunismus in der Tat das Böse verkörpere, warf sich Bobby mit aller Kraft in die Arbeit für den schon damals vom Alkohol gezeichneten McCarthy. Er enthüllte beispielsweise, dass die britische Handelsmarine Geschäfte mit dem kommunistischen Nordkorea machte. Dass McCarthy mit seinen Methoden den Rechtsstaat unterminierte und seine Inquisition kaum hinter Stalins Schauprozessen zurückblieb, störte weder Joe noch Bobby. 1954 schließlich fiel der Senator bei der Presse in Ungnade und starb 1957 an den Folgen seiner Alkoholkrankheit. Robert Kennedy sah den Ideologen McCarthy auch nach dessen Tod noch als eine Art Held, der gegen das Böse kämpfte, und ließ sich von dieser Meinung auch nicht abbringen.

1956 hatte er seinen Job im McCarthy-Büro aufgegeben, um für den Demokraten Adlai Stevenson zu arbeiten, der sich damals um eine Kandidatur seiner Partei für das Amt des Präsidenten bewarb. Damals zeichnete sich bereits ab, dass sein Bruder Jack, vielleicht schon vier Jahre später, den gleichen Schritt unternehmen würde. An einem Sonntagnachmittag in Hyannisport hatten Joe, Jack und Bobby auf einem langen Strandspaziergang beschlossen, dass man diese Möglichkeit im Auge behalten solle. »Wer siegen will, der muss immer in den Startlöchern stehen«, hatte Joe gesagt. Dieses Gebot aus dem Hohelied des Gewinnens hatten sich die Brüder zu Herzen genommen. Nun also sollte Bobby bei Stevenson lernen, wie man einen Kandidaten zum Gewinner machen konnte, und was man lieber unterließ. In den Notizen, die er damals über Stevenson anfertigte, heißt es:

Als Delegierter seines Vaters verhalf Bobby seinem Bruder zum Sieg.

»So wie er aussah, so wie sich sein Akzent anhörte und eingedenk der Tatsache, was man alles über seinen Hintergrund wusste, war es unmöglich, dass er alle seine Reden ablas. Die Menschen glaubten ihm einfach nicht. Sie dachten: ›Wenn er das alles glaubt, was er da sagt, dann müsste er es doch aus dem Ärmel schütteln können. Es müsste aus dem Herzen kommen und er müsste es nicht ablesen.‹ Ich sagte das den Leuten in seiner näheren Umgebung immer wieder und sie versuchten ihn dazu zu bringen, seine Technik zu ändern. Aber er tat es einfach nicht.«

Am Schluss sah Robert Kennedy den Kandidaten als einzige Enttäuschung. Es störte ihn, dass die eigenen Leute das Vertrauen in Stevenson verloren hatten und dass jeglicher Enthusiasmus fehlte. Robert Kennedy analysierte all dies messerscharf. Seine Notizbücher aus der Zeit mit Stevenson wurden zu einer Art Gebrauchsanweisung für den Wahlkampf, den er vier Jahre später für seinen Bruder organisierte. Zuvor aber ging er wieder nach Washington, um für die McCarthy-Behörde zu arbeiten – die Mission, das Böse aus dem amerikanischen Leben zu vertreiben, hatte in der

Zwischenzeit für ihn nichts von ihrer Faszination verloren. Was er jetzt brandmarken wollte, war das enge Zusammenspiel zwischen Gewerkschaften und organisiertem Verbrechen. Jeder wusste von den Verknüpfungen zwischen Gewerkschaftsführern und Mafiabossen, aber keiner sprach darüber. Weihnachten 1956 reiste Bobby mit Ethel und ihren mittlerweile fünf Kindern nach Hyannisport. Es war ein besonders strenger Winter mit Stürmen und Schneeverwehungen. Die Fenster der Hauptvilla im Kennedy Compound waren mit Eisblumen bedeckt. Am Vorabend des traditionellen Truthahnessens verkündete Bobby seinem Vater und dem versammelten

Clan, dass er eine große Untersuchung gegen das organisierte Verbrechen plane. Es sei an der Zeit, die enge Verknüpfung der Mafia mit den Gewerkschaften einer breiten Öffentlichkeit vorzuführen und daraus rechtliche Konsequenzen zu ziehen. Der Vater war wie vom Donner gerührt. Ein solches Unternehmen sei politisch gefährlich und würde zu nichts führen, rief er über den Tisch. Die anderen stimmten ihm zu. Der Clan war sich einig, dass ein solches Abenteuer, so ehrenwert das Ziel sein mochte, nur Nachteile bringen würde. Denn ohne die Unterstützung der Gewerkschaften konnte ein Kandidat der Demokratischen Partei tatsächlich nicht ins Präsidentenamt kommen. Genau das war aber soeben als Ziel für John F. Kennedy formuliert worden. Was trieb Bobby Kennedy zu solch aufrührerischen Ideen? War es die reine Überzeugung, oder steckte ein tieferer, psychologisch erklärbarer Grund dahinter? Natürlich wusste er von den Gerüchten, dass sein Vater als Geschäftsmann mit dem organisierten Verbrechen gemeinsame Sache gemacht hatte – wofür übrigens nie ein stichhaltiger Beweis erbracht wurde. Wer allerdings während der Zeit der Prohibition so viel Geld im Alkohol-Business verdient hatte wie Joe Kennedy, der musste irgendwann mit bestimmten Kreisen in Berührung gekommen sein. Und es wurde darüber geredet, dass der Mafiaboss Sam Giancana auf dem Umweg über Frank Sinatra, Joes Freund aus seiner Zeit als Hollywood-Produzent, eine nicht unbeträchtliche Wahlkampf-Spende für John F. Kennedy geleistet habe. Der einzige Hinweis auf eine Beziehung zwischen Joe Kennedy und Mafia ist allerdings nach wie vor die Tatsache, dass ein Gebäude, in

dem Gewerkschaften mit Verbindungen zum organisierten Verbrechen ihre Büros hatten, Joe Kennedy gehörte.

Die Auseinandersetzung an Weihnachten 1956 mag ein wichtiger Schritt für die Emanzipation Bobby Kennedys gewesen sein. Der wilde Individualist, der er außerhalb der Familie war, war nach Hause gekommen – mit bedrohlichen Ideen, die den Vater, um dessen Liebe er ewig gebuhlt hatte, in die Enge trieben. Statt Liebe wollte sich Bobby Kennedy jetzt Respekt verschaffen.

Und tatsächlich: Der Widerspruch des Vaters fruchtete nicht, Bobby tat, was er für richtig hielt. Seine Einteilung der Welt in Gut und Böse war inzwischen zu einem stärkeren Dogma geworden als der unbedingte Wunsch, vom Vater Aufmerksamkeit und Liebe zu bekommen. Am Ende war Bobby Kennedy jedenfalls zum ersten Mal der Gewinner. Nicht nur, dass er in den USA als »young man with tough questions« – als junger Mann mit harten Fragen – bekannt wurde. Ein weiterer Mosaikstein wurde in jenen Tagen dem Mythos hinzugefügt: Die fabelhaften Kennedys, die

Oben und gegenüber:
Junger Mann mit harten Fragen: Bobby Kennedy mit seinem Bruder bei der Anhörung des McClellan-Kommitees zum organisierten Verbrechen.

15

sich nun auch gegen Ungerechtigkeiten und organisiertes Verbrechen stellten. Robert Kennedy beschrieb seinen Kampf gegen die organisierte Kriminalität innerhalb der Gewerkschaften in dem Buch »The Enemy Within« – »Der Feind im Innern«. Er zeigte auf, wie mafiöse Tendenzen und Korruption sich aus der Unterwelt langsam in das Wirtschaftsleben und in die Politik fressen. Das Buch erzählt vor allem von Kennedys unerbittlicher Jagd auf den korrupten, mafiösen Gewerkschaftsführer Jimmy Hoffa, den er schließlich ins Gefängnis brachte. Bobby Kennedy nannte Hoffa seinen »weißen Wal«. Erst 1964, also nach fast zehn Jahren, konnte er ihn erlegen, und Hoffa wanderte hinter Gitter.

Zu dieser Zeit war Bobby bereits Justizminister, und die Verurteilung des Gangsters galt als schlagender Beweis dafür, wie gut die Entscheidung John F. Kennedys gewesen war, seinen Bruder zum Justizminister zu machen. Zum ersten Mal in der Geschichte hatte jemand das organisierte Verbrechen entlarvt und die damals auf allen Ebenen gängige Korruption gebrandmarkt. Vermutlich war dies die stärkste innenpolitische Leistung der Kennedy-Regierung.

Gegenüber:
Ein starkes Team: Präsident Kennedy und sein Bruder, der Justizminister.

Zuvor freilich war es auch Bobby gewesen, der seinem Bruder den Weg ins Weiße Haus geebnet hatte. Wieder hatte er den Wahlkampf organisiert und dabei das, was ein Berichterstatter die »Geduld eines Geiers ohne dessen lechzende Sentimentalität« nannte, an den Tag gelegt. Monatelang war er von Bundesstaat zu Bundesstaat geeilt, hatte große und kleine Städte besucht, um herauszufinden, worauf die Wähler dort ansprechen würden. In West-Virginia beispielsweise, wo Franklin D. Roosevelt noch immer wie ein Halbgott verehrt wurde, bat er dessen Sohn, für John F. Kennedy in den Wahlkampf zu ziehen. Mit diesem Trick konnte der rein protestantische Bundesstaat »umgedreht« werden. Für einen Sieg seines Bruders war Bobby Kennedy nun doch wieder bereit, ein Stück seiner Seele zu verkaufen. Er kritisierte Jack, weil der Coretta King, die Frau von Dr. Martin Luther King, angerufen hatte, als der Führer der Bürgerrechtsbewegung im Gefängnis saß. Vor Angst, dass die Gouverneure der Südstaaten sich gegen John F. Kennedy wenden würden, war Bobby außer sich. In Wahrheit war er längst auf der Seite der Schwarzen, ganz im Gegensatz zu seinem Bruder. Schizophrenie eines Wahlkampfs. Dann war das Ziel erreicht. John F. Kennedy ging daran, sein Kabinett zusammenzustellen. Das war der Moment, in dem sein Vater wieder auf den Plan trat. Schließlich hatte er viele Millionen Dollar in den Wahlkampf investiert und wollte jetzt ein Wörtchen mitreden. Er drängte darauf, dass Bobby Justizminister würde – ein Nein sei nicht zu akzeptieren. »Es ist das Einzige, worum ich dich bitte und was ich wirklich möchte«, hatte Joe gesagt. Offenbar spürte er, dass John F. Kennedy in den Krisen, die sich schon abzeichneten, einen Vertrauten brauchen würde. Das freilich konnte nach Joes Weltbild nur ein Familienmitglied sein. Robert Kennedy lehnte ab.

Gegenüber:
Bobby Kennedy ahnte die Bürde seines neuen Amtes als Justizminister.

»Er verteidigte sich mit Zähnen und Klauen gegen dieses Ansinnen«, sagt Arthur Schlesinger. »Ich habe ihn in den Tagen der Entscheidung öfter gesehen, und da war wieder dieser alte Zweifel in seinem Gesicht, den ich lange nicht gesehen hatte. Er traute sich die Sache einfach nicht zu. Außerdem glaubte er, dass es ein schrecklicher Fehler sei, wenn er als Bruder des Präsidenten Justizminister würde. Der Vorwurf des Nepotismus stand ja auch bereits im Raum.« Am 15. Dezember bat John F. Kennedy seinen Bruder zum Frühstück in sein Haus nach Georgetown, jenen vornehmen, britisch anmutenden alten Teil von Washington. Man hatte sich morgens um 7.30 Uhr verabredet. Es war eiskalt und hatte die ganze Nacht geschneit. Als Bobby, wegen des Schnees mit Verspätung, ankam, war es noch dunkel. Jacqueline Kennedy servierte Eier mit Schinken und Tee aus einer silbernen Kanne. Kennedys Berater John Seigenthaler war auch anwesend. Ihm erzählte der neu gewählte Präsident, wen er für welche Ministerposten vorgesehen habe. Bobby sah er nicht an. »Alles wunderbare Leute. Sie wissen viel, haben Erfahrung und sind dennoch jung. Aber es gibt in diesem Kabinett niemanden, mit dem ich über die Jahre hinweg wirklich eng verbunden war. Wenn es Probleme gibt, brauche ich jemanden, der mir die Wahrheit sagt – und zwar die ungeschminkte Wahrheit. Jemanden, der keine Rücksicht nimmt. Und derjenige kann nur mein Bruder sein.« Als der sofort zu protestieren begann, fuhr Jack unbeirrt fort und sah Bobby jetzt an: »Ich möchte keinen Zauderer an meiner Seite. Ich brauche jemanden, der stark ist, der mitzieht, wenn ich Risiken eingehe, und der ehrlich mit den Problemen umgeht. Die Sache ist entschieden, Bobby. Es gibt keinen Ausweg.« Und wieder einmal tat Robert Kennedy, was Vater und Bruder von ihm ver-

langten. Er willigte ein. Inzwischen war es hell geworden und vor dem Haus wartete bereits eine Journalistenmeute. »Bevor du dich ihnen stellst, kämm Dir die Haare und lächle nicht zu viel, sonst denkt man, wir würden ob dieser Entscheidung triumphieren«, sagte John F. Kennedy. Ob mit oder ohne Lächeln – die Ankündigung, dass der Bruder des neuen Präsidenten Justizminister würde, rief sofort die Kommentatoren auf den Plan. »Wenn Robert Kennedy einer der besten Anwälte des Landes wäre, ein bedeutender Rechtsphilosoph, ein bekannter Staatsanwalt auf Bundesebene oder in einem Staat der USA, wäre die Situation ganz anders. Aber seine Erfahrung reicht einfach nicht, um die Qualität seiner Amtsführung zu garantieren«, so schrieb die New York Times.

Aus heutiger Sicht ist es wahrscheinlich, dass John F. Kennedy einen persönlichen Schutzwall gegen den FBI-Chef Edgar Hoover errichten wollte, der damals schon ein dickes Dossier über ihn in seinem Panzerschrank hatte. In weiser Voraussicht hatte Joe Kennedy seine Söhne erfolgreich zu der entsprechenden Konstellation gebracht. Es ist nicht übertrie-

Robert und John F. Kennedy im August 1959.

ben, festzustellen, dass die Beziehung zwischen Robert Kennedy und Edgar Hoover von tiefem Hass geprägt war. Letzterer war so besessen von der Idee des Kampfes gegen die »kommunistische Bedrohung« in Amerika, dass er die organisierte Kriminalität, die das Land allmählich lahm zu legen drohte, völlig vernachlässigte. Noch 1959 hatte das New Yorker Büro des FBI vierhundert Beamte, die sich mit dem Kommunismus beschäftigten, und ganze vier, die sich um das organisierte Verbrechen kümmerten. Der neue Justizminister änderte das radikal. Aber Bobby Kennedy kümmerte sich auch um die fatale Situation der Armen vor Gericht. Die Gefängnisse waren überfüllt, weil eine Mehrzahl der Angeklagten weder Kautionen noch einen Verteidiger bezahlen konnte. In einer groß angelegten Reform sorgte Bobby zusammen mit progressiven Beamten seiner Behörde für eine Besserung der Lage. Es entstanden Beratungsstellen, Übergangseinrichtungen und Zentren für junge Straffällige. Und immer stärker wurde darauf geachtet, dass der Grundsatz der Gleichheit vor dem Recht eingehalten wurde. Schon damals verstand sich Bobby Kennedy als Tribun der Entrechteten und als Erlöser der Benachteiligten. Allerdings durfte er in diesen heiklen Fragen nicht zu weit gehen, damit seine Politik den eigenen Bruder keine Wählerstimmen kostete. Entsprechend vorsichtig begann er, Bürgerrechten zur längst überfälligen Geltung zu verhelfen. Zunächst aber kehrte er vor der eigenen Tür. Als er herausfand, dass unter den 955 Anwälten, die in seinem Ministerium arbeiteten, nur zehn Schwarze waren, rief er zur »gründlichen Integration« auf und bat die einschlägigen Universitäten, ihm die besten Absolventen zu schicken. Und er wusste, dass der alles entscheidende Schritt eine Reform des Wahlrechts sein würde, das die Schwarzen noch immer diskriminierte. Hier lag der Schlüssel zu jener Gesellschaft, die er sich vorstellte und deren Konstruktion längst überfällig war. Erst Lyndon B. Johnson hat als Präsident die Reformen politisch vollzogen. Aber Bobby Kennedy hat während seiner Amtszeit als Justizminister die Veränderung des Denkens in Gang gesetzt. Der Prozess, den er damals gegen wütende Proteste der rechten Südstaaten anstieß, ist in Amerika bis heute nicht abgeschlossen. Eine vollständige Integration der Rassen ist noch immer nicht vollzogen, die Kluft zwischen Arm und Reich ist größer geworden, mehr als dreißig Millionen Amerikaner leben unterhalb der Armutsgrenze.

Wie schwierig die Situation damals für Bobby Kennedy war, zeigt folgendes Beispiel: Der Schwarze James Meredith war per Gerichtsbeschluss an der Universität von Mississippi zum Studium zugelassen worden. Aber als er sich einschreiben wollte, wurde er von Ross Barnett, dem rassistischen Gouverneur des Staates Mississippi, höchstpersönlich daran gehindert. Der Justizminister machte dem Gouverneur unmissverständlich klar, dass er dem Gerichtsbeschluss Folge zu leisten habe und dass er nicht nur Bürger von Mississippi, sondern auch Bürger der Vereinigten Staaten sei. Der Student Meredith werde vom nächsten Tag an selbstverständlich die Universität besuchen. Sofort reisten Weiße aus dem ganzen Staat Mississippi an, um den Eingang zur Universität zu blockieren. Jetzt war klar, dass es zu gewaltsamen Auseinandersetzungen kommen könnte. Im Weißen Haus bildete sich ein Krisenstab, im War Room des Pentagon wurden militärische Landkarten des Bundesstaates Mississippi ausgelegt. Tatsächlich war eine Eskalation nicht mehr zu verhindern. Washington schickte Soldaten auf den Campus, um James Meredith den freien Zugang zu ermöglichen. Die Ereignisse spitzten sich dramatisch zu, bei den Zusammenstößen zwischen Truppen und demonstrierenden Zivilisten gab es vier Tote auf Seiten des Militärs und Hunderte von Verletzten. Aber schließlich konnte James Meredith, unter Polizeischutz, sein Studium beginnen. Und die Kennedys konnten das heikle Thema der Bürgerrechte wieder für eine Weile auf Eis legen. Sie glaubten, ihre Intention bewiesen zu haben. Die Führer der Bürgerrechtsbewegung, allen voran Dr. Martin Luther King, waren freilich enttäuscht.

»Wir dachten damals: ›Sie benutzen den Fall Meredith und machen damit Propaganda – aber im Großen und Ganzen hatte sich die Situation der Schwarzen überhaupt nicht verändert.‹ Die Kennedys waren in einer schwierigen Lage. Ich verstand das sehr wohl«, erinnert sich Harry Belafonte, der damals zwischen Martin Luther King und Bobby Kennedy vermittelte. Letzterer zitierte zu jener Zeit gern Franklin D. Roosevelt. Der hatte über Lincoln gesagt: »Ein trauriger Mann, weil er nicht alles auf einmal bekommen konnte. Niemand kann das.«

Die Falten auf Bobbys Gesicht wurden jetzt tiefer, das Haar des Sechsunddreißigjährigen war plötzlich grau meliert. Der Druck des Amtes wuchs mit jedem Tag. Als Justizminister musste Kennedy die längst überfälligen

Politik beim Abendessen: Bobby und Ethel, hier mit Kathleen, Robert jr. und Joseph, prägten ihre Kinder früh.

Reformen in Angriff nehmen, als engster Berater seines Bruders zusammen mit diesem gefährliche Weltkrisen meistern. »Mitten in dieser Kaskade aus Druck und Verantwortlichkeiten entwickelte sich damals Bobby Kennedys Haus, Hickory Hill, zu einer Art Gegenkultur zum Weißen Haus mit seinen eleganten Empfängen und Partys. Man hatte den Eindruck, hier spiele das wahre Leben«, so Arthur Schlesinger. »Ein Pandämonium von Kindern und Ponys, Kaninchen, wilden Spielen und Scherzen. Ethel verstand es mit ihrer unerschöpflichen Energie, dieses Chaos irgendwie zu managen.« Die Kinder der Kennedys – damals bereits sieben an der Zahl – nahmen im Pyjama an den Partys teil. »Wir fanden diese Abende natürlich höchst spannend«, erinnert sich die älteste Tochter, Kathleen Kennedy. »Allein die Tischordnungen, die meine Mutter fabrizierte, waren immer für Überraschungen gut. Der Diplomat Averell Harriman mit seinem aristokratischen Habitus saß neben der Gewerkschafterin Dolores Huerta, die Schauspieler Mary MacLaine neben irgendeinem stockkonservativen Verteidigungspolitiker. Es kam vor, dass draußen auf der Terrasse der Sänger Harry Belafonte anderen Gästen den Twist beibrachte, während in einer Ecke der Sowjetologe Charles Bohlen mit dem Kreml-Abgesandten Georgi Bolschakow über die Ost-West-Beziehungen diskutierte und meine Tante Eunice herumlief und Geld für geistig behinderte Kinder sammelte. Irgendjemand wurde in voller Montur in den Swimming-Pool geworfen, und der französische Kulturminister André Malraux kämpfte mit unseren beiden Hunden.«

Im Alltag ging es in dem großen weißen Holzhaus etwas geordneter zu. Regeln und Rituale bestimmten das Zusammenleben. Mutproben, mit denen Kathleens jüngere Schwester Kerry heute ihre eigenen Kinder konfrontiert, waren an der Tagesordnung: Als Dreijährige mussten sie auf einen Schwindel erregend hohen Baum klettern – unmöglich, sicher wieder hinunterzukommen. Also wurde das nächstältere Kind hinterhergeschickt – mit der Verpflichtung, dem Jüngeren zu helfen, es Schritt für Schritt sicher vom Baum zu führen. Auch das Ritual des gemeinsamen Abendessens, wie einst an Joe Kennedys Tisch in Hyannisport, wurde übernommen.

Ethel wollte ihre Schwiegermutter Rose mit der Zahl ihrer Geburten übertreffen – 1965 hatte sie immerhin schon gleich gezogen. V.l.n.r. neben den Eltern: Kathleen, Joseph, Robert, David, Courtney, Michael, Kerry, Chris und Matthew.

Bobby und Ethel hatten inzwischen zehn Kinder. Ethel war mit dem elften schwanger, als ihr Mann 1968 erschossen wurde. Kerry erinnert sich an die abendliche Tafel, an der es oft so laut zuging, dass verstörte Dienstboten hereinstürzten: »Wir versammelten uns alle, und solange mein Vater noch nicht am Tisch war, kämpften und schrien wir. Dann ging die Tür auf, er kam herein, und von einer Sekunde auf die andere konnte man eine Stecknadel fallen hören. Im Laufe des Essens wandte sich mein Vater an jeden Einzelnen von uns. Wir mussten jeden Tag die Zeitung studieren und beim Abendessen daraus zitieren. Sonntags mussten wir entweder die Lebensgeschichte einer berühmten Persönlichkeit wiedergeben oder ein Gedicht aufsagen, das wir während der Woche auswendig gelernt hatten.« Und ihre acht Jahre ältere Schwester Kathleen, die schon jene Zeit bewusst miterlebt hatte, als ihr Vater noch Justizminister und Ratgeber ihres Onkels Jack war, erinnert sich: »Wir haben auf verschiedene Weise gelernt, was es heißt, den Namen Kennedy zu tragen. Mit der Politik sind wir schon vertraut gemacht worden, als wir drei oder vier Jahre alt waren. Bis zum Alter von zwölf

Ein Pandämonium von Kindern und Tieren: Langweilig war es auf Hickory Hill nie. Ethel und Bobby 1967 mit zehn Kindern. Mit dem elften, der Tochter Rory, war Ethel schwanger, als ihr Mann ermordet wurde.

mussten wir beim Abendessen über ein aktuelles Ereignis referieren. Später über drei. Die Jüngste, die neben meiner Mutter saß, musste nur über ein Ereignis sprechen. Aber am Ende des Tisches musste man schon die ganze Zeitung gelesen haben. Mein Vater nahm uns mit in die Elendsviertel von Washington, zeigte uns die Kinder dort und sagte: ›Schaut mal, diese Kinder haben keinen Spielplatz, sie haben nichts. Und eure Aufgabe wird es einmal sein, das zu ändern.‹ Meine Mutter nahm uns mit in den Senat, damit wir dort Anhörungen verfolgen konnten. Sie sagte uns immer: ›Es ist wichtig, dass ihr davon überzeugt seid, Dinge beeinflussen zu können.‹ Es scheint fast, als sei das bei den Kennedys genetisch verankert: Wir wollen, ja, wir müssen geradezu Einfluss nehmen. Und mit der geballten Kraft einer solchen Familie ist das natürlich einfacher. Schon als Kind hatten wir das Gefühl, Teil eines Ganzen zu sein. Ein Lebensgefühl könnte man das nennen. Es war irgendwie da. Bei uns war das nicht das Ergebnis irgendeines Drills.«

Bobby Kennedy liebte Kinder und blieb im Grunde selbst sein Leben lang ein Kind. Aus seiner Leidenschaft für Eiskrem machte er keinen Hehl – auch nicht während des Wahlkampfes 1968 (gegenüber).

So hart Robert Kennedy auch sein konnte, so rücksichtslos er in jenen Jahren die Ideen seines Bruders durchsetzte und seine eigenen Ziele verfolgte, so zärtlich ging er mit Kindern um. Auf fast geheimnisvolle Art und Weise identifizierte er sich mit ihnen und umgekehrt – das galt nicht nur für die eigenen. Im Herzen ist Robert Kennedy wohl immer Kind geblieben. Von seinen älteren Brüdern wurde erwartet, dass sie sich wie Männer benahmen. Bobby dagegen durfte Kind sein, schon deshalb, weil sich niemand so recht um ihn kümmerte. Und als er dann erwachsen war, behielt er bestimmte Gewohnheiten bei. Während der diversen Wahlkampagnen konnte er sich stundenlang über die Vorzüge bestimmter Eiskrem-Marken auslassen. Und ein typischer Wahlkampftag wurde grundsätzlich damit abgeschlossen, dass er einen riesigen Becher Schokoladeneis aß und dazu ein Bier trank.

Aber er hatte auch nicht verlernt, seine Überlebenstechnik, die er als Kind entwickelt hatte, noch als Erwachsener anzuwenden: den totalen Rückzug in sich selbst. Das zeigte sich, als sein Bruder plötzlich und brutal aus dem Leben gerissen wurde. Jetzt war er allein. Auch seinem Vater, der nach einem Schlaganfall nur noch das Wort »Nein« murmeln konnte, konnte er

N IN THE RUFF
D DRIVE-IN
FISH
SUPER
SUPER SHAKE

ROOF FALLS

BE CAREFUL,
BUDDY
BE CAREFUL
BUDDY

Vorhergehende Doppelseite: Bobby Kennedy im Wahlkampf mit Minenarbeitern in West Virginia.

sich nicht mehr anvertrauen. Robert Kennedy musste sich neu erfinden, sich selbst eine neue Rolle schreiben. Mehr noch als seine Frau Ethel half ihm Jacqueline Kennedy dabei. Sie war – bei aller Contenance – ebenso allein und hilflos wie ihr Schwager. Die verzweifelte Suche nach einer Erklärung für das Unerklärliche begann. Vor der Öffentlichkeit akzeptierte er, dass ein Wahnsinniger seinen Bruder getötet habe und Jack nicht Opfer einer Verschwörung geworden sei. Aber in seinem Innern blieb die tiefe Angst, dass seine eigenen Feinde ihn mit dem Mord an seinem Bruder bestrafen wollten. Insgeheim hat er immer an die eigene Mitschuld an den Schüssen von Dallas geglaubt. Sein christlicher Glaube half ihm nun nicht mehr weiter. In den Dramen der alten Griechen hingegen fand er jene Schablone des Schicksals, die auch auf die Kennedys passte. Sie waren das Haus Atreus. Bobby begann sich selbst als Agamemnon zu sehen. In dem gleichnamigen Stück von Aischylos wird der Mensch als Spielball des undurchschaubaren Willens der Götter dargestellt. Immer wieder führen sie ihn in tragische und aussichtslose Entscheidungssituationen. Und doch stiftet jener Wille der Götter einen dem Menschen nicht einsichtigen Sinnzusammenhang. Der Mensch kann auf göttliche Gnade hoffen. »Er soll durch Leid lernen!«, heißt es im »Agamemnon«. Immer mehr vertiefte sich Bobby Kennedy in diese Weisheiten der alten Griechen, wollte alle Übersetzungen von Plutarch und Sophokles haben, die zu bekommen waren. Er begann zu verstehen, dass die Hybris der Anfang allen Übels ist und dass es darum geht, gegen sie anzukämpfen. Arthur Schlesinger erinnert sich an einen Nachmittag im August 1966, als er mit Bobby vor dem Haus in Hyannisport saß: »Er zog ein zerlesenes Exemplar des Buches ›Drei griechische Stücke‹ von Edith Hamilton aus seiner Aktentasche. Einige Seiten fielen heraus. Vermutlich die besonders viel gelesenen Stellen. Fast scheu hob Bobby die Seiten auf und sagte: ›Lies diese zwei Passagen aus den ›Frauen von Troja‹. Die eine beschreibt die Schrecken des Krieges, in der anderen geht es um Freundschaft und Loyalität. Ist es nicht genau das, was das Leben ausmacht?‹ fragte er.«

Auf dem Umweg über Philosophie und Literatur kam er, wenn auch langsam, wieder in der Realität an. Gern zitierte er in jener Zeit auch aus der Sterbeszene in dem Drama »Heinrich IV.« von William Shakespeare.

Gegenüber: Als John F. Kennedy ermordet wurde, musste Bobby sich eine neue Rolle schreiben, sich neu erfinden.

Darin sagt der dem Tod geweihte König:

Seht, Söhne, was Ihr seid.
Wie schleunig die Natur in Aufruhr fällt, wird Gold ihr Gegenstand!
Und dafür brechen töricht bange Väter
Mit Denken ihren Schlaf, den Kopf mit Sorge,
Mit Arbeit ihr Gebein;
Dafür vermehrten sie und türmten auf
Die falschen Haufen fremd erworbnen Goldes,
Dafür bedachten sie, die Söhn' in Künsten
Und kriegerischer Übung einzuweih'n:
Denn, wie die Biene, jede Blume schatzend
Um ihre süße Kraft,
Die Schenkel voller Wachs, den Mund voll Honig,
So bringen wir's zum Korb; und wie die Bienen
Erwürgt man uns zum Lohn …

Das Gold war die Macht. Und Robert Kennedy sah Parallelen zwischen Heinrich IV. und seinem Vater: »Heinrich IV. – das ist mein Vater!« Er brauchte damals viel Zeit für sich allein, wie schon als Kind. Überhaupt schien es, als wolle er die Zeit zurückdrehen, den Sinn seines bisherigen Lebens erfassen und daraus jetzt Konsequenzen ziehen. Ein Prozess der Veränderung setzte ein. »Ich glaube, erst damals ist mein Vater erwachsen geworden«, sagt Robert F. Kennedy jr., der heute zusammen mit seinen sieben Brüdern und Schwestern (zwei Kinder Robert F. Kennedys sind gestorben) das geistige Erbe seines Vaters hütet.

Über zwei Jahre hatte Robert Kennedy gebraucht, um Klarheit über seine Rolle in der Zukunft zu gewinnen. Das also war es, worum es ging: in harten Konfliktsituationen Mut beweisen, Lösungen finden und gleichzeitig loyal sein, vor allem der Familie gegenüber. Längst war er nach dem Tod des Bruders und dem Schlaganfall des Vaters das Oberhaupt der Familie geworden, und nun musste er deren Erwartungen einlösen. Endlich konnte er auf seine Weise zum »Kriegshelden« werden. Von den Existenzialisten hatte er gelernt, dass der Mensch sich jeden Tag neu erfindet und deshalb nie ruhen

Gegenüber: Das neue Oberhaupt der Familie: Einsam in Washington.

darf. Das Leben war eine Folge von Risiken. Ihnen nicht zu begegnen hieß, einen Teil von sich selbst zu zerstören. »Seine Erkenntnisse und Qualitäten hatte Robert Kennedy bis dahin immer anderen unterordnen müssen. Seine Skepsis dem Ergeiz, der von ihm verlangt wurde, seinen Idealismus der Härte. All das durfte jetzt an die Oberfläche kommen, er durfte endlich er selbst sein«, sagt Schlesinger.

Am 16. März 1968 beschloss Robert Kennedy, sich für das Amt des Präsidenten der Vereinigten Staaten zu bewerben. Ein paar Tage später traf Arthur Schlesinger bei einem Abendessen in New York Jackie Kennedy. Sie zog ihn auf die Seite und flüsterte: »Weißt du, was ich glaube? Bobby wird dasselbe widerfahren wie Jack!« Und tatsächlich machte in jener Zeit das Gerücht die Runde, die Mafia habe laut wohl informierter FBI-Kreise vor, Robert Kennedy für den Fall zu töten, dass er sich um das Präsidentenamt bewerbe. William C. Sullivan, der dreißig Jahre für Hoovers FBI gearbeitet hatte, zitiert dessen Bürochef Clyde Tolson. Der soll gesagt haben: »Ich hoffe, jemand wird schießen und diesen Hurensohn umbringen.«

Der Wahlkampf sollte einundachtzig Tage dauern. Themen gab es genug, denn 1968 war ein bewegtes Jahr für die amerikanische Nation. Eine Art vorrevolutionäre Stimmung hatte sich breit gemacht. Die Bilder im Fernsehen waren zutiefst beunruhigend: Rassenunruhen in Los Angeles, der Krieg in Vietnam, den Präsident Johnson zugelassen hatte und jetzt immer mehr anfachte, junge Amerikaner, die ihre Flagge verbrannten. Robert Kennedy hatte einiges zu bieten: Die Rechten stellte er mit seiner vielfach bewiesenen Gewerkschaftsfeindlichkeit zufrieden, die Underdogs mit seinen sozialen Vorstellungen und die Jugend mit seiner zunehmend harschen Kritik am Vietnamkrieg. All dies auf dem Boden von Camelot, das er als Erbe immer noch verkörperte. Es schien, als könne Robert Kennedy das erreichen, was Norman Mailer seinem Bruder zugetraut hatte: die »beiden Flüsse« der amerikanischen Geschichte zu verbinden. Den der materiellen und militärischen Stärke mit jenem des Mythos und des moralischen Erwachens, einer besseren Welt für alle.

Folgende Doppelseite: Bobby Kennedys Wahlkampfslogan hieß: »Manche sehen die Dinge wie sie sind und fragen: ›Warum?‹ Ich träume von Dingen, die es niemals gab und frage: ›Warum nicht?‹«

John F. Kennedy hatte diese Möglichkeit verkörpert. Sein Bruder schien bereit zu sein, sie endgültig in die Tat umzusetzen. Dieser Bobby-Mythos hat sich bis heute erhalten. Er geht davon aus, dass Robert F. Ken-

nedy Präsident geworden wäre, und vermutlich der beste aller Zeiten. In Wahrheit freilich war im Juni 1968 die Luft bereits dünner geworden. Alles hing von den Vorwahlen für die Kandidatur der Demokratischen Partei ab, die Kennedy im Mai bereits in einigen Staaten gewonnen hatte. In anderen aber hatte er gegen die Kandidaten Eugene McCarthy und Hubert Humphrey verloren. Nun würde sich alles in Kalifornien entscheiden. Eine Wahlniederlage dort würde bedeuten, dass Robert Kennedy aus dem Rennen wäre. Er gab jetzt alles. Kein Kandidat vor und nach Bobby ist jemals so viel gereist wie er. Schwarzenghettos, Bergwerke, Rinderfarmen, Indianer-Reservate, kleine und große Städte – nichts ließ er aus.

Er wollte als Präsident die Rassenintegration vollenden, die sein Bruder allzu vorsichtig begonnen hatte.

Am Tag vor der Abschlussveranstaltung in Los Angeles war er physisch am Ende. Als er im El-Cortez-Hotel in San Diego eine Rede halten sollte, wurde ihm vor Erschöpfung schlecht. Ein Mitarbeiter brachte Bobby im letzten Moment auf eine Toilette, wo er sich übergab. Dann legte er sich für einige Minuten flach auf den Boden des Waschraums, erhob sich und ging zurück in den Saal, wo dreitausend aufgeregte Menschen warteten. Mit

zitternden Knien brachte er seine Rede zu Ende. Der letzte Satz war immer der gleiche: »Manche sehen die Dinge, wie sie sind, und fragen: Warum? Ich träume von Dingen, die es niemals gab, und frage: Warum nicht?« Gegen Mitternacht brach der Tross nach Los Angeles auf. Der Wahlkampf, der gegen Ende eher einem Kreuzzug geglichen hatte, war zu Ende. Und Kennedy hatte Kalifornien gewonnen. Der entscheidende Etappensieg war da.

Am 5. Juli gegen Mitternacht betrat er den voll besetzten Ball Room des Ambassador Hotels in Los Angeles. Er wirkte jetzt erstaunlich entspannt und kraftvoll. Als er das Podium erklomm, jubelte die Menge dem Kandidaten zu, der seine kurze Rede mit den Worten beendete: »Wir sind ein großartiges Land, ein Land, das nicht nur an sich selbst denkt, das Mitleid kennt. Ich beabsichtige, dies zur Grundlage meiner Kandidatur zu machen.« Wieder Jubel ohne Ende. Im Colonial Room des Hotels sollte jetzt eine Pressekonferenz stattfinden. Jemand schlug eine Abkürzung durch die Küche vor. Der Jubel aus dem Saal überdeckte die acht Schüsse, die Robert F. Kennedy niederstreckten. Sein Mörder Sirhan Bischara Sirhan erschoss sein Opfer vor einer Wand, auf die wenige Tage zuvor jemand die Worte geschrieben hatte: »Einmal und für immer der König.« Die Motive Sirhans, eines palästinensischen Einwanderers, konnten nie geklärt werden. Für einige Sekunden war Bobby Kennedy noch bei Bewusstsein. Während seine Frau Ethel, die ein paar Meter hinter ihm gegangen war, noch verzweifelt versuchte, zu ihm durchzudringen, sah ein Freund, wie sich Kennedys Lippen bewegten. Er kniete nieder und hörte die geflüsterten Worte: »Jack, Jack.«

Robert Kennedys Leichnam wurde nach New York gebracht und in der St. Patrick's Cathedral aufgebahrt. Freunde hielten die ganze Nacht Totenwache. Und als solle der Mythos ein für alle Mal in die Herzen der Amerikaner implantiert werden, wurde der Leichnam nach der Trauerfeier mit einem Zug nach Washington gebracht. An Bord waren Bobbys Mitarbeiter und Freunde – und alle Kennedys. Es floss viel Alkohol, irische Shantys wurden gesungen, Anekdoten erzählt, es wurde geweint und gelacht. Robert F. Kennedy jr. erinnert sich: »Ich werde diese dreistündige Fahrt nie vergessen. Am Rande der Schienen standen Abertausende von Menschen. Es war das Gesicht Amerikas. Schwarze, Weiße, Rabbis, Priester und Nonnen. Sie trugen Transparente, auf denen stand: ›Good-bye Bobby‹. Es waren die Gesichter, die ich in all den Wahlkämpfen mit meinem Vater gesehen hatte, in diesem 14-jährigen Leben.«

Nach dem Tod von John F. Kennedy war die Familie noch näher zusammengerückt als zuvor. Alle fühlten, dass ihre Zeit nicht vorüber war, sondern erst beginnen würde. Mit der Ermordung Robert F. Kennedys änderte sich das schlagartig. Der unverbrüchliche Glaube, die Welt verändern zu müssen, um welchen Preis auch immer, verschwand allmählich. Was aber blieb, ist jener unbedingte Wille, Siege zu erringen, wo es eigentlich keine geben kann: in scheinbar aussichtslosen Situationen im Leben, im Sport – nicht mehr unbedingt in der Politik. Robert F. Kennedy jr. sagt: »Natürlich haben wir Kennedys ein etwas spezielles Verhältnis zum Risiko. Man hat ja sogar schon über genetische Ursachen nachgedacht. Es hängt einfach damit zusammen, dass wir unser Schicksal selbst in die Hand nehmen. Auch wenn es schwierig wird, und das Risiko hoch ist. Mal geht es gut, mal nicht. Nach einer Niederlage salutieren wir morgens vor Gott, treten zum Dienst an, sind immer bereit und fragen: ›Was kommt jetzt? Was ist das Nächste?‹ Und wir stellen uns der Herausforderung.« Das klingt militärisch streng und gleichzeitig fast trotzig. Aber das Motto vieler Kennedys der neuen Generation scheint nur noch zu lauten: »No risk, no fun – kein Risiko, kein Spaß«, wo es früher hieß: »No risk, no honour – kein Risiko, keine Ehre.« Dennoch spielt die Familie nicht nur als Denkmal eine Rolle in Amerika: Edward »Ted« Kennedy ist ein respektierter und erfolgreicher Senator, sein Sohn Patrick sitzt für den Bundesstaat Rhode Island im amerikanischen Kongress, zwei Kinder Bobby Kennedys, Kathleen und Joseph, sind ebenfalls in die Politik gegangen, zwei weitere, Kerry und Robert F. jr. arbeiten erfolgreich als Menschenrechts- und Umweltaktivisten, und John F. Kennedys Tochter Caroline ist nach dem tragischen Tod ihres Bruders John jr. eine stille, würdige Überlebende und als solche letzte Hüterin des vielleicht größten politischen Mythos des 20. Jahrhunderts. Aber der wird jetzt mehr und mehr vom Nebel der Geschichte eingehüllt, und mit ihm jene Sehnsucht nach einem anderen, besseren Amerika.

Der Sarg wird in das Flugzeug getragen, Los Angeles am 6. Juni 1968.

JOE
& ROSE

IHR LEBEN ENDETE ELF JAHRE VOR IHREM TOD.

Nach einem schweren Schlaganfall, den sie Ostern 1984 erlitten hatte, hatte sie die letzte Ölung erhalten. Aber Rose Kennedy konnte nicht sterben. Sie wurde 104 Jahre alt. An den Rollstuhl gefesselt, konnte sie kaum mehr sprechen. Sie schien in einem Zwischenreich zu leben, das es ihr erlaubte, mit ihrem Mann und den vier toten Kindern Kontakt aufzunehmen. Manchmal flüsterte sie deren Namen. Und die anderen – fünf Kinder, sechsundzwanzig Enkel und ungezählte Urenkel, Nichten und Neffen – pilgerten, nicht nur an Festtagen, zum Krankenlager dieser amerikanischen Queen Mum, bis eine Lungenentzündung sie 1995 schließlich erlöste. Mehr als hundert Familienmitglieder waren dabei, als Rose Fitzgerald Kennedy am 24. Januar zu Grabe getragen wurde. Die Trauerfeier fand in der Kirche Old St. Stephens statt, in der Rose 1890 auch getauft worden war – mitten in Boston, jener Stadt an der Ostküste Amerikas, die zur Bühne ihrer Höhenflüge und ihres größten Leids werden sollte.

Die Fitzgeralds, Roses Vorfahren väterlicherseits, waren mit der großen Einwandererwelle aus Irland gekommen, die sich während der Hungerkatastrophe Ende der vierziger Jahre des 19. Jahrhunderts in Bewegung gesetzt hatte. Mehr als eine Million Iren traten damals auf brechend vollen Frachtern die sechswöchige Reise ins gelobte Land an, nach Amerika, nach Boston. Viele der Auswanderer freilich, geschwächt von Hunger und Krankheit, überlebten die Passage nicht. Allein in einem Jahr starben fast dreißigtausend an Bord, weshalb man die Frachter aus Irland bald »Sargschiffe« nannte.

In ihrer Heimat hatten die Iren unter der Tyrannei der englischen Landbesitzer gelitten, nun kamen sie vom Regen in die Traufe. Allein schon wegen ihres Katholizismus wurden sie von der eingefleischt protestantischen Bevölkerung als mindere Klasse angesehen. Wer in jenen Jahren Arbeit suchte, sah sich oft genug mit einem Schild konfrontiert, auf dem lapidar stand: »Iren: Bewerbung zwecklos«. Die meisten verdingten sich schließlich im Hafen oder schleppten Steine. Die Frauen nähten für minimalen Lohn im Akkord. Dennoch kamen immer mehr Familien in die neue Welt, die bescheidenen Siedlungen am Wasser wuchsen rapide und langsam, aber sicher brachten es einige zu bescheidenem Wohlstand. 1890, im Geburtsjahr von Rose Fitzgerald, veröffentlichte der Historiker Francis Parkman ein Pamphlet gegen die irischen Katholiken. Darin heißt es: »Die Protestanten in Neuengland sollten sich darüber klar werden, dass die katholische Bevölkerung auf ihre Kosten blüht und gedeiht, und zwar sowohl durch natürliche Vermehrung als auch durch Einwanderung. Die Familien Neuenglands dagegen nahmen im Laufe dieses Jahrhunderts von Generation zu Generation dramatisch ab. Es ist ein gefährlicher Wahn, den Zusammenstoß zu provozieren, solange die protestantische Bevölkerung noch nicht wieder zu jener ursprünglichen Kraft zurückgefunden hat, die einen hinreichenden Vorrat an Rekruten für einen Krieg verspricht.«

Da waren die Iren, historisch darauf trainiert, sich selbst zu helfen, schon längst dabei, solch gefährlicher Arroganz die Stirn zu bieten. Sie waren es gewohnt, auch unter größten Schwierigkeiten unbeirrt den eigenen Weg zu gehen, strebten in die Politik. Nach einer Generation hatten sie es geschafft: Ab 1887 regierten sie Boston mit kurzen Unterbrechungen immer wieder. Der wohl erfolgreichste Bürgermeister, den die irischen Katholiken bald stellen sollten, hieß John Francis Fitzgerald und war eine Naturbegabung.

John Francis Fitzgerald, genannt »Honey Fitz«, mit seiner Tochter Rose, die ihn oft zu öffentlichen Anlässen begleitete.

»Er besaß die Fähigkeit, auf drei Menschen gleichzeitig einzugehen: Mit einem sprach er, einem anderen schüttelte er mit seiner ganzen Herzlichkeit die Hand und einem Dritten blinzelte er so zu, dass dieser denken musste, ›Honey Fitz‹ könne es nicht erwarten, mit ihm zu reden«, sagt seine Enkelin Eunice Kennedy Shriver, die als Kind in den Ferien oft beim Großvater in Boston war. Der hatte seinen Spitznamen Honey Fitz wegen seiner freundlichen und warmen Ausstrahlung bekommen. Fast gleichzeitig mit der politischen Karriere Fitzgeralds hatte sich ein anderer Ire auf den Weg nach oben gemacht, ein Amerikaner der zweiten Generation, ebenso wie Honey Fitz: Patrick Joseph Kennedy. Er hatte mit Ersparnissen aus seinem bescheidenen Lohn als Hafenarbeiter und Hilfskraft im Kurzwaren-Geschäft seiner Mutter einen Krämerladen am belebten Haymarket Square eröffnet. Abends diente der Laden Gewinn bringend als Kneipe. Bald kaufte er ein weiteres Lokal dazu – im Hotel »Maverick House«, wo Bostons feine Leute verkehrten. Dort konnte er die Umgangsformen der Elite studieren. Irgendwann würde auch er dazugehören. Die Geschäfte liefen glänzend. Wenig später gründete Kennedy eine Handelsfirma und spezialisierte sich auf den Import von Whisky. Schon bald lief ein Gutteil des Spirituosenhandels in Boston unter seiner Ägide, später wurde er außerdem Direktor der Columbia-Trust-Bank, die er mit aufgebaut hatte. Und schließlich zog es Patrick J. Kennedy auch in die Politik: 1884 wurde er zunächst Abgeordneter der Demokratischen Partei im Parlament von Massachusetts und später Senator. Damit hatte er sich nahtlos in die demokratische Tradition Amerikas eingereiht, die in Neuengland, an der Ostküste des Kontinents, ihre Wurzeln hat. Die »Boston Tea Party« gehört ebenso dazu wie der Protest gegen die Sklaverei, der schließlich in den amerikanischen Bürgerkrieg von 1861 bis 1865 führte. Die Ideale hießen Freiheit und Demokratie – der Reichtum kam als Ziel erst an zweiter Stelle. Darin unterschied sich Boston von anderen Metropolen Amerikas wie Chicago oder Atlanta. Dennoch waren in Boston und Umgebung auch die ersten Fabriken und Banken des Landes entstanden und nicht zuletzt Hochschulen wie die Harvard-Universität, an denen noch heute eine Elite herangebildet wird. Erst Anfang des 20. Jahrhunderts lief New York der Metropole Boston den Rang ab.

John Francis Fitzgerald und Patrick Joseph Kennedy – für die Erfüllung ihrer Immigranten-Träume hatten sie selbst gesorgt. Und in seinen beiden Gründervätern werden die späteren unverkennbaren Merkmale des mächtigsten Clans Amerikas, der schon in der nächsten Generation entstehen sollte, deutlich sichtbar. Natürlich kannten sich die beiden Familien, aber Honey Fitz hielt auf Distanz, vielleicht, weil er sich nur allzu gut in die

Joseph Patrick Kennedy.

Aufsteiger-Mentalität der Kennedys hineinversetzen konnte. Zudem hatten die Fitzgeralds es schon »geschafft«, die Kennedys kämpften noch. Aber er konnte nichts verhindern. Seine Tochter und der Sohn des Selfmademans und Senators lernten sich kennen, als Rose sechzehn war und Joe achtzehn – auf einem Fest in Old Orchard im benachbarten Bundesstaat Maine, veranstaltet von der Demokratischen Partei, die später das Schicksal des Clans entscheidend mitbestimmen sollte. Honey Fitz freilich war nicht begeistert, als seine Tochter ihm die Romanze gestand. Er fand, die Kennedys und ihr Sohn Joseph seien – bei allem Respekt – dann doch eine Stufe unter seiner eigenen Familie angesiedelt, und Iren in Amerika sollten immer eine Stufe höher klettern. Zumal, wenn es um eine Heirat ging. Natürlich war es genau das, was Joe im Sinn hatte. Er fand, Honeyfitz' Tochter könne für seine Pläne nur förderlich sein. Und er sollte Recht behalten.

Schon wenig später hatte Rose es tatsächlich zu einigem Einfluss gebracht, saß mit den Mächtigen Bostons am Tisch und war bestens informiert. Weil ihre Mutter offizielle Anlässe wie Empfänge und Diners hasste,

Gegenüber:
Joe und Rose bei
ihrer Hochzeit 1914.

nahm Honey Fitz an ihrer Stelle seine hübsche Tochter mit. 1914 schließlich gab der stolze Vater nach. Seine eigene gesellschaftliche Position war geschwächt, nachdem bekannt geworden war, dass er eine blonde Zigarettenverkäuferin als Geliebte hatte – er konnte nicht noch einmal für das Amt des Bürgermeisters kandidieren. Damit gab es kein Argument mehr gegen die Heirat seiner Tochter. Rose betete ihren Bräutigam an, und Joe liebte seine künftige Frau – so weit er dazu fähig war. Die Fähigkeit, tiefe Gefühle zu empfinden, gekoppelt mit einer ausgesprochen moralischen Einstellung, hatte er von seinem Vater nicht geerbt, wohl aber dessen Ehrgeiz. Mit fünfzehn machte er sich zum Manager eines Baseball-Teams. Eisern hatte er sich durchgeboxt, als Bus-Unternehmer sein erstes eigenes Geld verdient, und er hatte es geschafft, in Harvard zugelassen zu werden. Nach dem Abschluss dort lernte er das Bankgeschäft im Geldinstitut seines Vaters und stieg dort schnell auf: Mit 25 Jahren wurde er der jüngste Bank-Vorstand Amerikas. Der Umgang mit hohen Summen und die Vermehrung derselben durch geschicktes Operieren, Tricksen und Spielen war Joe Kennedy auf den Leib geschrieben. Er hatte eine wirkliche Affinität zu Geld, der Umgang damit verschaffte ihm Befriedigung. Prall gefüllte Bankkonten fand er erotisch.

Mit jedem Tag seines steilen Aufstiegs entfernte er sich weiter von den Demütigungen, die die Familie aufgrund der irischen Wurzeln auch damals noch erfuhr. Und mit jeder neuen Aufgabe konnte er beweisen, dass er nicht der Parvenü war, für den der Schwiegervater ihn hielt – das hatte ihn tief verletzt.

Überhaupt waren Minderwertigkeitskomplexe in Joe Kennedy so tief verankert wie ein genetischer Defekt. Gegen sie anzukämpfen war ein wichtiges Leitmotiv seines Lebens. Seine Mutter Mary hatte sich in den Kopf gesetzt, aus Joseph eine Erfolgsmaschine zu machen. Sie war es, die die Formel prägte: »Siegen, siegen, siegen«. Immer wieder hielt sie ihm das Beispiel der alteingesessenen Bostoner Protestantenfamilien vor, die es schließlich auch geschafft hätten. Und sie nannte ihn Joseph, weil Patrick Joseph Kennedy III., wie er eigentlich heißen sollte, zu irisch klang. Früh sollte er lernen, wie man sich anpasst, was Konkurrenz heißt und wie man

besser sein kann als andere. Als Zeitungsverkäufer beispielsweise wählte er die Schlagzeilen, die er brüllte, genau für die jeweilige Gegend aus – je nachdem, was die Menschen dort besonders interessierte. Prompt setzte er doppelt so viel um wie seine Kollegen. Sein Interesse am Materiellen war von Anfang an groß. Wenn er auf der Straße Freunde traf, fragte er sie stereotyp: »Wie können wir ein bisschen Geld machen?« Umwege gab es für ihn nicht. Wenn er etwas haben wollte, nahm er es sich. Das sollte so bleiben. Joes Karriere blieb ein einziger Kampf gegen die Komplexe, die die Mutter ihm eingeimpft hatte. Die Anhäufung von Reichtum half da ebenso wie seine ungezählten kurzen Frauengeschichten. Er sammelte Aktien und Orgasmen als Trophäen der Selbstbestätigung. Und je schneller es ging, desto besser. Die Fähigkeit zum Genießen fehlte ihm. Um an die größte Trophäe zu kommen, den Einzug des Clans ins Weiße Haus, sollte er später seine Söhne instrumentalisieren und damit auch seine Frau Rose, die für den reibungslosen Ablauf des Aufziehens der neun Kinder zu sorgen hatte.

Gegenüber:
Haltung und Perfektion: auch sich selbst gegenüber war Rose Kennedy unerbittlich.

Die Fähigkeit, zu leiden und zu verdrängen, hatte Rose im Ansatz schon bei ihrer Mutter gelernt, von der sie religiös gedrillt wurde. »Meine Knie schmerzten eigentlich immer, als ich Kind war, so oft musste ich jeden Tag niederknien, einen Rosenkranz beten und ganz in mich gehen«, schrieb sie später in ihrer Autobiographie. Der letzte Schliff aber kam von den Nonnen, die sie zwei Jahre lang erzogen. Von Honey Fitz war sie nach Blumenthal in Holland, ins Internat der »Gesellschaft vom Heiligen Herzen Jesu«, geschickt worden. Das Frauenbild, das in dieser fundamentalistisch-katholischen Institution vorherrschte, war von Demut und asketischer Selbstverleugnung geprägt. Gott, so predigten es die Nonnen, werde die Größe einer Frau daran messen, wie viel Leid sie ertragen könne. Nur wer sich sklavisch an die Regeln, Rituale und Gebetszeremonien der Schule hielt, konnte den Status eines »Marienkindes« erreichen. Rose schaffte es. Und sie hatte damit ein Kapital erworben, das sie in ihrem späteren Leben dringend brauchte.

Immer konnte sie sich in den Kokon ihrer Rituale zurückziehen – und das tat sie dann besonders intensiv, wenn sie wieder von einer neuen Mätresse ihres Mannes erfuhr oder vom Tod eines ihrer Kinder. Aber ein bestimmtes »Grundprogramm« wurde Tag für Tag absolviert. Ein Leben lang ging Rose nicht etwa nur Ssonntags in die Messe, sondern täglich. Dazu kamen beim Aufstehen und vor dem Zubettgehen intensive Gebete. Das alles nutzte sie ausschließlich für ihr eigenes Seelenheil. Natürlich versuchte sie, auch ihre Kinder zu frommen Christen zu machen – bei ihrem Sohn Bobby sogar mit besonderem Erfolg. Aber den christlichen Impetus, dem Nächsten zu helfen, hatte sie nicht. Armut und Hunger, die es während der Wirtschaftskrise durchaus auch vor ihrer eigenen Haustür gab, interessierten sie nicht. Größere Spenden gab es nur für Wahlkämpfe, nicht für Not leidende. Bis an ihr Lebensende ließ Rose Kennedy immer nur einen einzelnen Dollar in den Opferstock fallen. Überhaupt ging es bei den Kennedys im täglichen Leben eher frugal zu. Joe und Rose waren geizig und achteten auf jeden Cent. Rose ging abends durch das Haus und knipste alle Lampen aus, deren Licht nicht unbedingt gebraucht wurde. Auch ihre gelegentlichen Kaufrausch-Anfälle endeten damit, dass die Kleidungsstücke, wenn sie einmal getragen waren, wieder zurückgegeben wurden – gegen Rückzahlung des Kaufpreises. Einige Geschäfte weigerten sich bald, Rose etwas zu verkaufen. Und Joe ließ das Ferienhaus in Palm Beach, das in den fünfziger Jahren dringend der Renovierung bedurfte, nur auf der Vorderseite neu anstreichen – hinten würden es ja die Passanten nicht sehen.

Joe und Rose: Das glamouröse Paar 1953 am Hochzeitstag ihres Sohnes John F. Kennedy.

Joe und Rose Kennedy waren grundverschieden und bildeten doch die perfekte Symbiose im Sinne einer idealen Zweckgemeinschaft.

Der Historiker und Biograph Robert Dallek: »Rose war eine hundertprozentige Konformistin. Peinlich genau folgte sie den sittlichen Regeln der Zeit – ganz gleich, ob sie von der Kirche oder der Gesellschaft, von der sie umgeben war, aufgestellt wurden. Auch Joe war ein großer Konformist – er strebte eine Art allgemeine Akzeptanz an. Aber er war auch stolz darauf, wie unkonventionell er war: direkter und abenteuerlustiger als irgendjemand sonst, und wenn es sein musste, brach er die Regeln. Innovatives, fantasievolles Denken war ein entscheidendes Element seiner geschäftlichen Karriere gewesen – und er gab diese Art zu denken auch an einige seiner Kinder weiter.«

Gegenüber:
Rose Kennedy mit Joe jr., Rosemary und John F. (v.l.n.r.).

Für Joe als geborenen Narziss waren Ruhm und öffentliche Aufmerksamkeit, die der Weg nach oben unweigerlich mit sich brachten, wichtige Instrumente der Selbstbestätigung. Aber allein war er eben doch nur ein – wenn auch sehr erfolgreicher – Geschäftsmann. Den nächsten Quantensprung konnte er nicht machen, indem er sich als Einzelner auf Bällen im Scheinwerferlicht sonnte und ständig in der Zeitung stand. Allein taugte er nicht zum Mythos. Er musste die Familie instrumentalisieren, seine Kinder auf ähnliche Weise drillen, wie die Nonnen es bei Rose getan hatten – wobei nun die amerikanische Flagge an die Stelle des Rosenkranzes trat. Bedingungsloser Patriotismus, Antikommunismus, der amerikanische Traum von den unbegrenzten Möglichkeiten des Einzelnen – das sollten die Wurzeln und die Flügel zugleich sein für die neue Generation der Kennedys. Kaum ein Wort von den irischen Vorfahren, auf die sie auch hätten stolz sein können. Denn schließlich entsprach der Aufstieg aus kleinsten Anfängen, den beide Familien gleichermaßen geschafft hatten, genau dem amerikanischen Traum.

Aber noch saßen die Demütigungen, unter denen Großeltern und Eltern gelitten hatten, zu tief, waren die Minderwertigkeitskomplexe zu stark.

Joe Kennedy hatte Rose eine Schlüsselrolle in seiner Strategie zugedacht: Sie sollte zu Hause bleiben, möglichst viele Kinder gebären und erziehen und auf Joe warten, bis er von den Besuchen bei seinen Geliebten zurückkommen würde. Kein Wunder, dass es bald zu Spannungen kam. Denn schließlich hatte Rose als junges Mädchen das Leben an der Seite eines Politikers kennen gelernt, am Arm ihres Vaters Glanz, Prominenz und Einfluss geschnuppert. Und sie hatte dessen Affäre erlebt und darunter gelitten, sich zum Gebet zurückgezogen. Jetzt verlangte man dasselbe von ihr. Und dazu die immer aufwändigere Organisation des Haushalts, den sie mit geradezu preußischer Disziplin führte. Zum Amüsement ihrer Kinder und der zahlreichen Hausgäste steckte sie sich Merkzettel mit Sicherheitsnadeln an ihr Kleid, um nichts zu vergessen. Die Dienstboten dirigierte sie wie ein Dragoner. Aber der scheinbar perfekten Logistik zum Trotz begannen ihr die Familie und deren Anforderungen bereits über den Kopf zu wachsen – und der Dank dafür war Joes Untreue. So hatte sie sich ihr künftiges Leben nicht vorgestellt.

Gegenüber:
Rose Kennedy 1922 mit Eunice, Kathleen, Rosemary, John und Joe jr. Ihre vier weiteren Kinder wurden zwischen 1924 und 1932 geboren.

1920 trennte sie sich vorübergehend von ihrem Mann. Sie war mit ihrem vierten Kind schwanger, als sie in ihr Elternhaus zurückkehrte. Aber Honey Fitz mit seiner liebevollen und eindringlichen Art überzeugte sie davon, dass der Skandal einer Trennung das Ende des Aufstiegs bedeuten könnte, der gerade erst begonnen hatte und den er sich für seine Tochter und deren Familie wünschte. Und die Mutter fragte entgeistert, ob Rose denn alles vergessen habe, was ihr die Nonnen von Blumenthal mit auf den Weg gegeben hätten – im Klartext: lieber wegsehen und leiden, als den geraden Weg gesellschaftlicher und religiöser Konventionen verlassen. Nach drei Wochen war Rose wieder zu Hause. Noch im selben Jahr sollte sie erleben, wie sich ihr Mann ungeniert mit seiner Geliebten, der Schauspielerin Gloria Swanson, in der Öffentlichkeit zeigte. Die Krönung war eine gemeinsame Europareise, auf der Gloria mit Rose in Paris bei den großen Modeschöpfern einkaufen ging. In ihrer Autobiographie fragte sich die Schauspielerin später, ob Mrs. Kennedy einfach nur arglos und naiv gewesen sei, eine Heilige oder aber einfach die bessere Schauspielerin als sie selbst. Joe hatte sich inzwischen in Hollywood engagiert, wo die Filmindustrie zu blühen begann und er gute Geschäfte witterte. Er gründete eine Firma, Gloria Productions, und produzierte den damals größten weiblichen Star der Branche. Er richtete der Swanson einen luxuriösen Bungalow in Beverly Hills ein und machte teure Geschenke – die freilich, wie sich später herausstellte, mit Geld von ihrem eigenen Konto bezahlt wurden. Nach einem finanziellen Flop mit dem Film »Queen Kelly« des deutschen Emigranten Erich von Stroheim verkaufte Kennedy die Produktionsfirma und beendete seine Affäre mit Gloria Swanson. Im ganzen Land hatte sich Joe ob der chaotischen Verhältnisse in seinem Privatleben dem Spott der besseren Kreise ausgesetzt. Selbst wenig puritanisch orientierte Beobachter hatten für sein Verhalten nichts übrig.

Gegenüber: Rose und Joe im Sommer 1925 in Palm Beach: Im Alltag waren sie geizig, aber die Außenwirkung war ihnen wichtig.

Einmal, so Robert Dallek, sei Joe sogar vor schockierten Freunden im Beisein von Rose über deren mangelnden sexuellen Appetit hergezogen.

»Hör zu, Rosie«, soll er gesagt haben, »deine Idee, dass es keine Romanze außerhalb der Fortpflanzung geben kann, ist einfach falsch. Es war nicht Bestandteil unseres Versprechens vor dem Altar, der Priester hat es nie gesagt und in der Heiligen Schrift steht es auch nicht. Wenn du nicht

bald aufgeschlossener bist, werde ich mich beim Priester über dich beschweren.« Dieser Zynismus ließ Rose keineswegs aufgeschlossener werden. Schon 1932 hatte sie verkündet, sie werde das Bett nicht mehr mit ihrem Ehemann teilen. Sie ließ sich ein eigenes Schlafzimmer einrichten, während Joe sich immer wieder mit Revuetänzerinnen zeigte.

Gleichzeitig wurden die Rechnungen für Couture und Schmuck, die Rose einkaufte, immer höher. In seinem Finanzjargon hätte Joe das ein Kompensationsgeschäft genannt. Dazu gehörte auch die von ihm akzeptierte immer häufigere Abwesenheit seiner Frau. Mitte der dreißiger Jahre wurden von Joe Kennedys Bostoner Büro für Rose nicht weniger als sechzehn Überfahrten nach Europa gebucht. Joseph jr., John, Rosemary, Kathleen, Eunice, Patricia, Bobby, Jean und Teddy litten unter der häufigen Abwesenheit ihrer Mutter. Wie alle Kinder liebten sie regelmäßige Abläufe, Rituale und Routine. Die diversen Haushilfen und »Nannies« waren kein Ersatz. Im übrigen traute Rose dem Personal nicht, das sie zudem noch schlecht bezahlte. Joe musste sich seine Arbeit so einrichten, dass er bei den Kindern sein konnte, wenn Rose wochenlang unterwegs war. Das war Bestandteil des Arrangements. Ein Büro mit Sekretärinnen wurde dann im Haus installiert. So hatte er auch Gelegenheit, seine Kinder aus der Nähe zu beobachten, ihren Charakter zu studieren, Einfluss zu nehmen. Dabei fiel ihm immer wieder das Verhalten seiner ältesten Tochter Rosemary auf. Sie war das hübscheste der Kennedy-Mädchen, aber ansonsten fiel sie aus dem Rahmen dessen, was Joe von seinen Kindern erwartete. Rosemary war in ihren Reaktionen langsamer als die anderen, sprach nur wenig und entwickelte eine Schreib- und Leseschwäche. Als Rosemary fünf Jahre alt wurde, stellten die Ärzte fest, dass das Kind unter einer leichten geistigen Behinderung litt, die sich später allerdings steigern sollte.

Gegenüber:
Rose Kennedy im Mai 1939 bei ihrer Ankunft in London.

Kerry Kennedy Cuomo berichtet über das Schicksal ihrer Tante: »Das alles ist heute noch Thema in der Familie, auch wenn meine Großeltern die geistige Behinderung ihrer Tochter damals nicht öffentlich diskutieren wollten. Sie war 1918, während der großen Grippeepidemie, zur Welt gekommen. Man nahm zunächst an, die leichte Schädigung ihres Gehirns habe damit zu tun. Plausibler erscheint mir allerdings, dass die Ursache in einem Sauerstoffmangel während der Geburt lag. Der Arzt kam zu spät und die Hebamme hielt Rosemary verzweifelt zurück. Die Folgen waren fatal. Meine Großeltern waren verzweifelt und taten, was sie konnten, um ihrer Tochter zu helfen.«

Rose Kennedy kümmerte sich, wenn sie zu Hause war, tatsächlich intensiv um Rosemary, spielte stundenlang mit ihr Tennis und las ihr vor. Mit den anderen Kindern tat sie das nie. Die wurden ermahnt, sich um die Schwester besonders zu kümmern, was sie auf oft rührende Weise auch taten. Auf die Europareisen der Familie wurde Rosemary selbstverständlich mitgenommen. Bei solchen Gelegenheiten führte sie ein Tagebuch mit erstaunlich präzisen und teilweise humorvollen Eintragungen. Sie lassen Rückschlüsse darauf zu, dass es sich tatsächlich nur um eine relativ milde Beeinträchtigung handelte. Die Situation wurde allerdings mit der Pubertät des Mädchens schwieriger. Plötzliche Wutanfälle häuften sich, und manchmal lief Rosemary nachts allein auf die Straße. Ihre Mutter lebte in ständiger Angst. Was wäre, wenn man Rosemary angriffe oder wenn sie womöglich schwanger würde?

Als Rose 1941 wieder einmal mehrere Wochen in Europa weilte, nutzte Joe die Gelegenheit, um Rosemary ohne das Wissen seiner Frau in ein Krankenhaus zu bringen. Dort wurde die Tochter einem Eingriff unterzogen, den Hirnchirurgen damals gerade erst experimentell erprobten. Joseph Kennedy muss die Ärzte gedrängt haben, die Operation vorzunehmen. Bei einer jungen Frau von einundzwanzig Jahren, die noch nicht einmal die damals geltenden Voraussetzungen für den Eingriff erfüllte, war größte Zurückhaltung geboten. Rosemary litt nicht etwa an Katatonie, an einer Spielart der Schizophrenie, die mit Krampfzuständen und Wahnideen einhergeht und als einzige Indikation für eine solche Operation hätte gelten können. Bei der so genannten Leukotomie wird der Stirnlappen des Gehirns vom restlichen Nervensystem durch einen Schnitt getrennt und der Patient auf diese brutale Weise ruhig gestellt. Bei Rosemary Kennedy konnte der Eingriff nur fatale Folgen haben: Aus einer leicht gestörten jungen Frau wurde ein fünfjähriges Kind im Körper einer Erwachsenen. Unmittelbar nach dem Eingriff wurde Rosemary in das Pflegeheim St. Coletta bei Jefferson im Bundesstaat Wisconsin gebracht, wo Nonnen sie für die nächsten Jahrzehnte umsorgen sollten.

Was spielte sich im Hause Kennedy ab, als Rose von ihrer Reise zurückkam und ihre Tochter verschwunden war? Wie konnte sie akzeptieren, was ihr Mann getan hatte? Oder stellte sie keine Fragen, verdrängte sie alles und versenkte sich in Gebete? Sicher ist nur, dass sie die volle Wahrheit erst 1961 erfuhr. Und erst im August 1974, fünf Jahre nach Joes Tod, holte Rose Kennedy ihre Tochter zum ersten Mal für einige Tage nach Hause. Auch den anderen Familienmitgliedern hatte Joe verschwiegen, dass er den Hirneingriff bei Rosemary veranlasst hatte. Allein seine Tochter Kathleen, die 1948 ums Leben kam, soll eingeweiht gewesen sein. Joe selbst bedauerte das schreckliche Ergebnis der Operation zutiefst. Aber immerhin war damit ein Problem gelöst: Das strahlende Bild der Kennedys wurde nicht mehr durch ein Familienmitglied gestört, das anders war. Das unverbrüchliche Prinzip, das Joe einst von seiner Mutter übernahm, hatte er für seine eigene Familie neu und aggressiver formuliert: »Zu uns passen nur Gewinner.« Jetzt war dieses Bild also lückenlos wiederhergestellt. Für die Geschwister freilich wurde der innerfamiliäre Skandal um Rosemary zum Trauma.

Rose mit ihren beiden ältesten Töchtern, Kathleen (links) und Rosemary.

Gegenüber:
Der Traum wird wahr:
Rose Kennedy vor dem Ball
zur Amtseinführung
ihres Sohnes 1961.

Besonders der jüngste Sohn, Edward (Teddy), damals neun Jahre alt, litt unter dem plötzlichen Verschwinden seiner Schwester. Sie hatte sich unter seinen Augen vom freundlichen, sanften, stillen Mädchen zur Rebellin entwickelt, deren Verhalten nicht mehr berechenbar war. Mit Fäusten war sie auf ihren Vater losgegangen – und nun war sie einfach nicht mehr da. Für den kleinen Teddy musste die Botschaft eindeutig sein: Begehre gegen Joe und Rose Kennedy auf, und du existierst nicht mehr. Das Vertrauen in die Eltern nahm in diesem Augenblick schweren Schaden. Teddy verschloss sich mehr und mehr, versteckte seine Gefühle sorgsam, wurde einsam in der Familie – und entwickelte Angst. Die verließ ihn auch später nicht. Vermutlich hat sie ihren Teil dazu beigetragen, dass er sich dem Alkohol zuwandte. Teddys Bedeutung in der Familie stieg erst wieder, als die anderen Söhne tot waren. Erst dann fühlte er sich wirklich akzeptiert. Von allen Kennedy-Kindern hatte er zu seiner Mutter in den späten Jahren das beste Verhältnis. Die Gäste der Trauerfeier in Old St. Stephens waren gerührt, als Teddy ein Gedicht rezitierte, dessen letzte Strophe lautete:

> Jenseits der Mauer wächst die Rose fort,
> versprüht ihren Duft großzügig hier wie dort
> so wie sie's tat in alten Zeiten
> so wird sie blühen auf beiden Seiten.

Rose Kennedys Verhältnis zu ihren Töchtern war dagegen immer gespannt. Denn sie kannten die Schwächen der Mutter genau und tauschten sich darüber aus. Rose fühlte sich bedroht – auch, weil vor allem Eunice unbequeme Themen nicht verdrängte, sondern auf ihre Weise immer wieder ans Tageslicht brachte. Als wolle sie das Vergehen des Vaters an ihrer Schwester sühnen, rief Eunice Kennedy Shriver die »Special Olympics« ins Leben, olympische Spiele für geistig Behinderte aus aller Welt: »Die entscheidende Botschaft ist: Versteckt geistig behinderte Menschen nicht, sondern lasst sie aktiv an unserer Welt teilnehmen – so, wie sie sind.« Eunice war es auch, die sich im Auftrag der Familie um Rosemary kümmerte und sie regelmäßig in ihrem Pflegeheim in Wisconsin besuchte. Joe Kennedy hat seine Tochter nie wiedergesehen und wünschte, dass sie in seinem Beisein nicht

erwähnt wurde. Rosemarys Schicksal war der erste Schlag, der die Familie traf.

Danach riss die Kette der Tragödien nicht mehr ab. Der älteste Sohn fiel im Krieg, Tochter Kathleen kam bei einem Flugzeugabsturz ums Leben, Jack und Bobby wurden ermordet, auch den Tod dreier Enkel sollte Rose noch erleben. Sie war die leidende Königinmutter, die Matriarchin von Camelot.

Im Büro des Senators Edward Kennedy hängen zahlreiche gerahmte Briefe seiner Mutter. Bobbys Tochter Kathleen Kennedy Townsend, Politikerin in Maryland, ist von Rose-Porträts umgeben und sieht ihre Großmutter als Vorbild: »Vielleicht wäre sie in einer anderen Zeit die erste amerikanische Präsidentin geworden. Ich kenne keinen Menschen – und schon gar keine Frau –, die diese ganz besondere Kombination aus Charme, Freundlichkeit und stählerner Härte besitzt. ›Ihre Aura hält die Familie wie Klebstoff zusammen‹, hat mein Onkel John F. Kennedy einmal gesagt.«

Gegenüber:
Bis zum Schluss hielt sie die Familie zusammen: Matriarchin Rose Kennedy.

Bis zum Ende wollte Rose diese letzte Rolle spielen, und sie klammerte sich daran. Lieber leiden als sterben. »Ihr Leben ließ an Tantalus in der Hölle denken, dem man alle Freuden vorführt, nur um sie ihm sogleich wieder zu entziehen«, sagt Arthur Schlesinger, der Wegbegleiter ihrer Söhne. Sie hatte Joe Kennedy geliebt und wurde doch durch seine Eskapaden Stück für Stück ihrer Würde beraubt. Sie war als Botschaftergattin am Hof von St. James in die höchsten Höhen der Gesellschaft aufgestiegen und von ihrem Mann jäh heruntergerissen worden, weil der durch politisch unkluges Verhalten und grobe Fehleinschätzungen Schande auf sich geladen hatte. Sie hatte in Wahlzeiten unermüdlich für die Söhne und deren Sache gekämpft, und dann waren ihr die Insignien des Ruhmes immer wieder jäh genommen worden.

Gerade das aber war und ist der Mythos der Rose Kennedy: Im Schmerz sind alle Menschen gleich, ob Fließbandarbeiterin oder Präsidentenmutter. So konnten sich die Amerikaner mit dieser Frau identifizieren, und sie brachten ihr jene Zuneigung und Verehrung entgegen, die sie auf dem Weg zur Macht nie erfahren hatte. Rose Kennedy wurde zu einem letzten tragischen Symbol für den verzweifelten Versuch, den Mythos Kennedy unsterblich zu machen.

NACHWORT

Dieses Buch sollte nie eine vollständige Biographie des Kennedy-Clans werden – davon gibt es bereits viele. Dieses Buch unternimmt vielmehr den Versuch, in Porträts der wichtigsten und interessantesten Mitglieder dieser bemerkenswerten Familie einigen Fragen nachzugehen: Was hat sie über all die Jahrzehnte angetrieben und warum waren ausgerechnet sie von derart vielen Tragödien betroffen? Haben sie das Schicksal aus Machtgier und Hybris selbst herausgefordert oder liegt ein Fluch über der Familie, wie manche glauben? Was erzählt die Geschichte ihres Aufstiegs uns über das Wesen der Vereinigten Staaten von Amerika, als dessen Königshaus die Kennedys gelten? Einer Antwort auf diese Fragen kommt man nur näher, wenn man sich ein möglichst genaues Bild von den Menschen machen kann, um die es geht und die nicht mehr unter uns sind. Das geschieht hier gleichsam in doppelter Hinsicht: Die Fotos in diesem Band – manche davon nie zuvor veröffentlicht – sprechen für sich. Und während ungezählter Begegnungen und Gespräche in den vergangenen vier Jahren haben Familienmitglieder, Freunde und kritische Wegbegleiter der Kennedys für mich ein Bild gezeichnet, das ich hier wiedergebe. Was insgesamt mit diesem Buch entstand, ist gleichsam das Psychogramm eines großen Mythos der modernen Zeit und seiner Protagonisten.

DANKSAGUNG

Mein herzlicher Dank gebührt den Menschen, ohne deren wertvolle Informationen und freundschaftlichen Rat und vor allem Vertrauen dieses Buch nicht entstanden wäre:

Lee Radziwill, die mich immer wieder an der Erinnerung an ihren Vater, an ihre Schwester Jacqueline Bouvier Kennedy Onassis und John F. Kennedy teilhaben lässt; *Ethel Kennedy*, die mich in ihrem Haus in Hyannisport freundschaftlich aufgenommen hat; *Robert F. Kennedy jr.*, *Kerry Kennedy Cuomo* und *Kathleen Kennedy Townsend*, die mir mit bemerkenswerter Offenheit vom Familienleben bei den Kennedys erzählten und auch davon, wie ihr Vater Bobby Kennedy sie geprägt hat; *Maxwell Kennedy*, der mir großzügig Zugang zu Bildmaterial und anderen Dokumenten verschaffte; *Eunice Kennedy Shriver*, die mich nicht nur während unserer Begegnungen bei den »Special Olympics« beeindruckte; *Hugh D. Auchincloss jr.* für die freundliche Aufnahme auf Hammersmith Farm in Newport, Rhode Island, für die Dokumente und Bilder, die er zur Verfügung stellte, und die sehr persönlichen Erinnerungen, die er mit mir und meiner Tochter Katharina teilte. Meinen Freunden *Arthur Schlesinger jr.*, *Norman Mailer* und *Gore Vidal* dafür, dass sie ihren großen Schatz an erlebter und gelebter Geschichte immer wieder mit mir teilen.

Weiter danke ich *George Plimpton*, *John Kenneth* und *Kitty Galbraith*, *I. M. Pei*, *Oleg Cassini*, *Pierre Salinger*, *Nicole Salinger*, *Susanna Agnelli* und *Nicola Caracciolo* für die ausführlichen Gespräche. Meiner Frau *Christiane* und meinem Sohn *Felix von Boehm* danke ich für die kritische Begleitung dieses Projekts und für die Zeit, die ich beiden stehlen durfte.

Für ihre Geduld und Unterstützung außerdem herzlichen Dank an *Anja Heyne* und *Jürgen Welte* von der *Collection Rolf Heyne*, *Elisabeth Petersen*, die das Layout besorgte, sowie *James Hill* und seinen Mitarbeitern von der *John F. Kennedy Library*.

BIBLIOGRAPHIE

Anthony, Carl Sferrazza. *As we Remember Her. Jacqueline Kennedy Onassis in the Words of Her Family and Friends.* New York: Harper Collins, 1997.

Bernstein, Irving. *Promises Kept. John F. Kennedy's New Frontier.* New York: Oxford University Press, 1991.

Blair, Joan and Clay. jr. *The Search for JFK.* New York: Putnam, 1974.

Blight, James G./David A. Welch. *On the Brink: Americans and Soviets Reexamine the Cuban Missile Crisis.* New York: Hill & Wang, 1989.

Bradford, Sarah. *Jacky Kennedy Onassis. Ein leidenschaftliches Leben.* Frankfurt/M.: Krüger, 2000.

Bradlee, Benjamin C. *Conversations with Kennedy.* New York: Norton, 1975.

Brinkley, Douglas. Dean Acheson. *The Cold War Years. 1953 – 1971.* New Haven/Conn.: Yale University Press, 1992.

Brugioni, Dino. *Eyeball to Eyeball. The Inside Story of the Cuban Missile Crisis.* New York: Random House, 1991.

Burns, James MacGregor. *John Kennedy.* New York: Harcourt, Brace, 1959.

Church, F. Forester. *Father and Son.* New York: Harper & Row, 1985.

Collier, Peter/David Horowitz. *The Kennedys. An American Drama.* New York: Summit Books, 1984.

Cooper, Bryan. *The Battle of the Torpedo Boats.* New York: Stein and Day, 1970.

Cousins, Norman. *The Improbable Triumvirate: John F. Kennedy, Pope John, Nikita Khruschev.* New York: Norton, 1972.

Cutler, John Henry. *»Honey Fitz«. Three Steps to the White House.* Indianapolis: Bobbs-Merril, 1962.

Dallas, Rita/Jamira Ratcliffe. *The Kennedy Case.* New York: Putnam, 1973.

Dallek, Robert. *Flawed Giant. Lyndon Johnson and His Times.* 1961 – 1973. New York: Oxford University Press, 1998.

David, Lester. *Ted Kennedy. Triumphs and Tragedies.* New York: Crosset & Dunlap, 1971.

Davis, John H. *Siegen. Siegen um jeden Preis. Die Kennedys, ihre wahre Geschichte.* Zürich: Schweizer Vlgshs, 1987.

Dobrynin, Anatoly. *In Confidence. Moscow's Ambassador to America's Six Cold War Presidents.* New York: Random House, 1995.

Fay, Paul B., jr. *The Pleasure of His Company.* New York: Harper & Row, 1966.

Galbraith, John K. *Ambassador's Journal. A personal account of the Kennedy Years.* London: Hamish Hamilton Publishers, 1969.

Galbraith, John K. *Letters to Kennedy. Hg. von James Goodwin.* Cambridge/Mass.: Harvard University Press, 1998.

Gettleman, Marvin (Hg.). *Viet Nam.* New York: Fawcett, 1965.

Giglio, James N. *The Presidency of John F. Kennedy.* Lawrence/Kans.: University of Kansas Press, 1991.

Goodwin, Doris Kearns. *The Fitzgeralds and the Kennedys.* New York: Simon & Schuster, 1987.

Halberstam, David. *The Best and the Brightest.* New York: Random House, 1972.

Hamilton, Nigel. *JFK. Reckless Youth.* New York: Random House, 1992.

Hellmann, John. *The Kennedy Obsession.* The American Myth of JFK. New York: Columbia University Press, 1997.

Hersh, Seymour. *The Dark Side of Camelot.* Boston: Little/Brown, 1997.

Kaiser, David. *American Tragedy. Kennedy, Johnson and the Origins of the Vietnam War.* Cambridge/Mass.: Harvard University Press, 2000.

Kennedy, John F. *Profiles in Courage.* New York: Harper, 1956.

Kennedy, Robert F. *Thirteen Days. A Memoir of the Cuban Missile Crisis.* New York: Norton, 1969.
Kennedy, Rose Fitzgerald. *Alles hat seine Stunde. Meine Lebenserinnerungen.* Frankfurt/M.: Fischer, 1974.
Khruschev, Nikita S. *Khruschev Remembers. The Last Testament.* Boston: Little/Brown, 1974.
Khruschev, Sergei N. *Khruschev on Khruschev. An Inside Account of the Man and His Era.* Boston: Little/Brown, 1990.
Lasch, Christopher. *Das Zeitalter des Narzißmus.* Hamburg: Hoffmann & Campe, 1995
Leaming, Barbara. *Mrs. Kennedy.* New York: Free Press, 2001.
Lincoln, Evelyn. *My Twelve Years with John F. Kennedy.* New York: David McKay, 1965.
Mailer, Norman. *The Presidential Papers.* New York: Putnam, 1963.
McNamara, Robert S. *In Retrospect. The Tragedy and Lessons of Vietnam.* New York: Times Books, 1995.
Manchester, William. *The Death of a President.* New York: Harper & Row, 1967.
Matthews, Christopher. *Kennedy and Nixon.* New York: Simon & Schuster, 1996.
Meyers, Joan (Hg.). *John Fitzgerald Kennedy – As We Remember Him.* New York: Atheneum, 1965.
Nathan, James (Hg.). *The Cuban Missile Crisis Revisited.* New York: St. Martin's, 1992.
Public Papers of the Presidents: *John F. Kennedy. 1961 – 1963.* Washington/D.C.: U.S. Government Printing Office, 1962 – 1964.
Reeves, Richard. *President Kennedy. Profile of Power.* New York: Simon & Schuster, 1993.
Reeves, Thomas C. *John F. Kennedy. Die Entzauberung eines Mythos.* Bergisch-Gladbach: Lübbe, 1995.
Rust, William J. *Kennedy in Vietnam.* New York: De Capo Press, 1985.
Salinger, Pierre. *With Kennedy.* New York: Doubleday, 1966.
Salinger, Pierre/Edwin D. Guthmann/Frank Mankiewicz/John Seigenthaler (Hg.). *An Honorable Profession. A Tribute to Robert F. Kennedy.* New York: Doubleday, 1968.
Schlesinger, Arthur, jr. *Robert Kennedy and His Times.* Boston: Houghton Mifflin, 1978.
Sidey, Hugh. *John F. Kennedy. President.* New York: Atheneum, 1964.
Sorensen, Theodore C. *Kennedy.* New York: Bantam Books, 1966.
Thomas, Evan. *Robert Kennedy. His Life.* New York: Simon & Schuster, 2000.
Travell, Janet. *Office Hours. Day and Night. The Autobiography of Janet Travell, M.D.* New York: World, 1968.
Weiss, Richard. *The American Myth of Success. Urbana/Ill.:* University of Illinois Press, 1988.
Whalen, Thomas J. *Kennedy and Lodge. The 1952 Massachusetts Senate Race.* Boston: Northeastern University Press, 2001.
White, Theodore H. *The Making of the President.* 1960. New York: Atheneum, 1961.
White, Theodore H. *The Making of the President.* 1964. New York: Atheneum, 1965.
Wills, Garry. *The Kennedy Imprisonment. A Mediation on Power.* Boston: Little/Brown, 1981.
Wofford, Harris. *Of Kennedys and Kings.* New York: Farrar, Straus & Giroux, 1980.
Wyden, Peter. *The Inside Story of Divided Berlin.* New York: Simon & Schuster, 1989.
Zelikow, Philip/Ernest May (Hgg.). *The Presidential Recordings. John F. Kennedy. The Great Crisis. Bd. III: October 22-28, 1962.* New York: Norton, 2001.

BILDNACHWEIS

Alle Abbildungen: © John Fitzgerald Kennedy Library, Boston
Außer Umschlagabbildung: Mark Shaw/Photo Researchers, Inc., New York, und Abbildungen auf Seite 101, 111, 112, 117, 155, 162, 188, 199, 201, 203, 204–205, 207, 213, 224, 227, 230, 232–233: Corbis, Inc.

IMPRESSUM

www.collection-rolf-heyne.de

Umschlag- und Buchgestaltung:
Hauptmann und Kampa Werbeagentur, München – Zürich
Layout und Satz: Elisabeth Petersen, München
Reproduktionen: Reproline Genceller, München
Druck und Bindung: Passavia, Passau

Printed in Germany

ISBN 3-89910-214-2

SPEZIAL-AUSGABE

In Zusammenarbeit mit SAT.1

5,80 DM
45 öS
5,80 Sfr - 6500 Lit
650 Ptas - 22 FF
135 Lfr

BUNTE

eimliche
ochzeit:
ohn und
arolyn

eidenschaft,
treit, Versöhnung

lamour-Paar
er New Yorker
ociety

JFK
und sein einziger
Sohn John jr.
im Oval Office

Die Kennedys

Glanz und Tragik einer Familie

Die Kennedy-Brüder
John, Robert & Edward:
Politik und Sexaffären

Weltweit bejubelt:
das Präsidenten-Paar

Mode-Ikone
Jackie
bezaubert
die Welt

Attentat in Dallas

4 398137 305805 01

IM ZENTRUM DER MACHT Ein Foto, das eine Geschichte erzählt: Wie harmlos eine Weltmacht wird, wenn sie aus Kinderperspektive erlebt wird. Präsident John F. Kennedy und sein zweijähriger Sohn John-John im Oval Office (1963)

Chefredakteurin Patricia Riekel

In weiter Ferne – und doch so nah. Warum beschäftigt uns das Schicksal des jungen Kennedy so intensiv, warum löst sein Tod eine ähnliche globale Bestürzung aus wie der Tod von Diana vor zwei Jahren? Sicher, John F. Kennedy jr. war ein ungewöhnlich charismatischer Mann, aber sein Leben spielte sich einen Ozean entfernt von uns ab. Trotzdem trauern weltweit viele Unbekannte mit seiner Familie, als handle es sich auch für sie um einen vertrauten, lieben Menschen.

Bestürzt uns die Zufälligkeit des Schicksals, das sich nicht an irdische Spielregeln halten will? Wer so reich, so berühmt, so mächtig ist, der scheint uns irgendwie geschützter zu sein vor den Banalitäten eines gewöhnlichen Autounfalls im Tunnel oder eines aus Leichtsinn verursachten Flugzeugabsturzes.

Wir wissen, daß es so nicht ist, und träumen doch heimlich von Schutzräumen für das Glück. Deshalb schaffen wir uns ja Idole, deren außergewöhnliche Existenz beweisen soll, daß sich jede Anstrengung lohnt, um ganz nach oben zu kommen, wo die Luft dünner und das Leben leichter, die normale Schwerkraft unseres Alltags aufgehoben scheint. Da oben, singt Reinhard Mey, *„muß die Freiheit wohl grenzenlos sein"*.

Heimlich schämen wir uns vielleicht wegen des Trostes, den uns diese erneute Tragödie in der Kennedy-Familie bietet: als ob ein geradezu alttestamentarischer Fluch über jenen liege, die es wagen, sich über uns Normalsterbliche zu erheben – sei es aus eigener Kraft, durch ungewöhnliches Talent oder einzigartige Geburt.

Im Märchen schließen die Helden den Pakt mit finsteren Mächten: Gib mir alles im Leben, und ich zahle dir jeden Preis. Daß der Preis gerade dieses Leben ist, um das sie sich so bemühten, wußten diejenigen sicher nicht, die mit dem Einsatz von allem um alles kämpften: James Dean, Marilyn Monroe, Jimi Hendrix, Romy Schneider, Fürstin Gracia Patricia, Diana – und auch John F. Kennedy jr. nicht, der jede Grenze überschreiten wollte. Nur, weil er ein Kennedy war. Er forderte sein Schicksal geradezu heraus, so wie es vor ihm viele Kennedys getan haben. Ob sie nach den höchsten Ämtern strebten, sich über die Gesetze, die für alle gelten, einfach hinwegsetzten oder sich holten, worauf sie Lust hatten.

Diese Sonderausgabe von BUNTE schildert Ihnen auf 100 Seiten die atemberaubende Geschichte von Amerikas erster Familie, deren Glanz ebenso unvorstellbar war und ist wie die Tragödien und Skandale, die sie seit drei Generationen begleiteten.

Patricia Riekel

Foto: Stanley Tretick/LOOK Collection

Schade, daß Sie nicht dabei waren.

That's Entertainment.
BUNTE

10

Carolyn Bessette und John F. Kennedy jr.

Das Glamour-Paar Amerikas, dessen tragischer Unfall Trauer und Betroffenheit in der ganzen Welt auslöste. Ihr Leben, ihre Liebe, ihr Lifestyle, ihre Herkunft

Jackie Kennedy 68
Die Frau von Präsident John F. Kennedy, Mutter von John F. jr. Ihr Leben im Clan der Mächtigen, ihre Tragödien, ihre Mode, ihr Weg zur Ikone einer Epoche

Inhalt

BUNTE SPECIAL

Titelfotos: AP (2), Boomerang, dpa, Gamma, Morgan Collection/Archiv Photos, Sygma (2)

38
Amerikas Familie Nummer 1
John F. Kennedy, seine Frau Jackie mit den Kindern Caroline und John-John – ihr Leben im Scheinwerferlicht und die Wahrheit hinter der Fassade von Glamour und Macht

32
Martha's Vineyard
Das Refugium der Kennedys. Auf dem Weg zum Landsitz stürzte Johns Flugzeug in den Atlantik

Fotos: Sipa, Picture Press, J. F. Kennedy Library, action press

BUNTE (USPS No. 0533-810) is weekly. The subscription price for the USA is $ 190 per annum. K.O.P.: German Language Publications Inc., 153 South Dean Street, Englewood NJ 07631. Periodicals postage is paid at Englewood NJ 07631, and at additional mailing offices. Postmaster: send address changes to: BUNTE, German Language Publications Inc., 153 South Dean Street, Englewood NJ 07631.

WHERE HAVE YOU GONE,
OHN-JOHN?

BLUMEN, KERZEN, FOTOS, Kondolenzkarten und US-Flaggen vor dem Haus von JFK jr. und seiner Frau Carolyn Bessette im New Yorker Stadtteil TriBeCa

Amerika nimmt Abschied *von den jungen Kennedys*

In der Trauer der Menschen leben die Toten weiter. Blumen, Kerzen, Bilder und Geschenke sollen sagen: „Wir vergessen euch nicht. Ihr bleibt in unseren Gedanken und unserer Erinnerung.“ John F. Kennedy jr. und Carolyn Bessette wurden bewundert und verehrt – auch von Menschen, die sie nicht persönlich kannten. Tausende kamen vor die Tür des Hauses, in dem die Kennedys lebten – so wie damals (1997), als Prinzessin Diana starb

Fotos: Peter Morgan/Reuters, Stuart Ramson/AP

Eine Frau nach Maß – wie seine Mutter

Carolyn Bessette-Kennedy & John F. Kennedy jr. *schufen sich ihre eigene diskrete Welt, in der sie nach ihren Regeln lebten. Und mit ihrem Tod verstummen alle Gerüchte – sie liebten sich bis in den Tod*

KUSS IM WEISSEN HAUS John F. Kennedy jr. mit Carolyn bei einem Präsidenten-Dinner am 1. Mai 1999

Foto: Tyler Mallory/Newsmaker

THEATRALISCH John und Carolyn Kennedy bei der Ankunft in der Mailänder Scala am 7. Dezember 1997

Carolyn Bessette-Kennedy *wurde Johns ideale Gefährtin: Klug, chic und 100 % diskret*

MODISCHES VORBILD Carolyn im hellen Schlauchrock, kombiniert mit dunkler Strickjacke

EIN GLAMOURÖSES PAAR John im schwarzen Anzug mit Fliege, Carolyn im zweiteiligen Ensemble

SUMMERTIME: das Paar bei einer Feier der „Robin Hood Foundation" am 1. Juni 1998

Fotos: AP, dpa, Gamma Liaison (2), Gamma, Angeli, Sipa Press

MITTELPUNKT JEDER VERANSTALTUNG John und Carolyn bei einer Benefizveranstaltung im New Yorker Whitney Museum – größte Sensation des Abends: der schwarze BH unter weißer Bluse

KÜSSE IN ALLER ÖFFENTLICHKEIT John & Carolyn im April 1997 beim Dinner im Weißen Haus

SUPER-LÄCHELN UND SUPER-DEKOLLETÉ Carolyn mit Ehemann John im Whitney Museum im November 1996

EINES DER ERSTEN GEMEINSAMEN BILDER: John F. Kennedy mit Carolyn im Sommer 1994 auf einem Schiff

KUSS ZU JOHNS 38. GEBURTSTAG: Carolyn und der Kennedy-Sohn (mit Sonnenbrille und schwarzer Mütze) im November 1998

DIE KENNEDYS AUF REISEN: Das Paar macht bei seiner Visite in Istanbul (1996) gerade Pause, entspannt sich fast unerkannt in einem Café

Fotos: Sygma, TPPandis, H.H.A.

Szenen einer modernen Kennedy-Ehe

Vertrautheit, Zweisamkeit und Leidenschaft

SOMMERTAG AM STRAND John F. Kennedy (mit Hund auf dem Arm) und Carolyn am Meer

Carolyn & John jr.: *Auf jeden lautstarken Streit folgte eine leidenschaftliche Versöhnung*

Auf einem Flug von New York nach Los Angeles zuckten die Passagiere der ersten Klasse zusammen. **John F. Kennedy jr.** und seine Frau **Carolyn Bessette-Kennedy** stritten so laut, daß alle es mitbekamen. *„Vielleicht sollten wir uns scheiden lassen"*, brüllte der Sohn des ermordeten Präsidenten **JFK.** Und Carolyn blaffte wütend zurück: *„O nein! Wir haben auf den Tod deiner Mutter gewartet, um zu heiraten. Jetzt werden wir darauf warten, daß meine Mutter stirbt, bevor wir uns scheiden lassen!"* Was für Töne ... Die Ehe von Amerikas Vorzeigepaar Nr. 1 war gelebte Leidenschaft. Kratzen und Beißen, keiner wollte ein Pünktchen nachgeben – und wenn einer den kürzeren zog, dann war es auf jeden Fall John-John. Seine Carolyn hatte einfach mehr Biß.

Bei einem Streit im Central Park glaubten Passanten eher an einen Raubüberfall als an eine eheliche Auseinandersetzung. Mit geballten Fäusten ging die hochgewachsene Blondine auf den schwarzhaarigen Mann los. Dann versuchten beide, sich mit lautem Schreien zu übertönen. Und dann, als alle Zuschauer auf eine in New York übliche Körperverletzung oder sogar auf öffentlichen Totschlag warteten, umarmten sich beide, küßten sich, als gäb's kein Gestern und kein Morgen. Sie liefen so eilig weg, daß sich jedermann denken konnte, was sie jetzt in ihrem TriBeCa-Apartment treiben würden.

John F. Kennedy jr. hatte lange gesucht, um eine Frau zu finden, die mit seiner starken Mutter **Jackie Kennedy** mithalten konnte. Eine Frau, die ihm, dem ewigen kleinen Jungen, in der Welt der Erwachsenen sagte und zeigte, wo es langgeht. Eine **Madonna** oder eine **Daryl Hannah** kamen auf Dauer mit ihm nicht klar. Und er war bei ihnen nie sicher, ob sie nicht mit dem Ticket „Kennedy" Karriere machen wollten. Carolyn Bessette , die feine Arzttochter aus White Plains/New York, war da ganz anders. Sie hatte nicht ihn angebaggert, sondern sie war ihm zufällig in die Arme gelaufen. Er hatte sie bei seinen morgendlichen Jogging-Touren im Central Park entdeckt, wie sie einsam und allein ihre Runden drehte. Er sprach sie an, und sie zeigte sich nicht sonderlich beeindruckt. Sie wurde seine Gefährtin, weil sie sich ganz altmodisch in ihn verliebte. Sie drängte sich nicht an seiner Seite ins Kennedy-Allerheiligste auf Martha's Vineyard. Damit demonstrierte sie: Sie wollte nicht eine der vielen domestizierten Frauen der Kennedys werden. Von Anfang an widersprach sie ihm: immer und immer wieder, fast aus Prinzip. Sie ließ ihn an der langen Leine laufen, an der sie aber immer zog, wenn er sich ihrer Meinung nach zu weit entfernte. Als vor kurzem Gerüchte auftauchten, er habe ein Verhältnis mit seiner Redaktionsassistentin **Elizabeth „Biz" Mitchell,** fünf Jahre jünger als sie selbst, zeigte sie, aus welchem Stoff sie war: außen Samt, innen Edelstahl. Sie ließ die junge Dame einfach feuern. So geht das in den Kreisen der Society: kurz, gnadenlos, schmerzlos.

Carolyn hatte große Chancen, die neue Jackie zu werden

Es waren die gleichen Qualitäten, mit denen Jackie ihre beiden Kinder, allen voran ihren John-John, durch alle Tücken des Dschungels der Upperclass gecoacht hatte. Carolyn wurde dem durch sie endlich erwachsen gewordenen John jr. eine ebenbürtige Partnerin. Diskret begleitete sie ihn auf Charity-Events und zu offiziellen Geschäftsessen. Im Weißen Haus war sie eine kluge Gesprächspartnerin von Kennedy-Bewunderer **Bill Clinton,** bei Showbiz-Tralalas hielt sie sich klug zurück, um nicht mit B- und C-Promis auf ein gemeinsames Foto zu geraten.

Alle Gerüchte über Seitensprünge ihres Mannes ließen sie scheinbar unberührt, genauso wie sich ihre Schwiegermutter nie-

DER HUND MUSS GASSI John (mit Gips am rechten Arm) und Carolyn 1997 in TriBeCa

HAND IN HAND sind die beiden unterwegs in TriBeCa, dann ein Kuß in der Öffentlichkeit

IMMER WIEDER VERSÖHNUNG Nach einem Streit streichelt Carolyn zärtlich das Gesicht ihres Ehemanns

mals zu den unzähligen außerehelichen Eskapaden ihres Mannes geäußert hatte. Und da gab es ja genug, um aufzuschreien: Jackie zog sich von ihrem Mann eine Geschlechtskrankheit zu, und sie mußte es ertragen, daß er auf eine Party in Hollywood floh, als sie ihren zweiten Sohn **Patrick** drei Tage nach der Geburt verlor.

Carolyn Bessette gelang das Kunststück, John-John unter Kontrolle zu halten – weil sie selbst wußte, wer sie war. Als PR-Frau von Mode-Zar **Calvin Klein** hatte sie Erfolg gehabt, als Model genoß sie reichlich Beifall, und als ihre Formen ein wenig aus dem Leim gingen, aß sie sich häppchenweise von einer eher drallen Brünetten zu einer „Clean Queen" mit urbanem Chic herunter. Das alles war vor ihrer Zeit mit John jr. Sie konnte weglassen, weil sie wußte, was sie besaß. Sie verkörperte Zeitgeist, noch ehe manche wirklich begriffen hatten, was das ist. Sie setzte Trends, bald wollten viele Frauen sie nachahmen. *„Ich trage keinen Schmuck"*, wehrte sie einmal entrüstet ab, *„ich trage höchstens ein schlichtes Kreuz."* Und alle Society-Damen ließen aufstöhnend ihre mühsam erworbenen Pretiosen im Safe und kamen „nackt" auf ihre Partys.

John jr. lernte Carolyn beim Joggen kennen

John betete seine Frau an, weil sie ihm imponierte. Bei den Events der Society fiel er ihr immer wieder vor aller Augen um den Hals, schlang seinen Arm um ihre Taille und küßte sie ungeniert. Er bewunderte sie, weil sie eine Naturbegabung für Glamour hatte. Durch den Glanz ihrer blondgefärbten Haare (straff aus dem Gesicht gebunden), durch ihr cool und geschickt auf ungeschminkt geschminktes Gesicht, durch ihre exquisite Mode. Er war stolz auf sie, und er hatte sogar Angst um sie. Angst, sie zu verlieren. Er, der noch die Regel von **Rose Kennedy:** *„Ein Kennedy weint nie"*, mitbekommen hatte, sank mit Tränen in den Augen vor seiner Carolyn nieder, nachdem sie ihm im Central Park wieder einmal eine Szene gemacht hatte. Er achtete sie, weil er wußte, daß sein Image durch sie nicht gefährdet, sondern nur noch verstärkt wurde. Ein ideales Paar – auf ganz besondere Weise.

Sibylle Weischenberg

TRAUMHOCHZEIT AM 21. 9. 96 JFK jr. & Carolyn, die ein 50 000-Dollar-Kleid von Narciso Rodriguez (Cerruti) trug

Fotos: Inter-Topics (2), Swan, AP

VATERLIEBE Little John an der Hand seines Vaters John F. Kennedy im Weißen Haus – ein Jahr bevor der Präsident in Dallas ermordet wurde

Der Fluch des Namens

JOHN F. KENNEDY JR. *trug das Brandmal der Kennedys – im Glück und bis in den Tod*

Wem viel gegeben ist, bei dem wird man viel suchen; und wem viel anvertraut ist, von dem wird man um so mehr fordern.

Lukas 12, 48. Rose Kennedys Bibelspruch für ihren Enkel John F. jr.

Er war gerade mal zwei Jahre alt, da sprengte er eine wichtige Sitzung im Weißen Haus. Öffnete die Tür, stolperte schnurstracks auf einen Berater des Präsidenten zu und hielt ihm mit seinen kleinen Patschhändchen einen Klumpen Sand unter die Nase. *„Kirsch-Vanille-Kuchen"*, krähte der Kleine, und der Sicherheitsrat konnte erst weitertagen, nachdem alle wichtigen Männer der USA davon probiert hatten.

Kaum ein Jahr später, genau an seinem dritten Geburtstag (25. November 1963), stand **John F. Kennedy jr.** am Grab seines Vaters. Er weinte nicht, er hatte keine Tränen, er salutierte: ein kleiner Junge in kurzen Hosen in der schwersten Stunde seines Lebens – dieses Bild brannte sich in die Herzen der amerikanischen Nation ein.

Zwei Momentaufnahmen aus der Kindheit des John F. Kennedy jr. und sie erklären die seltsame Faszination, die er Zeit seines Lebens auf die Menschen ausübte, denen er begegnete. Nicht nur, daß er den Namen und die Attraktivität seines Vaters geerbt hatte – in John F. Kennedy jr. war das Schicksal des Kennedy-Clans mit seinen strahlenden Erfolgen und furchtbaren Schicksalsschlägen personifiziert. Und das Schicksal der Kennedys steht symbolisch für die ganze Nation: Stets mußte sie kämpfen, die Siege waren oft so blutig wie die Niederlagen.

Keiner war so gut dafür geeignet, den National-Mythos vom ständigen Kampf gegen das Schicksal und das Böse zu ▶

Fotos: TPPandis, Sipa Press (2), Keystone

FREIZEIT-LOOK Mit Rollerblades und Hund auf dem Weg in den Central Park. Kennedy liebte es, sich dort mit seinen Freunden zu treffen und Frisbee zu spielen

MUTTERLIEBE John-John, 1961, im Arm seiner Mutter Jackie Kennedy. Die beiden hatten bis zu ihrem Tod (1994) ein liebevolles, enges Verhältnis

PAPAS SPIELZEUG Der kleine John ganz groß am Steuerknüppel des Präsidenten-Helikopters. Er träumte schon als Kind davon, Pilot zu werden. 38 Jahre später starb er im Cockpit

TRAUERFEIER: John, 3, salutiert am Grab seines Vaters, neben ihm seine Schwester Caroline, hinter ihm die Onkel Edward und Robert Kennedy (v. l.) und seine Mutter Jackie Kennedy

GESCHAFFT! Kennedy war kein guter Student (Sport interessierte ihn mehr als Pauken), aber 1983 bestand er doch die Abschlußprüfung an der Uni

RENDEZVOUS Kennedys Charme war unwiderstehlich – und vor seiner Hochzeit mit Carolyn Bessette, 1996, setzte er ihn häufig ein, wie hier bei einem romantischen Candlelight-Dinner mit dem Supermodel Christie Brinkley

MIT 13 IN PARIS Jackie Kennedy nahm John 1973 mit nach Paris. Sie kaufte Mode, er Zeitschriften

DAUER-FREUNDSCHAFT Hollywood-Star Daryl Hannah galt schon als Braut von John. Dann kam es zu einem Streit. Die beiden trennten sich, wurden aber nach der Hochzeit mit Carolyn wieder gute Freunde

Kennedy jr. – *sogar Diana verehrte ihn*

▶ repräsentieren, wie der fröhliche Knirps aus dem Weißen Haus, der nun plötzlich mit militärischer Geste seinen ermordeten Vater, den Präsidenten, verabschiedet.

Der Name Kennedy – unter dieser Last sind viele Familienmitglieder zerbrochen. Aber John Fitzgerald junior hat sie souverän getragen. Seine starke Mutter **Jackie** half ihm dabei, als er sich nach dem Tod seines Vaters weigerte, zu reden. Langsam und behutsam führte sie ihn aus seinem Kummer zurück in die reale Welt. Die Familie zog nach New York (1040 Fifth Avenue) und John-John (wie ihn die Öffentlichkeit nannte, aber niemals seine Familie) besuchte eine ganz normale Grundschule. Seine Mutter drückte sogar ein Auge zu, wenn er manchmal seinen Leibwächtern ausbüchste. Einmal radelte er ganz allein in den Central Park, wo ihm prompt ein Ganove sein teures italienisches Fahrrad klaute.

Das ärgerte den kleinen John, aber Angst hatte er nur sehr selten. Im Gegenteil: Immer wieder suchte er die Herausforderung, wie das alle Kennedys stets taten. Schon als 15jähriger Pfadfinder nahm er an einem Härtetest teil, mußte drei Tage lang mit acht Litern Wasser auf einer einsamen Insel überleben. Und natürlich schaffte er es. Er kaute Gräser – und schwor sich danach, nie wieder zu hungern.

Er wollte Schauspieler werden (und spielte bei jeder Schulaufführung mit), aber seine Mutter redete ihm aus, nach Hollywood zu gehen. Ihr zuliebe studierte er Jura, rasselte zweimal durch die Anwaltsprüfung – und gab dennoch nicht auf. 1990 wurde er Staatsanwalt in Manhattan.

Da merkte er zum ersten Mal, welche Magie sein Name auf die Umwelt (und vor allem auf Frauen) ausübte. Unter fadenscheinigsten Vorwänden drängelten sich Sekretärinnen in seinem bescheidenen Büro. Sie gaben vor zu prüfen, ob er noch genügend Büroklammern habe, oder ob sein Papierkorb schon voll sei – und hofften auf eine Einladung zum Abendessen.

Selbst als er 1995 sein politisches Unterhaltungsmagazin „George" in einer Pressekonferenz vorstellte, notierten zahlreiche

RADFAHRER Business-Anzug, Fahrradschloß um die Hüfte, Käppi und Sonnenbrille – so radelte Kennedy von seinem Loft in TriBeCa durch New York in die Redaktion

TRAUMMANN Ein perfekter Körper, ein magischer Name, Erfolg im Beruf – Kennedy faszinierte die Frauen. Täglich bekam er Liebesbriefe

Journalistinnen nicht ihre Fragen auf die ausgeteilten Kärtchen, sondern ihre privaten Telefonnummern. Grinsend steckte John Kennedy (wie er sich selbst stets vorstellte) eines der Kärtchen in die Jackentasche – es war mit einem Lippenstiftkuß markiert.

Kennedy jr. war wie sein Vater und sein Großvater ein Mann, den die Amerikaner „Womenizer" nennen: Einer, auf den die Frauen fliegen, weil er gleichzeitig Härte und Sensibilität ausstrahlt. **Julia Roberts** traf sich mit ihm, **Sharon Stone, Daryl Hannah, Brooke Shields** und zahlreiche No-names. Er hat seine Freundinnen nicht immer gut behandelt, aber auch niemals so schlecht, daß sie aus Rache Details ihrer Affären mit dem „amerikanischen Prinzen" der Öffentlichkeit verraten hätten. **Prinzessin Diana** bewunderte ihn für seinen souveränen Umgang mit der Presse und versuchte, ihren ältesten Sohn **William** nach seinem Vorbild zu formen.

Am 21. September 1996 heiratete JFK jr. **Carolyn Bessette,** ein Upperclass-Mädchen von der Ostküste, das seiner 1994 gestorbenen Mutter Jackie in Styling und Eleganz glich. Und damit hatte sich der Kreis geschlossen.

Aber das schreckliche, letzte Stück fügte sich erst jetzt ein: Der tödliche Fluch, der zum Schicksal der Kennedys gehört wie ihre strahlenden Erfolge. Und der auch aus JFK jr. einen Mythos machen wird.

Michael Kneissler

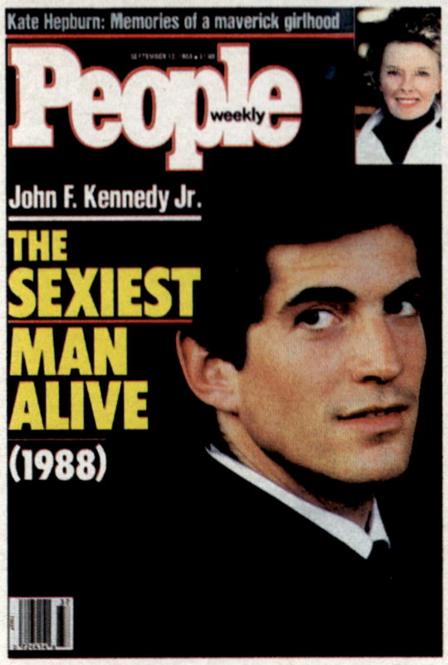

SEX-IDOL „People" kürte Kennedy '88 und '98 zum Mann mit dem größten Sex-Appeal

CHEFREDAKTEUR 1995 gründete Kennedy im Alter von 35 Jahren das politische Unterhaltungs-Magazin „George" und führte es zum Erfolg

Fotos: Keystone, London Features, AP, Sipa Press (2), Gamma, TPPandis (2)

DAS LETZTE FOTO Eine Woche vor dem Unglück bummeln die Bessette-Schwestern Carolyn (M.), Lauren (l.) und Lisa Ann durch Manhattan

Die drei schönen Schwestern

CAROLYN BESSETTE-KENNEDY *war die jüngste von drei Schwestern. Zwei starben in der Unglücksmaschine – eine Familientragödie*

Sie hatte alles, was sich eine Frau nur wünschen kann: Sie war jung, schön, groß, gertenschlank. Sie hatte weizenblonde Haare, wunderschöne blaue Augen, einen ausgeprägten Modegeschmack und das Talent, sich perfekt zu inszenieren. Und sie hatte den richtigen Mann. **Carolyn Bessette,** 33, war die von der ganzen Welt beneidete Ehefrau des „Sexiest Man Alive" – sie war **Mrs. John F. Kennedy jr.**

Der atemberaubende Aufstieg der Carolyn Bessette in Amerikas High-Society begann eher unauffällig. Sie stammte aus gutsituiertem Elternhaus in White Plains, Connecticut, und hatte zwei 18 Monate ältere Schwestern, die Zwillinge **Lisa Ann** und **Lauren.** Die Eltern, Schuldirektorin **Anne-Marie** und Ingenieur **William Bessette,** trennten sich, als die Kinder noch klein waren. Als die Mutter den Arzt **Richard Freemann** heiratete, zog sie mit den drei Mädchen nach New Canaan. Dort verbrachten die Bessette-Schwestern eine unbekümmerte Kindheit. Sie waren ein unzertrennliches, unternehmungslustiges Gespann. Die jetzt mit Carolyn zu Tode gekommene 35jährige Lauren galt als eine überaus erfolgreiche Investment-Bankerin, hatte viele Jahre in Hongkong und zuletzt in New York gearbeitet.

IHR LACHEN BEZAUBERTE ALLE **Carolyn Bessette-Kennedy im Juni 1998 in New York**

Ihre Zwillingsschwester Lisa Ann ist jetzt die einzige Überlebende der Bessette-Schwestern. Für die promovierte Kunsthistorikerin, die in Michigan, Philadelphia, und sogar in München studierte, ein besonders harter Schicksalsschlag: Sie verlor auf einmal nicht nur ihre seelenverwandte Zwillingsschwester Lauren, sondern auch ihre strahlend schöne jüngere Schwester Carolyn. Lisa Ann trauerte bei Freunden in Manhattan um Schwestern und Schwager. Die drei Mädchen waren Bilderbuch-Töchter und enge Freundinnen. Auch als Erwachsene sahen sie sich, so oft es ging. Alle hübsch, begabt, erfolgreich und ehrgeizig. Aber Carolyn war stets der Glanz- und Mittelpunkt des Trios.

Als Studentin an der Boston University wurde sie sogar zum „Inbegriff der Schönheit" gewählt und posierte für einen College-Kalender. Sie hatte jede Menge gutaussehende Verehrer, darunter auch den italienischen Textilerben **Alessandro** ▶

Fotos: Angie Coqueran, inter-Topics

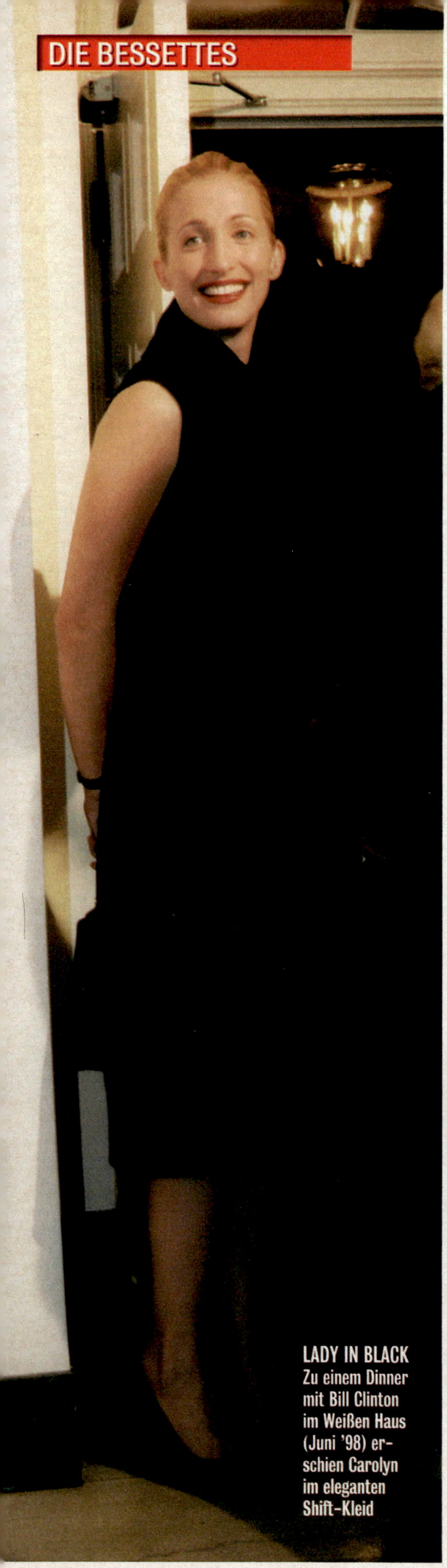

LADY IN BLACK
Zu einem Dinner mit Bill Clinton im Weißen Haus (Juni '98) erschien Carolyn im eleganten Shift-Kleid

FAST INKOGNITO
Trendsetterin Carolyn Bessette macht auch mit Kopftuch und Sonnenbrille Mode

KINDERLIEB Carolyn im Lässig-Look mit einem kleinen Mädchen beim Shopping in New York (Juli '97)

KENNEDY-ELEGANZ Zum „Fire & Ice"-Ball in L. A. (Dez. '98) kamen Maria Shriver und Carolyn in Weiß

Carolyns Stil: *Schnörkellos und ehrlich. So wie sie*

▶ **Benetton.** Carolyn war jener Typ Frau, den Männer aus reichem Hause besonders anziehend finden: geistreich, charmant, mit Modelmaßen (US-Konfektionsgröße 6) und unerhörtem Glamour gesegnet. Eine perfekte Beauty.

Sie besaß ein Pädagogik-Diplom, wollte aber auf keinen Fall als Lehrerin versauern: *„Das war"*, sagte sie mal in einem Interview, *„keine besonders große Herausforderung für mich."*

Statt dessen jobbte sie als Promoterin verschiedener Bostoner Nachtclubs und entwickelte ein sicheres Gespür für Trends. Ihr Kleidungsstil wurde anspruchsvoller, bald reichte ihr mageres Gehalt nicht mehr aus. Sie kündigte und bewarb sich als Aushilfsverkäuferin in der Bostoner **Calvin Klein**-Boutique, wurde aber prompt wegen ihres selbstbewußten Auftretens und ihres makellosen Lebenslaufs als Assistentin der Geschäftsleitung angeheuert. Hier fiel sie Calvin Klein persönlich auf, der sie sofort in die Firmenzentrale nach New York holte. Carolyn war im Mode-Olymp angekommen, durfte in der PR-Abteilung Fashion-Events organisieren und sogar prominente Kunden beim Shopping beraten. Mit ihrem sicheren Händchen für die richtigen Kontakte wurde Carolyn auch gleich

„GESCHÄFT" IN NEW YORK Carolyn Bessette und ihr Mischlingshund Friday kommen vom Gassigehen. Sie trägt Pferdeschwanz, Jeans, Tank-Top und Sandaletten

CAROLYN BESSETTE MIT 25: EINE STUDENTIN ALS MODEL

Carolyn Bessette 1991. Auf diesem Foto trägt sie Jeans-Jacke, große Ohrringe und die Haare noch dunkel

Tiefdekolletiert und die Haare vom Winde verweht – so ließ sich Carolyn als 25jährige Studentin fotografieren

■ Ein Naturtalent vor der Kamera

Im Sommer 1991 spielt Pädagogik-Studentin Carolyn Bessette, 25, für einen Freund Fotomodel. Sie hat eine ganz besondere Ausstrahlung und unterstreicht ihre eigenwillige Schönheit geschickt durch Mode und Frisuren

Für den Fotografen und guten Freund Bobby DiMarzo räkelte sich Carolyn im Heu, zeigte viel nackte Haut. So lasziv und sexy sah man die Pädagogik-Studentin später nie wieder

beste Freundin von Calvin Kleins einflußreicher Ehefrau **Kelly.**

Die Mode- und Modelszene schien wie geschaffen für die Bostoner Schönheit: Schritt für Schritt erschuf sie sich neu, hungerte noch ein paar Kilo runter, färbte die dunklen Haare hellblond und sah bald selbst aus wie ein Calvin-Klein-Model. Und wurde zum Trendbarometer: Benutzte sie orientalisches Parfum vom Straßenverkäufer, trug es bald die gesamte New Yorker Modeszene. Band sie ihr Haar zum Pferdeschwanz, galt das als hip. Gutaussehende Junggesellen standen Schlange für ein Date mit Carolyn. Aber sie war wählerisch, lebte drei Jahre mit Schauspieler-Beau **Scott Winters** („Good Will Hunting") zusammen und wandte sich schließlich einem noch Schöneren zu – dem Unterwäsche-Model von Calvin Klein, **Michael Bergin.**

John F. Kennedy jr. kannte Carolyn damals nur flüchtig: Er war ihr von Kelly Klein bei einer Modeschau vorgestellt worden. Doch Carolyn gab sich desinteressiert, schien unbeeindruckt. Aber bald fiel auf, daß sie weniger oft ausging und Partys unter einem Vorwand früher verließ. Man sah sie dann in einer dunklen Limousine davonrauschen. Und während ganz Amerika einer möglichen Traumhochzeit des jungen Kennedy mit der Hollywood-Aktrice **Daryl Hannah** entgegenfieberte, hatte die clevere, verschwiegene Carolyn längst ihre Netze ausgelegt. Denn nach **Jackie Kennedys** Tod 1994 trennte sich John plötzlich von seiner Schauspielerin und zeigte sich verliebt mit einer Neuen: eben jener Carolyn Bessette.

Carolyn Bessette galt als kühl – ein Irrtum

Für den Rest der Welt war die Blondine mit dem Elfenbein-Teint aber eine Unbekannte, und sogar in New York fragten sich einige, was der attraktive, vermögende, umworbene Kronprinz Amerikas wohl an diesem Mädchen fände. Die Antwort gab sie selbst – bei ihrer Hochzeit im Sommer 1996: Da schritt Carolyn Bessette aus Connecticut im Brautkleid von Designer-Freund **Narciso Rodriguez** zum Traualtar wie die neue Königin von Amerika. Eine elegante Frau voll mystischer Schönheit.

Nur flüchtige Beobachter hielten sie für kühl, Insider beschrieben sie als leidenschaftlich, warmherzig und liebevoll. Dabei litt sie anfangs unter dem enormen Druck der Prominenz, die eingeheiratete Kennedy-Frauen befällt. Aber sie arrangierte sich bald, brillierte mit Souveränität und Grazie auf Society-Events. Und wurde zur Erscheinung, die jede Boshaftigkeit im Keim erstickte. Und ihr Stil inspirierte die internationale Designer-Elite zum sogenannten Clean Chic. Einem Look, so pur und schnörkellos ehrlich, wie Carolyn Bessette es zeitlebens war. ■

Fotos: Gamma, Rex Features, Sygma (5), Reuters MAXPPP

Der Flug in den Tod

DIE FAMILIE KENNEDY. *Fassungslosigkeit, Ohnmacht, die Frage: Warum trifft das Schicksal immer sie? Am Strand von Hyannisport starren sie in ihrem frischen Schock hinaus aufs Meer. Irgendwo hier ist John F. Kennedy jr. mit seiner Frau Carolyn Bessette und deren Schwester Lauren in seinem Flugzeug in die See gestürzt*

DIE VERZWEIFELTE FAMILIE Vicki und Max Kennedy (vorn) am Strand von Hyannisport. Sie wollten eine Hochzeit feiern und müssen nun auf die Bestätigung warten, daß John F. jr., seine Frau Carolyn und deren Schwester Lauren tot sind

Fotos: Sipa Press

AM TAG NACH DEM UNGLÜCK Cousine Rory im Garten der Kennedy-Residenz in Hyannisport

DAUEREINSATZ Schiffe der Küstenwache auf der Suche nach der Kennedy-Maschine

BESTÜRZUNG Ethel Kennedy (2. v. r.) am Tag nach der Katastrophe mit Freundinnen in Hyannisport

TRAURIGER FUND Ein Polizist zeigt die angespülte Reisetasche von Lauren Bessette

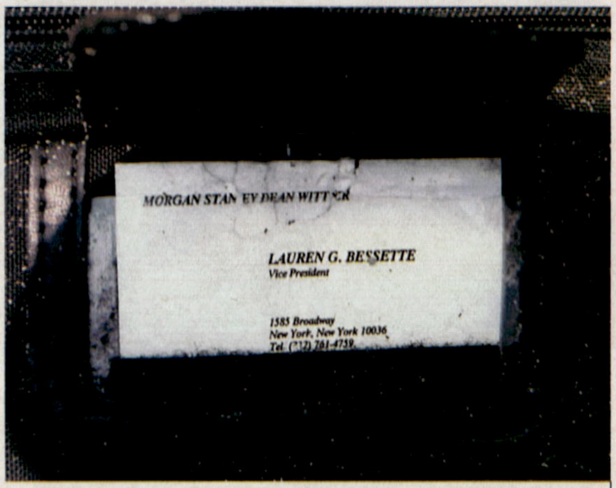

IDENTIFIZIERT Eine vor Martha's Vineyard angespülte Tasche hatte im Adressenanhänger eine Visitenkarte von Carolyns Schwester Lauren

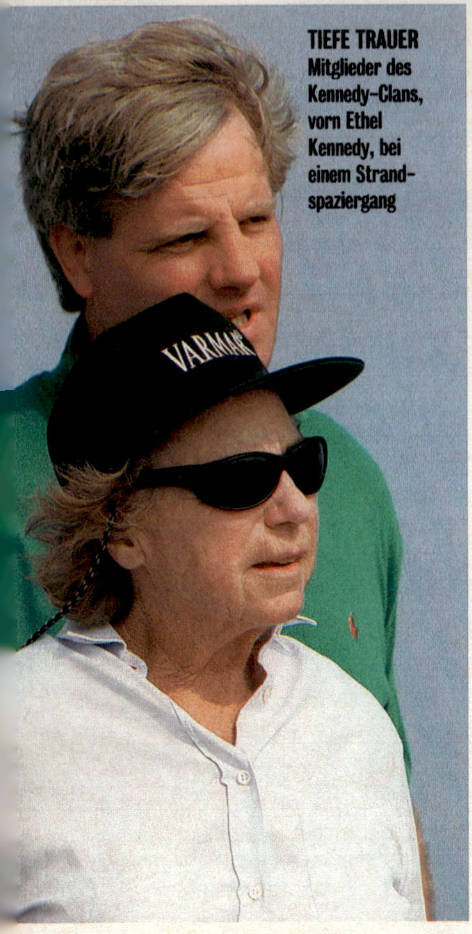

TIEFE TRAUER Mitglieder des Kennedy-Clans, vorn Ethel Kennedy, bei einem Strandspaziergang

Der Privatflughafen von Fairfield (US-Bundesstaat New Jersey) liegt versteckt vor den Toren New Yorks. Hier ist nie viel Betrieb. Und auch am Freitag, dem 16. Juli, ist hier gegen Abend nichts mehr los. Ein heißer Tag geht zu Ende, als gegen 20.15 Uhr ein weißer Hyundai vor dem Flughafengebäude eintrifft. Aus ihm steigen **John F. Kennedy jr.,** 38, seine Frau **Carolyn Bessette-Kennedy,** 33, und deren Schwester **Lauren Bessette,** 35. Die Luft ist diesig von der Hitze, die Dämmerung bricht herein.

„John war in Eile. Er hatte sich offensichtlich verspätet", erinnert sich ein Ingenieur des Airports, der dort seit 20 Jahren die Privatmaschinen der Kennedys wartet. Zuerst hatte der Ingenieur die Kennedys gar nicht erkannt, als sie an der einmotorigen Maschine Piper Saratoga HP II (vier Jahre alt, Neupreis: 700 000 Mark) standen: *„Häufig kommen Souvenirjäger hierher, die sich vor Kennedys Flugzeug gegenseitig fotografieren. Wir haben uns schon daran gewöhnt, daß wir immer wieder Schaulustige vertreiben müssen."*

Doch diesmal waren es keine ungebetenen Gäste, sondern der Besitzer selbst. Als der Ingenieur erfuhr, daß Kennedy noch fliegen wollte, warnte er ihn, zeigte zum Himmel: *„Über dem Land liegt eine Dunstglocke – und es wird bald dunkel. Du wirst doch jetzt nicht fliegen wollen."* Kennedy winkte freundlich ab: *„Es wird schon alles gutgehen. Mach dir keine Sorgen, du Besserwisser."* Dann schloß er die Türen, startete die Maschine und hob ohne Probleme ab. Der zurückgebliebene Ingenieur und ein anderer Fliegerfreund von John, **Kyle Bailey,** 25, schüttelten den Kopf. Bailey: *„Ich wollte auch in Richtung Küste nach Martha's Vineyard. Aber mir waren die Wetterverhältnisse einfach zu riskant."*

Martha's Vineyard, 314 Kilometer von Fairfield entfernt, ist das erste Flugziel von JFK jr. Dort sollte er seine Schwägerin Lauren Bessette absetzen. Ein Plan seiner Frau Carolyn, der ihm offenbar nicht gefiel. Kennedys Freund, der Autor **David Heymann,** der für JFKs Magazin „George" arbeitet: *„Ich hatte ein paar Tage vorher mit John telefoniert. Er sagte: Unglücklicherweise muß ich meine Schwägerin mitnehmen. Sie will nach Martha's Vineyard. Meine Frau besteht darauf, daß ich sie dort hinbringe. Ich würde lieber direkt nach Hyannisport fliegen – aber Carolyn besteht darauf. Das bedeutet, daß ich zweimal landen muß."* ▶

Fotos: Reuters (2), AP (3), Sipa Press

STILLES GEBET Ethel Kennedy (M.) und Familienmitglieder beten für die Toten. Ein Priester liest die Messe im Garten der Kennedy-Villa in Hyannisport

HOCHZEIT VERSCHOBEN Rory und ihr Bräutigam Mark Bailey

VERZWEIFELTE SUCHE Ein Kutter der Küstenwache kreuzt vor Aquinnah/Massachusetts, wo Teile der Unglücksmaschine im Meer trieben

Ein Verkehrsstau in Manhattan – *eigentlich wollte JFK schon Stunden früher abfliegen*

▶ Das Ziel der Kennedys war der Familiensitz Hyannisport an der Küste von Massachusetts: Dort wollte JFKs Cousine **Rory,** 30, ihre Hochzeit feiern.

John F. plante, schon am frühen Nachmittag zu fliegen, doch seine Schwägerin, die als Bankerin beim Investmenthaus Morgan Stanley Dean Witter arbeitete, verspätete sich. Erst gegen 17.30 Uhr konnten die drei losfahren – von Manhattan durch den verstopften Lincoln-Tunnel unter dem Hudson-River über eine verstopfte Autobahn nach Fairfield. Fast drei Stunden dauerte die Fahrt zum Flugplatz. Eigentlich hatte Kennedy schon vor Sonnenuntergang (20.20 Uhr) in Hyannisport landen wollen. Doch er schaffte es erst um 20.38 Uhr, in Fairfield aufzusteigen.

John F. Kennedy jr. hatte seine Pilotenlizenz erst ein gutes Jahr (seit Mai '98). 100 Flugstunden hatte er bis zum Unglücksflug absolviert. Er war also noch recht unerfahren und hatte zudem auch nur eine Lizenz zum Sichtflug – bei mindestens fünf Meilen freier Sicht, ohne Nebel, ohne Dunkelheit.

Der Flughafeningenieur: *„Für einen Instrumentenflug fehlte ihm die Erfahrung. Außerdem besaß er gar nicht die nötige Lizenz dazu."*

Zunächst muß der Flug problemlos verlaufen sein. Um 21.38 Uhr nahm die Bodenkontrolle die letzten Signale der Kennedy-Maschine auf, 17 Meilen vor Martha's Vineyard. Von da an war die Maschine, die Kennedy erst am 30. April erworben hatte, spurlos verschwunden.

Die Hochzeitsgesellschaft (275 Gäste) von Cousine Rory in Hyannisport wartet geduldig. Als gegen 2 Uhr JFK und seine Frau noch immer nicht eingetroffen sind, verständigen die versammelten Kennedys die Flugsicherheit. Sofort nehmen Boote der Küstenwache und Luftwaffen-Flugzeuge die Suche auf. Ohne Erfolg.

Am Samstagnachmittag finden Spaziergänger am Strand von Martha's Vineyard Einzelteile der Maschine. Und der Bostoner Rechtsanwalt **Damon Seligson,** 30, zieht eine Tasche aus dem Meer: Sie trägt als Adreßanhänger eine Visitenkarte von Carolyns Schwester Lauren Bessette. Und das noch ausgerechnet an einem Strandabschnitt, der zum früheren Grundbesitz von JFKs Mutter Jackie auf Martha's Vineyard gehörte.

Vor Jackies Badestrand trieb eine Tasche aus Johns Flieger

In Hyannisport lösen die Nachrichten blankes Entsetzen aus: Rory Kennedy sagt ihre Hochzeitsfeier ab. Als Haar-Stylistin **Christina Rivers** an der Haustür des Kennedy-Anwesens klingelt, ahnt sie noch nichts, will Rory die Hochzeitsfrisur machen. Christina Rivers: *„Rory stand wie versteinert da, sagte mir, daß es keine Hochzeit geben werde. Ich wußte gar nicht, was passiert war. Am Tag zuvor war sie noch fröhlich gewesen, hatte so schön ausgesehen."*

Rory Kennedy, Vizedirektorin der Video-Filmproduktionsfirma Mayday Media, ist mit knapp 31 Jahren eine der tragischsten Figuren im Kennedy-Clan geworden: Ihren Vater, **Robert Kennedy,** lernte sie nie kennen. Er war am 6. Juni 1968 in Los Angeles von einem Attentäter ermordet worden – als ihre Mutter **Ethel** mit Rory schwanger war. Vor nicht einmal zwei Jahren, an Silvester 1997, war im noblen Wintersportort Aspen/Colorado ihr Bruder **Michael** in ihren Armen gestorben. Er war bei einem riskanten Footballspiel auf Skiern (er warf sich mit Freunden eine Plastikflasche zu) gegen einen Baum gerast. 90 Minuten lag er im Koma, dann wurde Michael für tot erklärt. Rory erholte sich nur mühsam von diesem Schicksalsschlag. Dann lernte sie den Autor **Mark Bailey** kennen, verliebte sich und lernte wieder zu lachen. Plötzlich kleidete sie sich viel eleganter als vorher (Prada wurde ihr Lieblingsdesigner) und freute sich unbändig auf ihre Hochzeit. Doch mit dem Absturz ihres Cousins brach das tragische Schicksal einmal mehr über sie herein.

„Vielleicht erfahren wir niemals, was wirklich geschah"

Als sie die Unglücksbotschaft vernahmen, reisten viele Gäste sofort ab, der zurückgebliebene Familienkreis suchte Trost bei einsamen Strandspaziergängen oder beim Segeln. Ein Priester wurde von der strenggläubig katholischen Familie ins Haus gerufen, um eine Messe zu lesen und mit den Kennedys für die Verunglückten zu beten.

Caroline Kennedy-Schlossberg, 41, die Schwester von JFK jr., erfuhr die Hiobsbotschaft bei einem Wildwassertrip im Westen der USA. Sie reiste aber nicht nach Hyannisport, sondern zog sich in ihr Haus auf Long Island bei New York zurück.

Ganz Amerika litt in diesen Stunden, in denen die Hoffnung sank, John Kennedy und seine Passagiere könnten vielleicht doch überlebt haben.

Schiffe, Flugzeuge, Helikopter und zehn Taucher werden für die Suche eingesetzt. Brigadegeneral **Richard Larrabee,** der die Suchaktion leitet, sagte am Montag: *„Wir glauben, ziemlich genau zu wissen, wo sich der Absturzort befindet: sieben Kilometer von der Küste von Martha's Vineyard entfernt."* Die Suche war erfolgreich: **Am Mittwoch, fünf Tage nach dem Absturz, meldeten US-Regierungskreise: Das Wrack der Maschine wurde im Meer vor Martha's Vineyard gefunden, die Leiche von John F. Kennedy jr. geborgen.**

Warum stürzte die Maschine ins Meer? Eine Erklärung dafür scheint der Kennedy-Vertraute am Flughafen Fairfield zu haben: *„Ich bin mir sicher, daß John bei der schlechten Sicht das Meer mit der schmalen Landebahn auf Martha's Vineyard verwechselt hat. Er ist auf dem Wasser gelandet – und das Flugzeug sank mitsamt seinen Passagieren sofort in die Tiefe. Ich glaube, daß es für die Insassen ein friedvoller Tod war. Sie haben die tödliche Katastrophe wohl gar nicht bemerkt. Das ist der einzige Trost, der uns bleibt."*

Andreas C. Englert

Fotos: AP (2), Reuters

Ein Königreich im Atlantik

MARTHA'S VINEYARD *ist dreimal so groß wie Sylt und die Zentrale der Familien-Macht. Hierher ziehen sich die Kennedys zurück in Zeiten von Glück, Krisen und Nachdenken. Oder wenn sie ungestört unter sich sein wollen*

DAS KENNEDY-REICH aus der Luft: Auf Martha's Vineyard besitzt die Familie diese Häuser und einen eigenen Strand

Foto: Gamma

SOMMER 1993
Jackie Kennedy mit ihrer Enkelin (und deren Freundin) auf einem Bootssteg in Vineyard Haven

IM STRANDHAUS
Schon früh versuchte Jackie, ihre Tochter Caroline für Musik zu begeistern – am Flügel auf Martha's Vineyard

SEGELN RUND UM DIE INSEL
John F. Kennedy (l.) war ein erfahrener Bootsmann und schipperte mit seiner jungen Frau Jackie oft zu Picknicks an einsamen Stränden

Hier planten die Kennedys *ihre Familien- und ein Stückchen Weltgeschichte*

Einmal, für einen Wimpernschlag der Weltgeschichte, fand Deutschland auf Martha's Vineyard statt: am Sonntag, 13. August 1961, 12.15 Uhr. Da waren **John F. Kennedy** und seine Frau **Jackie** auf ihrer Yacht „Marlin" zum Picknicken auf die winzige Insel Great Island weggesegelt und sahen, wie ein Major in Uniform schultertief ins Meer lief, *„Mr. President, Mr. President!"* brüllte und ein Papier über seinem Kopf schwenkte. Kennedy wendete, schipperte zum Major und las das Papier: Die DDR hatte mit dem Bau der Berliner Mauer begonnen.

Martha's Vineyard, das ist Kennedy-Urlaubsland und liegt nur 16 km Luftlinie vom Hafen Hyannisport entfernt, ihrem Hauptwohnsitz auf dem Festland, wo sie sich versammelten, um auf die Absturz-Nachrichten zu warten. Da draußen im Atlantik besitzen sie drei riesige Immobilien, deren Rückseiten aneinandergrenzen. Hier liegen ihre Yachten, hier geschieht nichts, ohne sie um Erlaubnis zu fragen – zumindest zu informieren. Seit Oktober 1955 leben sie hier rund um die zentrale Figur ihres Familienkults, Ur-Mutter **Rose,** und heute besetzen **Robert Kennedys** Witwe **Ethel** und **Ted Kennedys** zweite Frau **Victoria** die Rolle der Patriarchin doppelt.

Martha's Vineyard ist eine Insel, die aussieht wie das, was man beim Bleigießen zu Silvester im Wassertopf findet, 15 x 32 km mißt (dreimal so groß wie Sylt) und von 12 000 Menschen bewohnt wird. Der Name stammt von einer Dame namens **Martha Mayhew:** Sie kaufte die Insel 1642 den Wampanoag-Indianern für 60 Dollar ab und baute Wein an – gute Idee, denn Martha's Vineyard liegt auf dem Breitengrad von Rom.

Es gibt noch eine Beziehung zu Europa: Stellt man sich an die Ostküste und wirft eine Flaschenpost ins Meer, wird sie in Irland angespült. Die Kennedys kamen den umgekehrten Weg: von der grünen Insel nach ▶

Fotos: Sygma, Globe Photos, Photo Researchers/Explorer

Martha's Vineyard *ist ein Paradies für Kinder. Und Jackie Kennedy kultivierte hier ihre Einsamkeit*

ROBERT KENNEDY saß nach der Ermordung des Bruders oft einsam am Strand und starrte aufs Meer hinaus

▶ Amerika, ihren Katholizismus im Gemüt. Diese Herkunft hat die Kennedys immer stolz gemacht, weil Irland für Amerikaner eine Art *Kultursiegel* ist – wären sie aus dem katholischen Polen gekommen statt dem katholischen Irland, **John F. Kennedy** hätte nie Präsident werden können in den überwiegend protestantischen USA. Die irische Vergangenheit ist auch Quelle des Selbstbewußtseins der Kennedys: Es gab uns schon, bevor es die USA gab. Deshalb wählten sie auch Martha's Vineyard, das 150 Jahre vor der Unabhängigkeit besiedelt wurde.

Ein seltsamer Erdenfleck, diese Insel, zu der es keine Straße vom Festland gibt. Ohne Hochhäuser, Supermärkte, Verkehrsampeln, und die Orte sind Relikte des 17. und 18. Jh.s mit weißen Lattenzäunen um pastellfarbene Häuser mit Laubsäge-Giebeln, antiken Leuchttürmen und Kirchlein, die erbaut wurden, als noch Indianer durch die Insel-Prärie streiften, Walfänger ihre Beute abspeckten.

Von den Indianern lebt nur noch eine Handvoll in Oak Bluffs, aber sie haben Martha's Vineyard mit seltsamen Namen gesprenkelt, die klingen wie Füllworte in Jazz-Balladen: *Chappaquiddick*, *Squibnocket* oder *Sengekontacket* – fehlt nur das *„Schubidubidu"*. Fast vergessen sind diese Wampanoag, dabei schafften sie, was unter Medizinern als unmöglich gilt: Sie konnten Selbstmord begehen, indem sie den Atem so lange anhielten, bis sie tot umfielen.

Das Insel-Innere ist hügelig, bewaldet, besitzt Heideland, und der Strand ist weiß und zu 60 % in Privatbesitz. Wir kennen ihn übri-

SO FEIERN DIE KENNEDYS
Weiße Zelte werden in den Dünen aufgestellt, und die Gäste fliegen mit Privatmaschinen ein

JFKs BERÜHMTER SCHAUKELSTUHL
Er nahm ihn von Martha's Vineyard ins Weiße Haus mit – weil er sein Rückenleiden linderte und ihn immer an seine Lieblingsinsel erinnerte

EDGARTOWN
Die kleine Stadt ist das Zentrum der Insel Martha's Vineyard und seit 150 Jahren fast unverändert

gens – auf Martha's Vineyard wurde „Der weiße Hai" gedreht. Aber wichtiger sind die Wale, die draußen im Meer vorbeiziehen. Ziemlich nah an der Insel, weil sie vergessen haben, daß der von Moby Dick besessene Kapitän Ahab aus dieser Gegend kam.

Zwar sind die Grundstückspreise unverschämt hoch – schon 1955 zahlte Ur-Vater **Joe Kennedy** 165 000 Dollar für das erste Haus (heute etwa 600 000 Mark). Aber es gibt noch Farmer, und die Einwohner bestehen auf Barfuß-Demokratie: in kurzen Hosen und sockenlos, unbeeindruckt von der Prominenz. Und die besteht nicht nur aus Kennedys: Das Schauspieler-Ehepaar **Mary Steenburgen** und **Ted Danson** lebt auf einer 200 Jahre alten Farm, ihre Nachbarn sind Regisseur **Spike Lee,** die Sänger **Carly Simon** und **James Taylor,** Karikaturist **Jules Feiffer** – und der an Kokain gestorbene „Blues Brother" **John Belushi** ließ sich hier begraben. Als Sommertouristen kommen **Tom Cruise** und **Nicole Kidman, Sharon Stone, Dan Aykroyd** und **Bill** mit **Hillary Clinton**. Die teuerste Immobilie leisteten sich Talkmasterin **Diane Sawyer** und ihr Mann, der Regisseur **Mike Nichols:** Sie zahlten 7,5 Mio. Mark für ein schmales Häuschen in Vineyard Haven.

„Und kaum sind die Prominenten da", notierte Schriftsteller **Richard Todd,** *„ziehen sie zwanghaft ihre geliebten hellgrünen Freizeithosen an."* Spielen Beachvolleyball am eigenen Strand, schippern mit ihren Yachten durch die Sunde, gehen stundenlang am Meer spazieren und treffen sich zum Barbecue. Aber die meisten Besucher haben falsch gepackt, wenn sie kommen, rechneten nicht mit Bullenhitze, steifer Brise und Salz in der Luft. Die Kennedys legten deshalb einen Kleiderschrank an, aus dem sich ihre Gäste bedienen dürfen – mit Poloshirts, kurzärmligen Hemden, langen Shorts, Timberlands in verschiedenen Größen und Barbour-Jacken.

Jackie Kennedy, die ihren Dickkopf auch auf dieser Insel durchsetzte und sich außerhalb der Kennedy-Kommune einen eigenen Besitz an der Südspitze Gay Head kaufte (wo jetzt ihr Sohn **JFK jr.** im Meer verschollen ist), haßte die sportliche Betriebsamkeit des Clans. Sah nicht ein, warum sie, kaum angekommen, einen Ball mit beiden Händen über ein Netz schlagen sollte. Oder grüppchenweise baden, in Pulks ausreiten. Aber bis zu ihrem Tod verbrachte sie hier ihren Sommerurlaub – die diskreteste Attraktion der Insel, die einsame Frau in Schwarz: mehr eine Erscheinung als eine Frau aus Fleisch und Blut, geheimnisvolle Silhouette am Strand, die kam und verschwand wie eine Nebelbank.

Der Schriftsteller **William Styron,** der hier seinen Bestseller „Sophie's Choice" schrieb, beginnt eine Ode auf Martha's Vineyard mit dem überschwenglichen Satz: *„In einer See aus blauem Samt liegt ein Juwel grün wie Smaragd, eine Insel in hoch aufschäumendem Wasser ..."*

Wer auf Martha's Vineyard wohnt, sagt man, ist zwei von drei Dingen: pompös reich, unbestritten prominent oder geheimnisvoll mächtig. Auf die Kennedys trifft alles zu, deshalb sind sie die Insel-Könige. Und noch eins kommt hinzu: Irgendwie schaffen sie es, daß kein Baumensch Fuß fassen kann, der moderne Häßlichkeiten hinklotzt. Versucht haben es viele, aber da griff dann die geheime Macht der Kennedys – dafür ist der Rest der Bevölkerung dankbar und erkennt sie an.

Martha's Vineyard ist das Shangri-la der Familie, eine Art Kloster der Macht. Hierher ziehen sie sich zurück in Zeiten von Krisen und Nachdenken. Hier planen sie Welt- und Familiengeschichte, und ein Stück Historie kann man live besichtigen. Denn an einer Holzbrücke zur Nachbarinsel Chappaquiddick endete am 19. Juli 1969 die politische Karriere des letzten Kennedy-Bruders **Edward:** Er war von der Brücke ins Wasser gestürzt, hatte das Auto panikartig verlassen – und vergessen, daß seine 28jährige Sekretärin **Mary Jo Kopechne** noch darin saß. Sie ertrank.

Axel Thorer

Fotos: Frieder Blickle/Bilderberg, Philip Halsman/Magnum/Focus, Sipa, PPCM

DER KENNEDY-CLAN
Familientreffen im engsten Kreis im Stammsitz Hyannisport auf Cape Cod: 1 Edward (Ted) Kennedy, 2 nicht identifizierbar, 3 Joan Kennedy, 4 Patricia Kennedy-Lawford, 5 Kathleen Kennedy-Cavendish, 6 Eunice Kennedy-Shriver, 7 Joseph Patrick Kennedy, 8 Robert (Bobby) Kennedy, 9 Rose Kennedy, 10 Jackie Kennedy, 11 Jean Ann Kennedy-Smith, 12 John F. Kennedy, 13 nicht identifizierbar, 14 Stephen Edward Smith, 15 Ethel Kennedy, 16 Robert Sargent Shriver

ted Royals of America

DIE KENNEDYS wurden erst reich, dann mächtig, schließlich zum Mythos. Aber der Fluch, der auf ihnen liegt, macht ihre Geschichte zur griechischen Tragödie

Fotos: Stills/Intertopics

Eine amerikanische Familie

DER KENNEDY-CLAN: *1848 aus Irland ausgewandert, schrieben die Kennedys in drei Generationen amerikanische Geschichte – und Skandalchronik*

Joseph Patrick Kennedy (1888–1969), US-Botschafter

Rose Fitzgerald Kennedy (1890–1995), Clan-Mutter

DIE IRISCHEN WURZELN DER KENNEDYS

■ **Patrick Kennedy** (1823–1858), Sohn eines Bauern in Südirland. Weil seine Heimat von der Kartoffelfäule heimgesucht wurde und viele Menschen verhungerten, wanderte er 1848 als 25jähriger nach Amerika aus ■ Auf der Überfahrt lernte er seine Frau **Bridget Murphy** (1821–1888) kennen. Zehn Jahre später starb er an Cholera. Bridget eröffnete einen Krämerladen in Boston und zog ihre vier Kinder allein groß ■ Sohn **Patrick Joseph Kennedy** (1858–1929) eröffnete eine Hafenkneipe. Er war so beliebt, daß seine Gäste ihn als Abgeordneten ins Repräsentantenhaus von Massachusetts wählten ■ Sein Sohn **Joseph Patrick Kennedy** heiratete 1914 Rose, die Tochter des Bostoner Bürgermeisters **John Francis Fitzgerald**

John Francis Fitzgerald (1863–1950), Urgroßvater von John F. Kennedy jr.

Joseph Patrick Kennedy jr.
(1915–1944), der ältere Bruder von JFK stürzte im Zweiten Weltkrieg über dem Ärmelkanal ab

John Fitzgerald Kennedy
(1917–1963), US-Präsident, in Dallas ermordet
Jacqueline Bouvier-Kennedy-Onassis
(1929–1994), zweifache Witwe, starb an Krebs

Rosemary Kennedy
(*1918), wurde 23jährig nach einer Gehirnoperation in eine Nervenheilanstalt eingewiesen, wo sie noch heute lebt

Kathleen Kennedy-Cavendish
(1920–1948), starb beim Flugzeugabsturz in Frankreic
William John Robert Cavendish
(1917–1944), gefallen im Zweiten Weltkrieg

Eunice Kennedy-Shriver
(*1921), Gründerin der Olympischen Spiele für Behinderte
Robert Sargent Shriver jr.
(*1915), Präsidentschaftskandidat 1976

Patricia Kennedy-Lawford
(*1924), Jet-Setterin mit Hollywood-Connections
Peter Lawford
(1923–1984), Filmstar und Marilyn-Monroe-Freund

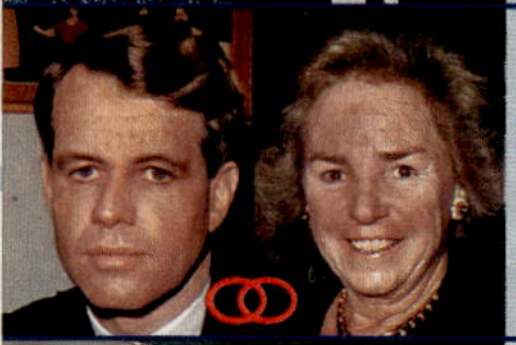

Robert Francis Kennedy
(1925–1968), Justizminister, in L. A. ermordet
Ethel Skakel-Kennedy
(*1928), langjährige Witwe, gilt als verbittert

Jean Ann Kennedy-Smith
(*1928), US-Botschafterin in Irland
Stephen Edward Smith
(1927–1990), verwaltete das Kennedy-Vermögen

Edward Moore Kennedy
(*1932), Senator von Massachusetts
Victoria Reggie (*1938), 2. Ehefrau
Virginia Joan Bennett (*1936), geschieden, Mutter der drei Kinder

Patrick Bouvier Kennedy
(1963–1963), drei Tage nach der Geburt gestorben

John Fitzgerald Kennedy jr.
(1960–1999), der Unglückspilot
Carolyn Bessette
(1966–1999), PR-Lady bei Calvin Klein

Caroline Kennedy-Schlossberg
(*1957)
Edwin Schlossberg
(*1945)

Robert Sargent Shriver III.
(*1954)

Maria Owings Shriver
(*1955)

Timothy Perry Shriver
(*1959)

Mark Kennedy-Shriver
(*1964)

Anthony Paul Kennedy-Shriver
(*1965)

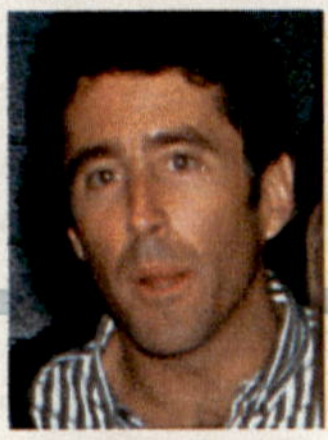

Christopher Kennedy-Lawford
(*1955)

Sydney Maleia Lawford
(*1956)

Victoria Francis Lawford
(*1958)

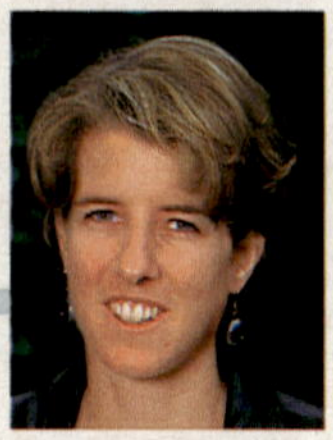

Robin Elizabeth Lawford
(*1961)

Stephen Edward Smith jr.
(*1957)

William Kennedy-Smith
(*1960)

Amanda Mary Smith
(*1967)

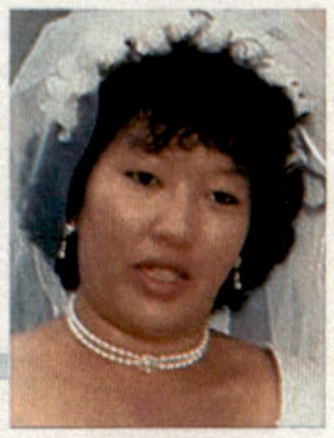

Kym Maria Smith
(*1972)

Kara Anne Kennedy
(*1960)

Edward Moore Kennedy jr.
(*1961)

Patrick Joseph Kennedy
(*1967)

Kathleen Hartinton-Kennedy
(*1951)

Joseph Patrick Kennedy II.
(*1952)

Robert Francis Kennedy jr.
(*1954)

David Anthony Kennedy
(1955–1984)

Mary Courtney Kennedy
(*1956)

Michael LeMoyne Kennedy
(1958–1997)

Mary Kerry Kennedy
(*1959)

Christopher George Kennedy
(*1963)

Matthew Maxwell Taylor-Kennedy
(*1965)

Douglas Harriman Kennedy
(*1967)

Rory Elizabeth Katherine Kennedy
(*1968)

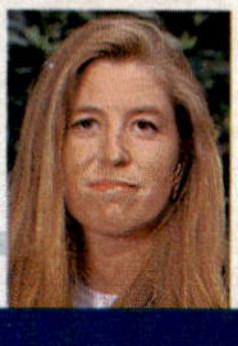

Fotos: Sygma (3), Outline, Gamma, Keystone (2), Somoza, Hulton Getty, Harry Benson (7), PPCM, Knippertz, Zwink, AP, Intertopics (5), Sipa (3), Interfoto, Focus, dpa (6), Alpha (2), Rex (3), Fotex, action press (2), Ipol (3)

Der Clan der Draufgänger

JOE KENNEDY, *der Großvater von John F. Kennedy jr., wollte US-Präsident werden. Als er das nicht schaffte, mußte einer seiner Söhne ins Weiße Haus. Denn was er wollte, setzte er durch. Mit allen Mitteln*

Tief im Herzen der Amerikaner wurzelt die Weisheit, daß nichts im Leben umsonst ist: Wer viel fordert, zahlt einen hohen Preis. Wer hoch hinaus will, sollte wissen, daß er tief fallen kann. Wer Schuld auf sich lädt, wird bestraft.

Ein wenig zu schlicht und zu biblisch?

Könnte man denken, gäbe es nicht die Kennedys. Keine andere Familie hat den amerikanischen Traum mit solcher Konsequenz für sich verwirklicht. Keine andere mußte immer wieder erleben, wie der Traum sich zum Alptraum verkehrte. Seit drei Generationen steht der Name Kennedy für Reichtum, politische Macht und gesellschaftlichen Glamour. Aber auch für Rücksichtslosigkeit, die anderen gegenüber ebenso ausgeübt wird, wie gegen die eigene Gesundheit. Und natürlich steht der Name für das unermeßliche Unglück, das über diese Familie kam.

Manche sprechen von einem Fluch, der die Kennedys verfolgt. Und selbst wenn man die Sache nüchterner angeht, wird klar: Die Parabel von Aufstieg und Fall ist mehr als nur ein abgedroschenes Klischee. Daß wir durch diese eine Familie immer wieder daran erinnert werden – das macht den Mythos Kennedy aus.

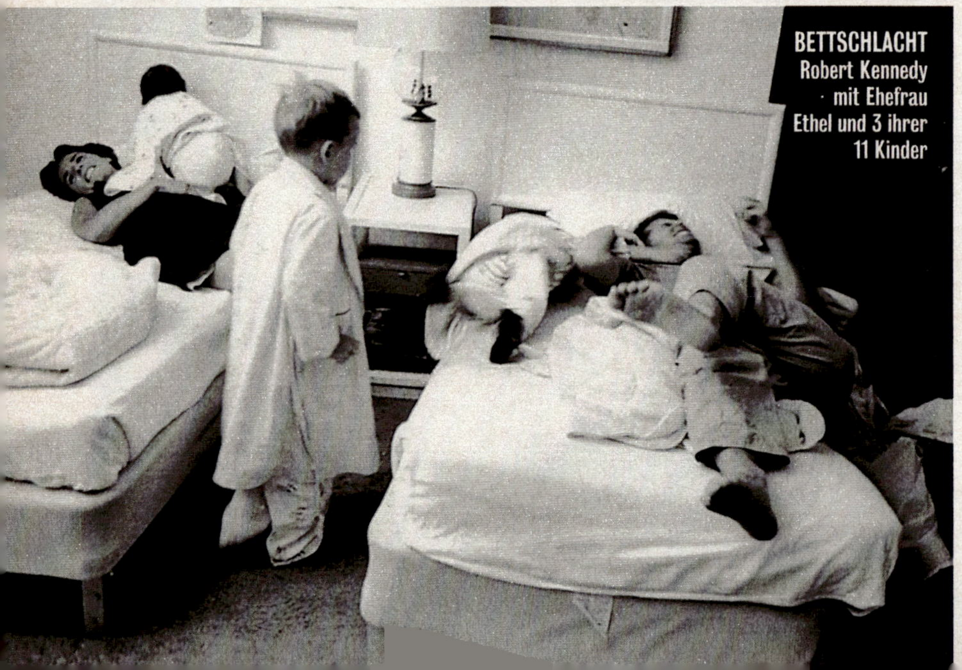

BETTSCHLACHT Robert Kennedy mit Ehefrau Ethel und 3 ihrer 11 Kinder

Was treibt diese Familie an? Die beste Antwort darauf gibt die Biographie von **Joseph Patrick Kennedy** (1888–1969), dem Großvater des vor Martha's Vineyard tödlich verunglückten **John F. Kennedy jr.** und Vater des 1963 in Dallas ermordeten amerikanischen Präsidenten **John F. Kennedy.**

Joseph Kennedy, genannt Joe, war der geborene Geschäftsmann, und schon als Schüler startete er mit einem Kameraden seine erste Unternehmung: Die beiden kauften einen Omnibus und veranstalteten Stadtrundfahrten in Boston. Nach dem College ging Joe ins Bankwesen. Mit 26 Jahren war er bereits Direktor seiner eigenen Bank und handelte gleichzeitig mit Immobilien, investierte an der Börse und in das noch junge Filmgeschäft.

Den großen Reichtum aber brachte Joe Kennedy der Börsen-Crash von 1929. Denn als einer der wenigen bewies er den richtigen Riecher und stieß seine Aktien gerade noch rechtzeitig ab. Und hinterher, als alles wieder bei Null begann und der Markt sich langsam neu organisierte, betrieb er das, was man heute Insider Trading nennt: Er streute Gerüchte über einzelne Firmen und deren Aktien aus. Um diese Gerüchte zu untermauern, kaufte und verkaufte er gezielt ganze Pakete von Aktien. So gelang es ihm, die Kurse seiner Anlagen gewaltig in die Höhe treiben – und noch reicher zu werden.

Kurze Zeit später wurde Joe Kennedy

Fotos aus: „JFK Remembered", An Intimate Portrait by His Personal Photographer Jacques Lowe, Random House und „The Kennedy Legacy", A Generation Later, Jacques Lowe, Wilfried Sheed, Viking Studio Books

POLIT-DINNER
John F. Kennedy, Ehefrau Jackie und Senator John Sherman Cooper mit seiner Frau

Erster Vorsitzender der Security and Exchange Commission, der Aufsichtsbehörde über das amerikanische Finanzwesen. Und als erstes nahm er sich die für ihn so vorteilhafte Praxis der Kurs-Manipulation vor: Er ließ sie durch ein neues Gesetz verbieten. Daraus lernen wir eine Kennedy-Wahrheit, die sich vielleicht auf die ungestümen irischen Vorfahren zurückführen läßt: Ein Kennedy hält sich nicht an Regeln oder Gesetze – er schreibt sie lieber selbst.

Was das letztere angeht, kam Joe Kennedy allerdings lange nicht so weit, wie er es sich gewünscht hätte. Oder besser: wie es sein Vater vorgegeben hatte. Denn die Söhne führen das Werk der Väter fort, auch das eine eherne Kennedy-Wahrheit. Und Joes Vater **Patrick Joseph Kennedy** (1857–1929) träumte davon, daß ein Kennedy der erste amerikanische Präsident aus einer irischen Einwandererfamilie werden sollte.

Eine ungeheuerliche Vorstellung, bedenkt man, daß die Kennedys ursprünglich Bauern waren. Die Kartoffelfäule in Irland trieb Patrick Kennedy (1823–1858) dazu, 1848 auf einem Schiff ins gelobte Land Amerika zu flüchten. In Boston schlug er sich als Hafenarbeiter mehr schlecht als recht durch, heiratete eine Irin, die er noch auf dem Schiff kennengelernt hatte, und starb mit 35, knapp ein Jahr nach der Geburt seines Sohnes Patrick Joseph.

Ein Kennedy gehorcht keinen Gesetzen – er schreibt sie

Auch der Sohn arbeitete anfangs im Hafen, brachte es aber bald zu einem eigenen Pub. Patrick Joseph war Wirt, Seelsorger und heimlicher Bürgermeister der irischen Gemeinde, die sich an seiner Theke traf. Später wurde er in mehrere öffentliche Ämter gewählt. Aber ein amerikanischer Präsident irischer Abstammung, muß er sich gedacht haben, das wäre die richtige Antwort auf die Außenseiter-Situation, in der sich schon seine Eltern in Amerika befunden hatten. Denn irische Einwanderer, und über Generationen auch ihre Nachfahren, galten in Amerika als Menschen zweiter Klasse, die Society blieb ihnen verschlossen. Daß sein Sohn Joe nun **Rose Fitzgerald,** die Tochter des angesehenen nicht-irischen Bürgermeisters von Boston, heiratete, konnte da nicht schaden.

Dieser Joe, der clevere Spekulant, ist der Vater der Kennedy-Dynastie, wie wir sie heute kennen. Auf 500 Mio. Dollar wurde sein Vermögen am Ende geschätzt, die Kennedys zehren noch heute davon. Er selbst bezeichnete sich als Kapitalist, wandte sich aber den Demokraten zu, der politischen Gegenseite. Ihm, dem irischen Aufsteiger, hätten die Republikaner damals auch kaum eine Chance gegeben. Das zahlte sich aus: Der von Kennedy unterstützte US-Präsident **Franklin D. Roosevelt** betraute Joe nacheinander mit verschiedensten Regierungs-Jobs. Der Höhepunkt: seine Berufung zum Botschafter nach London.

Aber selbst Präsident werden? Joe verschob den Traum und hinterließ ihn der nächsten Generation. Und als wollte er auf Nummer Sicher gehen, machte er seiner Frau neun Kinder, von denen eines den Traum tatsächlich wahr werden ließ.

Aber wie hält man eine so große Familie zusammen? Wie spornt man sie an auf dem langen Marsch nach oben? Wie bringt man die einzelnen Mitglieder dazu, untereinander zu wetteifern, aber gegen den Rest der Welt zusammenzuhalten?

Joe schaffte das mit Erziehung zu rigoroser Disziplin. Wenn er es für angebracht hielt, griff er auch mal zum hölzernen Kleiderbügel und teilte aus. Er setzte aber auch auf psychologische Momente: Für jedes seiner neun Kinder legte er einen Fond an, fand die „New York Times" heraus. Jeder dieser Fonds war mit einer Million Dollar ausgestattet. Was damals soviel wert war, daß man von den Zinsen seinen Lebensunterhalt hätte fristen können.

Joe erklärte, er wolle seine Kinder damit zur Unabhängigkeit erziehen. Jedes sollte die Möglichkeit haben, ihm in die Augen zu sehen, ihn zum Teufel zu wünschen – und seinen eigenen Weg einzuschlagen. Aber keines der neun Kinder nahm das Angebot an – genau wie Joe es gehofft hatte. Ein raffinierter Trick: Der Patriarch bot seinen Nachkommen die wirtschaftliche Unabhängkeit an, als sie die verweigerten, brachte sie das in größte emotionale Abhängigkeit.

Aber er schickte sie auch auf die besten Schulen, arrangierte und manipulierte für sie hinter den Kulissen, wenn es sein mußte. Und er schwor sie ein auf sein Credo: *„Egal, was du tust, sieh zu, daß du der Sieger wirst. Zum Glücklichsein brauchst du nicht mehr, als jeden Tag einen Triumph, sei er auch noch so klein. Wer Zweiter wird, hat verloren.* Eine Kennedy-Wahrheit, die bis heute gilt.

Das Verständnis, das Joe Kennedy von seiner Rolle als Patriarch hatte, wird auf drastische Weise deutlich, betrachtet man, was er seiner ältesten Tochter angetan hat. **Rosemary** (geboren 1918) war der einzige Rebell der Familie und häufig aggressiv. Sie wehrte sich gegen die strenge Erziehung, in den Augen ihres Vaters war sie eine Niete. 1941 lieferte Joe seine Tochter, ohne das Wissen seiner Frau, in das St. Elizabeth's Hospital in Washington ein. Die Ärzte sollten bei ihr eine Lobotomie vornehmen, einen Eingriff ins Gehirn, ▶

Einer mußte *Präsident werden – es traf John F.*

▶ der damals in der Psychiatrie bei Problem-Patienten angewandt wurde, die zu Selbstverstümmelungen neigten.

Mit einer Art Eispickel, mit Gold überzogen, drangen die Ärzte durch die Augenöffnung ins Gehirn vor und operierten. Rosemary, so muß man heute annehmen, sollte auf Wunsch ihres Vaters ruhiggestellt werden. Die Operation mißglückte katastrophal, und Rosemary wurde zum lebenslangen Pflegefall. Im Körper einer attraktiven jungen Frau von 23 Jahren steckte plötzlich eine zerstörte Persönlichkeit, geistig auf dem Stand einer Fünfjährigen.

An dieser Stelle lernen wir eine weitere Kennedy-Wahrheit, eine Tugend, die der Clan zur Perfektion gebracht hat: vertuschen, verdrängen, Schaden begrenzen – auch wenn es auf Kosten der Menschlichkeit geht.

Denn nach der fehlgeschlagenen Lobotomie weigerte sich Joe, seine Tochter wiederzusehen. Sie wurde in eine Klosterschule gesteckt, aus der sie nicht zurückkehren sollte. Die offizielle Version lautete: *„Rosemary will ihr Leben Gott widmen."* Was wirklich geschehen war, wußten nur wenige. Selbst Rosemarys Geschwistern war es verboten, nach ihr zu fragen. Kein Zweifel, daß dies zu einer bleibenden Prägung geführt haben muß:

AMERIKAS FIRST FAMILY Präsident John F. Kennedy mit Ehefrau Jackie, Tochter Caroline und Sohn John jr.

Entweder du spielst mit, wie Vater es will, oder du verschwindest von der Bildfläche.

Rosemarys eigene Mutter Rose behauptete später, sie selbst habe die ganze Wahrheit erst 20 Jahre nach der Tragödie herausgefunden.

Spätestens jetzt muß man die Frage stellen, wie es die Kennedys mit ihren Frauen halten. Die Antwort: Sie sorgen für klare Verhältnisse. Hier die Geschäfte, dort Haus und Kinder. Hier die Ehefrau und Mutter, dort die Geliebten. Und die Frauen spielen mit. Joe, dem verschiedenste Affären nachgesagt wurden, hatte zumindest eine offiziell belegte – mit der Schauspielerin **Gloria Swanson.** Nicht nur, daß er daraus kein großes Geheimnis machte. Einmal brachte er die Lady aus Hollywood sogar mit zu einer Familienfeier. Ehefrau Rose stand dabei, ohne eine Miene zu verziehen.

Die vier Söhne des Joe Kennedy wuchsen also in einer seltsamen Bigotterie auf: Wir sind zwar katholisch, aber es ist dennoch okay, Geliebte zu haben. Welche Früchte diese Erziehung trug, ist bekannt.

Joes Sohn **Edward,** genannt Ted, ruinierte seine Chancen auf ein höheres politisches Amt durch seinen Hang zu Frauen und Alkohol. Bei der Insel Chappaquiddick stürzte er betrunken mit seinem Wagen von einer Brücke in einen Tümpel – und flüchtete. Als er neun Stunden später nach Hilfe telefonierte, konnte die Frau auf dem Beifahrersitz nur noch tot geborgen werden.

Und Joes Sohn John F., der 1953 die schöne **Jacqueline Lee Bouvier** geheiratet hatte, soll in seiner kurzen Zeit im Weißen Haus immer wieder attraktive Frauen empfangen haben. Darunter auch, ganz wie der Vater, eine berühmte aus Hollywood: **Marilyn Monroe,** die parallel zum Präsidenten auch gleich noch dessen Bruder Robert näher kennengelernt haben soll.

Machen wir uns klar, in welcher Situation John F. Kennedy sich damals befand: Er war nicht nur der auserkorene Sohn, der den Karriere-Traum des Vaters und Großvaters wahr gemacht hatte. Auf ihm lagen die Hoffnungen der Nation. Er sah blendend aus, hatte eine attraktive, elegante Frau, und er stand für Erneuerung,

URLAUBSSPIELE Fotografen folgten John F. und Jackie auf Schritt und Tritt, hier bis ins Meer am Cape Cod

ohne die traditionellen amerikanischen Ideale zu verraten. Kurz: John F. Kennedy verkörperte das moderne, selbstbewußte Amerika. Die Amerikaner liebten ihn und seine Frau.

„Life Magazine“, die große Illustrierte, hatte zwei Fotografen-Teams rund um die Uhr in Bereitschaft – nur für die Kennedys. Und es gab immer was zu fotografieren: Kennedy lud die Reporter zu sich nach Hause ein, nahm sie auf Reisen mit, ließ sie dokumentieren, wie Tochter Caroline und Söhnchen John F. jr. durch das Oval Office tollten – und Jackie, Präsidenten-Gattin und Vorbild vieler Amerikanerinnen, durften die Reporter zum Strand begleiten.

Amerika, die kämpferische Demokratie der Neuen Welt, hatte plötzlich so etwas wie König und Königin. Die Kennedys waren das inoffizielle Royal Couple. Sie waren tagein, tagaus unter den Augen der Weltöffentlichkeit, wie vor ihnen kein anderes Paar. Und in dieser Situation hat der Mann die Nerven zum wiederholten, nur unzureichend verschleierten Ehebruch? Und dann auch noch mit Marilyn Monroe, die es wagt, ihm öffentlich ein „Happy Birthday“-Ständchen zu singen.

Opa Joe war gnadenlos – selbst mit seinen Kindern

Recklessness ist das englische Wort für dieses Verhalten. Übersetzt bedeutet es Wagemut, aber auch Leichtsinn, Unverantwortlichkeit, Draufgängertum. Recklessness ist eine weitere, vielleicht die zentrale Kennedy-Wahrheit: Geh aufs Ganze, ohne Rücksicht auf Verluste. Das gilt bei den Kennedys für den Umgang mit Frauen ebenso wie fürs Geschäftliche. Das gilt für jeden Aspekt und in jedem Augenblick.

Recklessness macht einen großen Teil der Faszination aus, die bis heute von diesem Clan ausgeht. Die Kennedys machten ihren Weg nicht zuletzt dank ihrer Ellenbogen. Wer oben angelangt war, schaltete nicht etwa einen Gang zurück, sondern lebte weiter auf der Überholspur. Und ging etwas daneben, was häufig vorkam, dann hielten alle zusammen, um noch Schlimmeres zu verhindern. Und weiter ging's, volle Kraft voraus.

Welche Chancen, welche Karriere-Optionen hat einer, der 1960 in diesen Clan geboren wird, wie John F. Kennedy jr.? Sein Vater war Präsident. Sollte John F. jr. in die Politik gehen, könnte er mit seinem Vater im besten Fall gleichziehen. Höher hinaus kommt er nicht. Seinen Großvater, den Bank- und Immobilien-Tycoon der ersten Jahrhunderthälfte, den er immerhin sechs Jahre länger erlebt hat als seinen Vater, kann er wirtschaftlich auch kaum übertreffen. Es gibt ja auch keine Not dazu. John F. jr. ist reich geboren.

Aber er ist eben auch ein Kennedy. Das bedeutet Druck aus der Familie, die ihn im Wettbewerb zu den anderen 28 Enkeln des Joe Kennedy sieht. Das bedeutet auch den Status eines Mega-Promis von Geburt an. Nicht nur jeder Flirt wird registriert. Fällt einer wie John F. Kennedy durch sein Jura-Examen, was ihm peinlicherweise zweimal passierte, dann melden das noch am selben Tag die Radio- und Fernsehsender des Landes.

Einige der Enkel des Joe Kennedy reagierten auf diesen immerwährenden Streß, gepaart mit ernüchternder Perspektivlosigkeit, mit der Flucht in Alkohol und Drogen. **David Anthony,** eines der zehn Kinder des politisch ambitionierten und 1968 ermordeten **Robert Kennedy,** bezahlte diesen Weg mit dem Leben. Er starb 1984 im Alter von 28 Jahren an einer Überdosis.

John F. Kennedy jr. fand nach einigen Experimenten eine Lösung, mit der er Selbständigkeit zeigen und gleichzeitig Familiengeschichte aufarbeiten konnte. Er gründete vor vier Jahren „George“, ein politisches Hochglanz-Magazin für Leute, die sich für Politik eigentlich nicht interessieren. „George“ schreibt zwar bis heute keine schwarzen Zahlen, verschaffte John F. jr. aber Anerkennung im In- und Ausland.

Je älter John F. Kennedy wurde, um so einiger wurde sich die amerikanische Öffentlichkeit: *„Er ist doch ein echter Kennedy.“* Der wie sein Vater blendend aussehende Prince Charming hatte sein geerbtes Draufgängertum längst unter Beweis gestellt. Bei den Frauen etwa, in mehr oder weniger kurzen Verbindungen zu Stars, zu denen er sich hingezogen fühlte, wie schon Vater und Großvater. Und auch im Sport ging John F. aufs Ganze, getreu der alten Kennedy-Tradition, daß ein Beinbruch besser sei als lebenslange Angst vor dem Sprung.

Der Gips, erforderlich nach einem Paragliding-Unfall, war John F. Kennedy vergangenen Donnerstag vom linken Bein abgenommen worden. Am Freitag setzte er sich ins Cockpit seiner Piper Saratoga. Vorsichtige Piloten, so konnten wir lesen, wären an diesem dunstigen Abend nicht mehr gestartet. Schon gar nicht zu einem Sichtflug und ohne Kenntnis der Bordinstrumente. John F. Kennedy aber hatte es sich in den Kopf gesetzt, zu einem Familienfest auf dem Familiensitz in Hyannisport zu fliegen. Gegen halb neun Uhr abends hob er ab. Eine Stunde später steuerte er seine schöne Ehefrau **Carolyn,** deren Schwester **Lauren** und sich selbst in den Tod.

Wenn John F. Kennedy nur ein bißchen weniger leichtsinnig gewesen wäre, wenn er vielleicht am Flughafen kehrtgemacht und mit dem Auto gefahren wäre, dann könnten die drei noch leben, sagen jetzt viele. Ein Denkfehler. In der Welt der Kennedys gibt es keine Wenns und Abers – oder irgendeinen, der sie aufhalten kann.

Georg Seitz

PRESSESTIMMEN AUS DEM IN- UND AUSLAND

Fluch, Schicksal und Götter-Neid

DER TOD VON JFK JR. *beschäftigte Tageszeitungen genauso wie illustrierte Blätter. In aller Welt fragten Kommentatoren: Warum nur?*

LE FIGARO
premier quotidien national français

„Der Skandal ist, daß der Tod keinen Skandal mehr auslösen wird. John F. Kennedy jr. hatte alles auf seiner Seite: die Jugend und die Schönheit, den Reichtum und das Glück. Aber sein Verschwinden scheint auch in diese Ordnung zu passen. Das Bild des kleinen John-John, wie er als Winzling seinem toten Vater wie ein Soldat salutierte, ist der ganzen Welt im Gedächtnis geblieben ... Es schien zu sagen, daß Mut eine einfache Tugend ist ... Aber dieses Bild sagt uns auch, wie sehr die Götter eifersüchtig sind. Im Falle der Kennedys mußten so viele Gottesgaben und so viel Erfolg offenbar zwangsläufig mit Blut bezahlt werden, die Triumphe mit Tragödien – und die Würde mit Unglück“

The Observer

„John jr. ... zeigte, daß es möglich war, den Namen Kennedy, die Beziehungen, das Geld und sein gutes Aussehen für gute statt für schlechte Zwecke zu nutzen. Der Kennedy-Clan ist Amerikas Königsfamilie. Und das nächste Jahrhundert wird ein amerikanisches sein. Zwei Klischees, gewiß, aber deshalb nicht weniger wahr. An diesem traurigen Wochenende können wir nur hoffen, daß sich gute und nachdenkliche Amerikaner die Botschaft zu Herzen nehmen, die John jr. hinterlassen hat. Sein Name wird niemals an den seines Vaters heranreichen, aber seine Überzeugungen waren nicht weniger ehrlich“

la Repubblica
Fondatore Eugenio Scalfari — Direttore Ezio Mauro
Anno 24 - Numero 168 L. 2200 € 1,14 in Italia. — Martedì 20 Luglio 1999

„Der Garten der Kennedys war für eine Hochzeit geschmückt, nun ist es eine Beerdigung. Freitagabend ist der Gärtner des Schicksals erneut in dieses Haus zurückgekehrt, riß die für die Gäste errichteten großen, weißen Zelte fort, zertrat die fünfstöckigen Torten, riß die Organzaschleier und die Blumenbouquets aus den Händen der Kinder fort und mähte die größte und wertvollste Blume im Garten der Kennedys: John-John. Der Gärtner ist geduldig, aber pünktlich, er kennt die Klauseln des tragischen Vertrags, den die Kennedys unterzeichneten. Er läßt sie wachsen, erblühen und zu den Kennedys werden. Dann fällt er sie. Von Generation zu Generation bleibt der Vertrag in Kraft“

Basler Zeitung
AZ 4002 Basel

„Daß einer mit 38 Jahren sterben muß, ist immer tragisch. Daß seine junge Frau mit ihm abstürzt, dazu noch deren Schwester, ist doppelt tragisch. Und daß die drei auf dem Weg zur Heirat einer jungen Kennedy waren, verleiht dem Unglück jene Dramatik, die für die Familie so typisch ist. Tragik gehört zum Kennedy-Clan und macht einen guten Teil seines Mythos aus“

Kölner Stadt-Anzeiger
KÖLNISCHE ZEITUNG

„Die besondere Aufmerksamkeit für die Kennedys mag herrühren aus der natürlichen Neugierde vieler Menschen für das Schicksal anderer. Doch zutiefst verstörend wirkt auf die amerikanische Psyche, daß all das Geld und all die Macht eine Kette von Tragödien in dieser Familie nicht abzuwenden vermochten. Umgekehrt schienen sich auch die jungen Kennedys unter einen besonderen Druck gesetzt zu haben. Die Bereitschaft, außergewöhnliche Risiken einzugehen, mag in der Familie liegen. Der eine starb als waghalsiger Skiläufer, der andere verunglückte nun als unerfahrener Jungpilot, der bei schlechtem Wetter vom Boden abhob. Dieser mag auch getrieben gewesen sein von dem Drang zu beweisen, daß ein Kennedy eben doch über dem normalsterblichen Durchschnittsbürger steht. Ein fataler Irrtum“

The New York Times

„Wäre er nur kalkulierte Risiken eingegangen, hätte er vielleicht ein wichtiger Verleger oder eine echte politische Leitfigur werden können. Aber er fiel keinem Kennedy-Fluch zum Opfer. Die Bibel lehrt uns, daß Gott sich nicht in die Kleinigkeiten des Universums einmischt und daß Menschen mit einem freien Willen verantwortlich sind für ihre Taten und Ungerechtigkeiten. Deshalb ist das Leben unfair"

Libération

„Warum landete das verschwundene Flugzeug mit John F. Kennedy jr. sofort auf Platz eins aller Nachrichten? Die Antwort weiß jeder – er ist berühmt. Aber warum interessiert uns überhaupt, was Prominente tun? Wir haben sie doch noch nie getroffen. Liegt uns an ihrem Schicksal am Ende mehr als am Schicksal jener, die wir gut kennen? Vielleicht tatsächlich"

The Washington Times

„Die Medien reagierten auf die grausigen Nachrichten, als ob ein Staatschef gestorben wäre. Für Eltern ist es schrecklich und abnormal, wenn sie ihr eigenes Kind zu Grabe tragen müssen, dennoch gehört es in die Zeitung. Amerikaner können es nicht ertragen, daß sie einen ‚Sohn' beerdigen müssen, den sie aufwachsen sahen und der eine vielversprechende Zukunft hatte"

THE TIMES

TUESDAY SEPTEMBER 2 1997

„Die Kennedys sind in ihrem politischen Leben ein moderner Mythos. Sie versuchten, aus ihrer Geschichte mehr zu machen als eine bloße Aufzählung ihrer diversen Ambitionen; sie hofften, am Ende als die Verwirklichung des amerikanischen Traumes dazustehen – eine Immigranten-Familie steigt auf zu einem demokratischen Königshaus. Der Patriarch Joe Kennedy trieb seine Kinder beständig dazu an, und er vermittelte ihnen das Gefühl, daß es ihr unbedingtes Schicksal sei, Amerika den ersten katholischen Präsidenten zu bescheren. Als sein Sohn John Fitzgerald dieses Ziel erreichte, wurde ein anderer Mythos geboren: Der Kennedy-Hof war ein modernes Camelot. Aber es war ein Camelot mit mehr Lancelots als Galahads – ein Hof, an dem nackter Ehrgeiz und versteckter Ehebruch mit derselben Energie verfolgt wurden wie hohe demokratische Ideale"

Frankfurter Allgemeine

ZEITUNG FÜR DEUTSCHLAND

„Seit er im Oval Office zu Füßen seines Vaters spielte und als Dreijähriger am Sarg seines Vaters salutierte, führte JFK jr. eine öffentliche Existenz, war er Figur in einem ebenso strahlenden wie düsteren amerikanischen Volksmärchen. Ein Flugzeugabsturz ist eine gräßliche, eine grausame Banalität. Stürzt das Flugzeug eines Mitglieds der Kennedy-Dynastie ab, wird das Unglück zum Zeichen eines unausweichlichen Schicksals. Daß Kennedy mit seiner Frau und seiner Schwägerin unterwegs war zu einem glanzvollen Familienfest, zu einem großen Meeting des Clans, das schafft dem Geschehen die Kulisse einer großen Tragödie. Das globale Infotainment hat seinen Stoff: den Fluch der Kennedys. Die große Saga von Macht und Herrlichkeit, Liebe und Gewalt, Krankheit und Tod wird fortgeschrieben. Und es scheint tatsächlich so, als könnten sich ihre Protagonisten im wirklichen Leben der Macht dieser Erzählung nicht entziehen. Ein Kennedy gehört sich nicht selbst, auch John F. jr. nicht"

USA TODAY

INTERNATIONAL EDITION

„Freunde und Kritiker des Kennedy-Clans können über die Frage streiten, ob seine Mitglieder unvorsichtig oder waghalsig sind. Egal, John jr. war einer der Vorsichtigeren. Andererseits wird keiner bestreiten können, daß die Kennedys dazu tendieren, den Bogen zu überspannen. Manchmal hat dies positive Ergebnisse. Die Fähigkeit, die Nerven zu behalten, kamen Präsident Kennedy und seinem Bruder sehr zugute. Aber in anderen Fällen waren die Ergebnisse tragisch. Zuletzt starben zwei Kennedys, David und Michael, weil sie dumme Risiken eingegangen waren; der erste mit Drogen, der zweite beim Skifahren. Andere Kennedys, so wurde häufig und mit Bedauern registriert, gingen Risiken ein, die für andere negative Konsequenzen hatten. Schuld daran trägt einerseits die Zugehörigkeit zum Clan, und andererseits die Privilegien, die den Kenndys eingeräumt werden. Im Gegensatz zu uns können sich die Reichen aber teure Risiken leisten. Man braucht genügend Geld, um im eigenen Flugzeug zu fliegen, wie es John jr. tat. Aber in diesen traurigen Momenten, wenn der Clan, de facto ein idealisiertes Selbstbildnis der Nation, schon wieder ein Mitglied beerdigen muß, sollte man sich daran erinnern, daß, wenn man jede Stunde Risiken eingeht, das Leben zu kurz für dich und die Deinen sein kann"

Zeiten ändern sich, Momente bleiben.

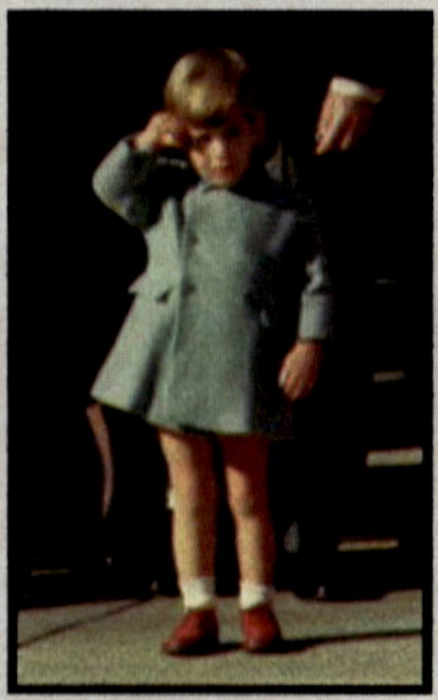

°25.11.1960 †20.7.1999

Am 25. November 1963, an seinem 3. Geburtstag, salutiert ein Kind am Grab seines Vaters. Jetzt muß die Welt von ihm Abschied nehmen. J.F. Kennedy jr., einer dieser Menschen, an die wir uns ab November in der Jahrhundertwoche in SAT.1 erinnern wollen.

Sie wußten gen

au, wie sexy sie waren

DIE DREI KENNEDY-BRÜDER Robert, John F. und Edward (v. l.) 1959 am Strand von Hyannisport: Sie scheuten sich nie, ihre Virilität offen zu zeigen und auch politisch einzusetzen

JOHN F., ROBERT UND EDWARD KENNEDY *waren die begehrtesten Männer der USA. Aber für Frauen nur schwer zu ertragen*

Die Saga der Kennedy-Männer (nennen wir sie ruhig Machos) begann damit, daß die Ur-Mutter des Clans, **Rose,** ihren Mann **Joseph** in der Öffentlichkeit nie anders anreden durfte als *„Mr. Kennedy"* – selbst dann noch, als sie ihm neun Kinder geboren hatte.

Das prägte natürlich das Selbstverständnis der Söhne **John F., Robert** und **Edward** als Männer. Die drei waren insgesamt viermal verheiratet, setzten 17 Kinder in die Welt, trieben zwei Ehefrauen (Roberts Gattin **Ethel** und Edwards erste Frau **Joan**) in den Alkohol, teilten sich die Sexgöttin **Marilyn Monroe** als Geliebte (John F. und Robert) – und John F. verstieg sich sogar zu der Behauptung, er müsse häufig Geschlechtsverkehr haben, mit wem auch immer, weil nur dies seine chronischen Rückenschmerzen lindere.

Die Mutter mußte den Vater siezen. Das prägte die Söhne

Frauen als Vergnügen und Therapie. Und wenn den Männern etwas gegen den Strich lief, opferten sie die Frauen kalten Herzens. Edward gleich zweimal, der seine erste Frau vor die Tür setzte, als sie krank wurde, und seine Sekretärin (und wahrscheinliche Geliebte) **Mary Jo Kopechne,** im Auto ertrinken ließ, das er alkoholisiert ins Wasser gesteuert hatte. Erst wenn sie die Ernte ihres Leibes abgeliefert hatten, Witwen waren, jenseits leiblicher Begehrlichkeit, und damit ins Matriarchat des Clans aufgerückt waren, erreichten sie einen verehrungswürdigen Status. Ur-Mutter Rose und **Jackie Kennedy** sind beste Beispiele dafür.

Die Familie war seit Generationen gespalten: In die Frauen mit ihren Kindern, die gern bei Fototerminen und im Wahlkampf präsentiert wurden als Beleg und Dekoration der heilen Familie, aber sonst geradezu orientalisch zusammengluckten. Und die Männer, die immer Komplizen waren auf dem Weg zu mehr Macht, mehr Geld, mehr Frauen. Die stets zeigten, wie viril sie waren, wie begehrenswert, wie sexy, und das Rampenlicht suchten. Ur-Mutter Rose nannte diese Macho-Attitüde mal *„eine fette Portion kalkulierten Zynismus"*.

Sie waren etwas Besseres, diese klugen, reichen, gutgebauten, gebildeten, charismatischen Schönlinge, vor allem in ihren eigenen Augen. Männer, denen der übermächtige Vater Joe ein schreckliches Lebensmotto in die Wiege geflüstert hatte: *„Für einen Kennedy bedeutet ein zweiter Platz gar nichts."* Und so benützten sie Macht und Reichtum zur Manipulation. Politisch, sexuell, gesellschaftlich. Fühlten sich als Prinzen von Amerika über dem Gesetz für Normalsterbliche stehend.

Am Ende glaubten die Kennedys, die USA seien eine erbliche Monarchie: Nach John F. wäre eigentlich Robert der nächste Präsident, nach seinem Tod müßte Edward folgen. Aber da setzte der Fluch ein und beendete die Thronfolge.

Die drei Brüder speisten sich nicht nur aus ihrem Ehrgeiz und aus dem Reichtum des Clans. Sie besaßen auch den Kennedy-Look, Quelle ihres Charismas. Und den besaß auch **John F. Kennedy jr.,** er machte ihn laut „People"-Magazin zum sexysten Mann der USA. Aber der Preis dafür ist hoch – bei den Kennedys werden die Frauen steinalt, die Männer holen oder strafen die neidischen Götter vor der Zeit. ■

Fotos: LOOK Magazine

Sie nannten ihn einen Gauner

JOSEPH P. KENNEDY (1888–1969) *kannte schon als junger Mann nur ein Ziel: Ein Kennedy muß Präsident werden. Dafür tat er alles*

TANZ MIT DER BRAUT – Schwiegervater Joseph tanzt 1953 mit Jacqueline, die gerade John F. Kennedy geheiratet hat

Patrick Kennedy aus Dunganstown in Irland war 25, als es der Bauernsohn nicht länger in der Armut und Enge seiner Heimat aushielt. Er suchte neues Glück in der Neuen Welt. Es ist das Jahr 1848, als der erste Kennedy amerikanischen Boden betritt. Es ist der Beginn einer unglaublichen Erfolgsgeschichte, der Beweis, daß man alles erreichen kann, wenn nur der Wille stark genug ist. Aber nicht Patrick Kennedy, der schon zehn Jahre später an Cholera starb, auch nicht sein Sohn **Patrick John,** ein beliebter Kneipier in einem Provinznest in Neuengland, später sogar Abgeordneter im Repräsentantenhaus, begründeten den Wohlstand und Einfluß der Familie – es war **Joseph Patrick Kennedy,** der Enkel des Einwanderers, der den Namen Kennedy zur höchsten Bedeutung führte.

Dieser Joseph Kennedy wollte raus aus dem Provinzmief Neuenglands. Sein Vater hatte es immerhin schon zu einem vermögenden Bürger gebracht, aber Joseph wollte richtig reich werden. Und einflußreich. Er ging auf die Universität in Harvard und wurde Bankangestellter in einer kleinen, unbedeutenden Bank. Er rettete als 26jähriger die kleine Bank vor dem Aufkauf durch einen Bankriesen und wurde zum Dank jüngster Bankdirektor Amerikas. Doch der eigentliche Aufstieg begann erst, als er die schöne, gebildete, weitgereiste **Rose Elizabeth Fitzgerald,** Tochter des Bürgermeisters von Boston, im Sommer 1906 kennenlernte. Es war Liebe. Sie schwärmte: *„Er hatte das wundervollste Lächeln, es schien sein ganzes Gesicht zu erleuchten."* Aber es war auch eine Zweckgemeinschaft des Ehrgeizes. Ihr erklärtes Ziel: *„Wir gründen eine Dynastie. Eine Dynastie, die einmal den Präsidenten der Vereinigten Staaten stellen wird."*

Das Paar nannte es seinen *„Meisterplan"*. Die beiden bekamen neun Kinder. Joseph Kennedy formulierte es einmal geradezu brutal: *„Meine Frau und ich haben neun Geiseln für das Glück."*

IN MAJESTÄTISCHEM GLANZ Joseph Kennedy (r.) als US-Botschafter am britischen Hof. In der Mitte: König George VI. und seine Frau Elizabeth. Links: Rose Fitzgerald Kennedy

IN NOBLER MISSION Joseph Kennedy und Sohn John fliegen 1939 zur Krönung von Papst Pius XII. nach Rom

Auch für die „Geiseln" gab es einen festgeschriebenen Lebensplan, aufgestellt von Joseph und seiner Rose: Die Kinder sollten die beste Ausbildung bekommen, wobei die älteren die jüngeren mitziehen mußten – und möglichst immer auf Platz 1. *„Wenn du nicht Kapitän in deiner Mannschaft sein kannst"*, sagte Joseph P. Kennedy, *„brauchst du in der Mannschaft gar nicht erst mitzuspielen."*

Was war das für ein Mann? **Präsident Franklin Delano Roosevelt** nannte ihn *„gefährlich"*, und der Gangster **Sam Giancana** bewunderte ihn als einen *„der größten Gauner, die je gelebt haben"*.

Diese Attribute galten für den Geschäftsmann Kennedy wie für den Liebhaber Joseph.

Zum Beispiel als er den größten Filmstar der zwanziger Jahre, die hocherotische **Gloria Swanson,** in sein Bett kriegen wollte.

Kennedy besuchte sie 1928 in Palm Beach/Florida (seine Frau Rose war gerade mit ihrem achten Kind schwanger). Er hatte einen Kumpel beauftragt, den dritten Ehemann von Gloria Swanson, den französischen **Marquis Henri de la Falaise de la Coudraye,** zum Hochseefischen „zu entführen".

Kennedy hatte freie Bahn. Die Diva öffnete ihm. Er starrte sie eine Minute schweigend an. Gloria Swanson: *„Dann kam er so schnell herein, daß sein Mund auf meinem war, bevor einer von uns was sagen konnte. Mit der einen Hand hielt er meinen Hinterkopf, mit der anderen streichelte er meinen Körper und zog an meinem Kimono. ‚Nicht noch länger warten, nicht noch länger', stöhnte er, ‚ich will es jetzt.' Er war wie ein gefesseltes Pferd, grob, anstrengend, wild auf die Freiheit."*

„So wild und gierig wie ein gefesseltes Pferd"

Weil diesen Kennedy der Traum von der Dynastie trieb, war Geld für ihn das wichtigste Mittel zum Zweck. Er war vom Geld besessen. Alles, was er tat, tat er wegen des Geldes. Und davon bekam er viel – das meiste durch zweifelhafte Spekulationen an der Börse. Er häufte ein Vermögen an, das bald 100 Millionen Dollar überstieg. Er ging ins Schiffbaugeschäft und profitierte vom Ersten Weltkrieg, machte während der Prohibition große Geschäfte mit schwarzgebranntem Whisky und Rum, ging als Filmproduzent nach Hollywood und machte sich an den großen Star der amerikanischen Politik, Roosevelt, heran, als er ein Buch schreiben ließ: „Ich bin für Roosevelt". Zum Lohn wurde er US-Botschafter in London. Als der Zweite Weltkrieg zu Ende ging, war Joseph Kennedy 57, und er hatte nur sein letztes Ziel noch nicht erreicht: die amerikanische Präsidentschaft. So projizierte er seinen ganzen Ehrgeiz auf seine Söhne: *„Ich werde sie in der Politik wie Waschmittel verkaufen."* Gesagt, getan, gesiegt. Joseph erlebte wie sein Zweitältester **John F.** erst Präsident und dann ermordet wurde. Er erlebte den Weg zur Präsidentschaftskandidatur seines drittältesten Sohnes **Robert** und auch dessen Ermordung.

Joseph Patrick Kennedy starb 1969 nach mehreren Schlaganfällen mit 81.

Raimund le Viseur

DER ERFÜLLTE TRAUM John F. Kennedy besucht als Präsident mit Ehefrau Jackie seine Eltern in Hyannisport

DAS LETZTE BILD Joseph Kennedy, seit '61 durch einen Schlaganfall gelähmt, wird zu seiner Yacht geschoben

... als wollte er die Welt retten

JOHN F. KENNEDY (1917–1963). *Das große Idol einer ganzen Generation*

DICKE KUMPEL John F. Kennedy und Frank Sinatra bei einem Wahlkampfspenden-Dinner 1960

Wir waren wie verrückt, damals im Juni 1961. Wir lagen im Berliner Olympiastadion auf der Schwimmbad-Wiese und hingen an den Transistorradios. **Kennedy** redet in Wien mit **Chruschtschow,** dem Herrscher der Sowjetunion! Sie sprechen über Abrüstung und Frieden! Für uns, Studenten Anfang und Mitte Zwanzig, war das wie die Erlösung, die Hoffnung auf eine freie Zukunft: Ende der Bedrohung durch Atomkrieg, Abschied vom kalten Krieg, Stopp des Wettrüstens – und auch ein Ende für die Weltherrschaft der alten Herren, Chruschtschow, **de Gaulle, Adenauer ...** All diese Hoffnungen liefen zusammen in dem Namen Kennedy.

Die Gespräche in Wien brachten nichts, aber wir behielten unsere Illusionen. Es war der Sommer, in dem Twist die große Mode wurde. Aus Hamburg hörten wir zum ersten Mal was von den **Beatles,** im Boxring tanzte ein neues Idol, **Cassius Clay** – damals noch ohne alias **Muhammad Ali.** Es war der große, der wunderbare Sommer der Hoffnung. Dieser Kennedy hatte die Vision von der Landung auf dem Mond in die Welt gesetzt, gegen die Sowjets mit ihrem himmelweiten Vorsprung in der Weltraumfahrt. Und er hatte uns Jungen in der westlichen Welt die Formel in den Kopf gepflanzt, wir sollten nicht fragen, was der Staat für uns tun kann, sondern was wir für die gemeinsame Sache der Demokratie tun können.

„Wir wollen keine Verlierer in der Familie haben“

Heute, wo meine Kinder so alt sind wie ich damals, wollen sie immer aufs neue hören von unseren euphorischen Höhenflügen im Namen Kennedys. Sie begreifen kaum, daß wir damals glaubten: Ein Mann, nur dieser Mann, kann die ganze Welt retten. Kennedy hat die Welt nicht gerettet. Aber ein Teil seiner Strahlkraft ist auf seinen Sohn **John jr.** übergegangen, und darum ist dessen tragischer Absturz für die Welt erneut so ein Schock.

„Wir wollen keine Verlierer unter uns haben. In dieser Familie wollen wir nur Gewinner.“ Das war der Satz, mit dem Vater Joe seinen zweiten Sohn **John Fitzgerald** auf die lange Reise zum Gipfel der Welt schickte – denn Johns älterer Bruder **Joseph Patrick jr.** war als Pilot im Zweiten Weltkrieg 1944 mit seiner Maschine explodiert. JFK wurde der Kronprinz. Ein Mann, der von nun an erst seine Umwelt, schließlich die ganze Welt faszinierte.

Kennedy der Kriegsheld. Er kämpfte im Pazifik gegen die Japaner, in jenem Krieg, der aus der Sicht der meisten Amerikaner viel größer, grausamer, blutiger war als der Krieg gegen die Deutschen in Afrika und Europa.

In der Nacht vom 1. auf den 2. August 1943 wurde Kennedys Torpedoboot „PT 109“ von einem japanischen Zerstörer gerammt und in zwei Teile geschnitten. Kennedy schleppte seinen Maschinisten, der schwere Verbrennungen erlitten hatte, auf ein Wrackteil und rettete einen weiteren Kameraden. Im Lauf der Rettungsaktion verlor er das Bewußtsein, wurde aber glücklicherweise gegen ein Riff gespült. Er erlitt bei dieser Aktion Rückenverletzungen, die ihm sein Leben lang größte Probleme bereiteten, mehrere Operationen nötig machten und ihn zwangen, ein Korsett zu tragen.

Kennedy und die Frauen. Die Schriftstellerin **Priscilla McMillan** beschrieb ihn nach einem langen Interview so: *„Die Hauptsache für ihn war die Jagd. Ich glaube, er war insgeheim enttäuscht, wenn die Frau nachgab. Es bedeutete, daß sich seine geringe Meinung von Frauen wieder einmal bestätigte. Es bedeutete, er mußte von neuem mit der Jagd beginnen. Ich fragte ihn, warum er so wie sein Vater handelte, warum er echten Beziehungen aus dem Weg ging. Er brauchte eine Weile, um seine Antwort zu formulieren. Schließlich zuckte er mit den Achseln und sagte: ‚Ich weiß es nicht. Ich schätze, ich kann einfach nicht anders.‘* ▶

Fotos: dpa, UPI

IM ZEICHEN DER MACHT
John F. Kennedy bei einer Pressekonferenz im Weißen Haus

AMERIKAS TRAUMPAAR John F. Kennedy und Jacqueline Lee Bouvier vor der Hochzeit am 12.9.1953

NEUER STERN DER POLITIK Der junge Kongreß-Kandidat John F. Kennedy mit seinem Hund Mo

IMMER AUF KURS Der Ex-Torpedoboot-Offizier Kennedy liebte das Segeln vor Hyannisport, dem Familiensitz

JFK & Jackie. *Sie f*

▶ *Dabei sah er aus wie ein kleiner Junge, der gleich losheulen wird.“*

Aber John F. Kennedy schien dann doch die Richtige gefunden zu haben: Er traf 1951 bei einem Abendessen **Jacqueline Lee Bouvier,** Tochter eines Börsenmaklers von aristokratischer französischer Herkunft. Sie war auffallend schön, auf Eliteschulen erzogen, Katholikin wie Kennedy, sprach fließend Französisch und Spanisch. Sie arbeitete als Fotoreporterin für den „Washington Times Herald“. Kennedy: *„Ich lehnte mich über den Spargel und bat sie um eine Verabredung.“*

Sie verliebten sich, sie verlobten sich, geheiratet wurde am 12. September 1953.

Diese Jackie wurde, als sie dann ins Weiße Haus einzog, auch für uns – weit weg in Berlin – ein Traum. Endlich eine First Lady, die diesen Namen verdiente. Jackie, die große Erholung von der Spießigkeit. Jackie lud Dichter, Philosophen, Maler, Schauspieler ins Zentrum der Macht, sie ließ französisch kochen, veränderte mit Stil Mobiliar und Dekor im Weißen Haus. Sie wurde mit ihren Kindern Caroline und John jr. zur attraktivsten Mutter ihrer Zeit. Und trotzdem mußten wir lesen, daß ihr Mann sie gnadenlos betrog. Sekretärinnen wie „Fiddle“ und „Faddle“, mal im Pool des Weißen Hauses, mal sogar im Schrank, eine Reihe von Hollywood-Stars, meist auf dem Rücken liegend (weil den Präsidenten das Kreuz so schmerzte), Gangster-Bräute und Spioninnen – kein Rock war vor John F. Kennedy sicher.

„Frauen zu jagen, war für ihn schöner, als sie zu kriegen“

In seiner Sucht nach Abenteuern ging Mr. President jedes Risiko ein: Er ließ sich von den moralisch windigen Hollywood-Größen **Frank Sinatra** und **Peter Lawford** Frauen unter den zwielichtigsten Umständen zuführen, er verschmähte nicht einmal die Schlepperdienste

nden wieder zueinander – es war in der letzten Nacht

eines Gangsters wie **Sam Giancana.** Seine spektakulärste Affäre hatte er mit **Marilyn Monroe,** der Sexgöttin jener Jahre. Sie machte sich ernsthafte Hoffnungen, daß der Präsident sich scheiden lassen und sie zur First Lady der USA machen würde. Atemlos sahen wir die TV-Aufzeichnung von Kennedys 45. Geburtstag im New Yorker Madison Square Garden – da hauchte Marilyn unvergeßlich ihr „Happy Birthday, Mr. President". Auch so etwas hatte es noch nie gegeben.

Marilyn Monroe wurde durch John F. Kennedy zur tragischen Figur. Sie bombardierte ihn mit Anrufen, bis er sich taub stellte – und sie seinem Bruder **Robert** zuspielte.

Kennedy der Politiker. Er erschien wie ein Komet – erst am amerikanischen Himmel, dann am gesamten westlichen Firmament. Wir verfolgten seinen Wahlkampf gegen **Richard Nixon** – für uns damals ungerechterweise ein Finsterling – mit solcher Spannung wie bei einer Fußballweltmeisterschaft. Und wir jubelten am Fernseher, als Kennedy am 8. November 1960 zum 35. Präsidenten der USA gewählt wurde.

Wenn ich mir die Welt von heute anschaue, hat Kennedy nicht viel verändert. Sicher, er hat die Bürgerrechtsbewegung in den USA vorangebracht, und er hat mit seiner Idee eines weltweiten „Friedenscorps" das Bewußtsein der Jugend für soziales Elend in der Dritten Welt gestärkt. Er hat die Sowjets doppelt gedemütigt: mit dem amerikanischen Sieg im Rennen zum Mond und mit dem Erzwingen eines Abzugs der roten Raketen von Kuba. Dagegen stehen Debakel wie die Schweinebucht-Aktion und das verstärkte Engagement in Vietnam.

„Im Krankenhaus küßte Jackie ihren toten Mann"

Die Ermordung Kennedys. Die Tragödie begann mit einem Happy-End. John und Jackie, zuletzt „zwei Eisberge", fanden sich auf der Reise nach Fort Worth/Dallas wieder. Lange geheimgehaltene Dokumente haben erst kürzlich enthüllt, daß sie sich in ihrer letzten Nacht in einem Hotelzimmer in Fort Worth noch einmal geliebt haben wie in den ersten Tagen. Dann fuhren sie im offenen Wagen nach Dallas hinein, und es fielen jene Schüsse, die bis heute für viele Menschen ein Trauma sind.

Wohl alle, die diesen Tag bewußt miterlebten, erinnern sich, wo sie sich gerade aufhielten, als sie die Nachricht von der Ermordung Kennedys erreichte. Der beste Beweis für die tiefgehende Wirkung dieses erst 46jährigen Mannes. Und noch heute erscheinen neue Bücher über ihn. Eines der letzten, „Jackie after Jack" von **Christopher Andersen,** beschreibt erschütternd die Szene, in der Jackie im Parkland-Hospital von Dallas an die Bahre ihres Mannes trat.

„Ein Tuch war über das Gesicht von Kennedy gebreitet. Nur ein Fuß sah unter dem Laken hervor. Jackie bemerkte, daß er ‚weißer war als das Tuch'. Dann nahm sie den Fuß in ihre Hand und küßte ihn zärtlich. Sie zog das Tuch weg und legte sein Gesicht frei. ‚Sein Mund war so schön', erinnerte sie sich später. ‚Seine Augen waren offen.' Der Arzt Dr. Jenkins erzählt, daß sie begann, ihn zu küssen. Sie küßte seinen Fuß, sein Bein, seine Brust und dann seine Lippen. Sie sagte kein Wort ..."

Ich gebe zu, daß mich solche Passagen noch heute zu Tränen rühren – und es ist fast 36 Jahre her, und ich bin inzwischen 62.

Raimund le Viseur

Fotos: dpa (2), London Features

DIE WELT REAGIERT SCHOCKIERT
John F. Kennedy wird am 22. November 1963 in Dallas/Texas erschossen

EINE TRAGÖDIE von antiker Gewalt, schrieb die Presse. Witwe Jacqueline Kennedy mit ihren Kindern John und Caroline bei der Beerdigung auf dem Heldenfriedhof in Arlington. Heute gibt es Gerüchte, Kennedys Asche sei ins Meer verstreut worden

GROSSFAMILIE Das Ehepaar Kennedy mit sieben ihrer elf Kinder (1966). Die Familie war immer wichtiger Mittelpunkt für Robert F. Kennedy

GLÜCKLICHE ZEITEN Robert und Ethel Kennedy auf einer Eisbahn in New York (1960)

Amerikas Hoffnung

ROBERT F. KENNEDY. *Für Arme, Jugendliche und Minderheiten war er ein Robin Hood. Nur ein Attentat konnte ihn stoppen*

Es ist der 5. Juni 1968, kurz nach Mitternacht, im „Ambassador"-Hotel von Los Angeles. Ausgelassen läßt sich **Robert F. (Bobby) Kennedy,** 42, von seinen Anhängern feiern. Die Vorwahlen in Kalifornien, erster Schritt auf dem Weg ins Weiße Haus, hat er deutlich gewonnen. Als sich der Kandidat durch einen Hinterausgang in seine Suite zurückziehen will, fallen drei Schüsse. Schwer getroffen sinkt Kennedy zu Boden. 25 Stunden dauert sein Todeskampf. Fünf Jahre nach der Ermordung des Präsidenten **John F. Kennedy** stirbt sein jüngerer Bruder durch die Kugeln eines Attentäters. Amerika ist erschüttert, der Kennedy-Mythos endgültig geboren.

In jenen späten sechziger Jahren war der Milliardärssohn Robert, der Held der Jugend, der Armen und der Schwarzen. Er versprach eine bessere, gerechtere Zukunft. Er wollte den Vietnamkrieg beenden und die Rassenunruhen befrieden. Und die Amerikaner glaubten an seine Visionen.

Bobbys jungenhaftes Lächeln verzauberte die Nation. Seine warmen blauen Augen, die verwegene Haartolle ließen Kennedy geradezu gnadenlos sympathisch wirken. Ihm nahm man ab, treusorgender Familienvater (elf Kinder) und gläubiger Katholik zu sein.

Ja, so einen wollten die Amerikaner als Führer der Nation sehen. Niemand hätte ihn damals auf seinem Marsch ins Weiße Haus stoppen können. Nur die Schüsse des arabischen Attentäters konnten das tun. Aber sie haben Bob Kennedy auch, wie seinen Bruder John F., unsterblich gemacht.

Doch der gute Mensch von Washington, als den ihn Biographen nach seinem Tod gern beschrieben hätten, ist Bob Kennedy niemals gewesen. Längst ist erwiesen, daß er illegales Abhören anordnete – lange bevor es der deswegen gefeuerte US-Präsident **Richard Nixon** tat. Längst ist erwiesen, daß er politischen Gegnern illegal die Steuerfahndung auf den Hals hetzte, um sie zum Schweigen zu bringen. Ziemlich sicher ist auch, daß er seinem älteren Bruder John F. im Weißen Haus die Frauen für den täglichen Bedarf besorgte und in den mysteriösen Selbstmord des Filmstars **Marilyn Monroe** verwickelt war. Noch am Anfang seiner Karriere hatte der liberale Bob Kennedy voller Überzeugung den ultrarechten Kommunistenjäger **Joseph McCarthy** unterstützt.

Alles egal, Legenden ist mit Fakten nun mal schwer beizukommen. Noch heute, mehr als drei Jahrzehnte nach seinem Tod, wird Robert Kennedy von vielen Amerikanern mehr verehrt, als sein älterer Bruder John F., der ermordete Präsident. *„Ich bin überzeugt"*, sagt ein in den sechziger Jahren bekannter Schwarzenführer, *„daß Bob unser Land geeint hätte – er hatte die Kraft dazu."*

Was aber ist von Robert Kennedy geblieben? Was war sein Erbe, sein Vermächtnis? Es waren nur Träume – bis heute. Die Chance, sich als Präsident beweisen zu müssen, haben ihm die Schüsse von Los Angeles genommen.

Bleibt die unerfüllte Hoffnung seiner Anhänger. Allein sie macht die Verehrung zum unangreifbaren Mythos.

Maximilian Grünauer

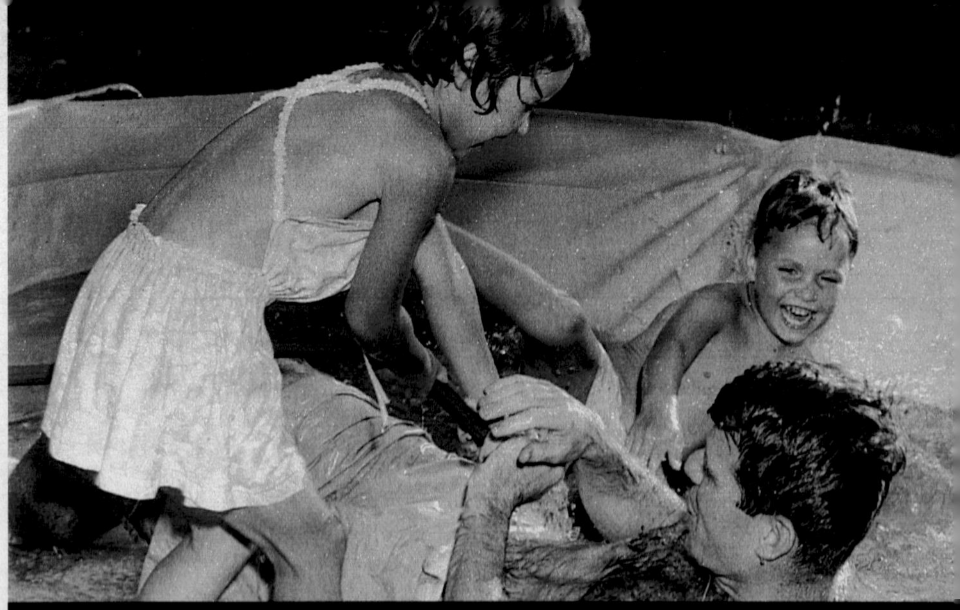

LIEBEVOLLER VATER Kennedy beim fröhlichen Planschen mit seinen Kindern Kathleen und Joseph (1957)

SIEGESPOSE Kennedy hat die Vorwahlen in Kalifornien gewonnen, genießt mit Ehefrau Ethel den Triumph. Kurz darauf fallen die tödlichen Schüsse

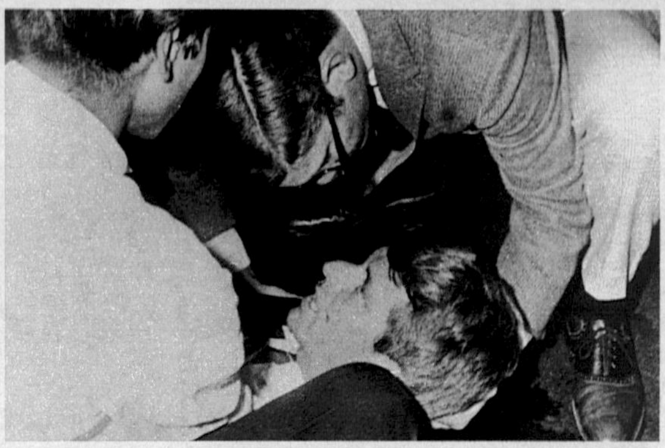

TÖDLICHE SCHÜSSE Von drei Kugeln getroffen, bricht Kennedy zusammen. Der Attentäter: ein Jordanier, der sein Opfer angeblich abgrundtief haßte

TRAUERZUG In New York, wo Robert Kennedy Senator war, nahmen 1968 Hunderttausende Abschied

Fotos: AP, Photoreporters, UPI, dpa (2), AFP

SORGENKIND Ted und Joan Kennedy auf dem Weg ins Krankenhaus (1973). Dort mußte ihrem krebskranken Sohn Edward ein Beim amputiert werden

TRAUM-HOCHZEIT 1958 heiratet Edward Kennedy seine Jugendfreundin Joan. 25 Jahre später ließ sich Joan wegen der Eskapaden ihres Mannes scheiden

Im langen Schatten der toten Brüder

EDWARD M. KENNEDY. *Der überlebende der drei Brüder wollte nie ins Weiße Haus*

Lieber Teddy, letzten Freitag habe ich Deine Rede über Rauschgift gehört. Sie war sehr interessant, obwohl furchterregend. Du sagtest: „If I was President ...". Das ist falsch. Es muß heißen: „If I were President".

Herzlichst Mutter

Dieser Brief, geschrieben im Mai 1971, hängt eingerahmt in Edward Kennedys Arbeitszimmer

Grammatik war nie seine Stärke. **Mutter Rose** hatte das immer schon beklagt. Aber Grammatik hin, Grammatik her: Eines Tages, da war die alte Dame damals sicher, würde ihr jüngster Sohn ins Weiße Haus einziehen. So, wie es John geschafft hatte. So, wie es Robert geschafft hätte. Beide wurden sie erschossen. Der eine als Präsident, der andere auf dem Weg dahin. Wie selbstverständlich begann Rose Kennedy nach dem Tod der älteren Söhne, davon zu reden, daß nun **Teddy** das Vermächtnis der Kennedys zu tragen habe – bis ins höchste Amt.

Aber wollte **Edward (Ted) Kennedy,** 67, jemals ernsthaft dorthin? Die hochgespannten Erwartungen der Familie, der Freunde und der Demokratischen Partei,

CLAN-CHEF Seit dem Tod von John F. Kennedy führt sein Bruder Ted (M.) die Familie durch Höhen und Tiefen. Mutter Rose (l.), Ehefrau Joan (r.), Neffe Willy Smith

GUTE BEZIEHUNGEN Als US-Senator trifft Edward Kennedy Bundeskanzler Willy Brandt auf dem Bonner Venusberg (1974). Die beiden Politiker schätzten sich sehr

die ihn ins Weiße Haus treiben sollten, hatten sich schon früh wie eine unerträgliche Last auf seine Schultern gesenkt. Nie war sich Edward Kennedy seiner selbst so sicher gewesen, wie es einst seine Brüder waren. Schon als Junge litt er unter den ständigen Vergleichen mit **John** und **Robert.** Ob auf dem Sportplatz, dem Segelboot oder später als Student – immer fühlte er sich unterlegen. Der Schatten der Brüder war lang, wohl zu lang.

Die Erwartungen der Mutter waren zuviel für Ted

Den Versuch, ins Weiße Haus gewählt zu werden, wagte Ted nur einmal – vor allem auf Drängen seiner Mutter, der übermächtigen Rose. Das war 1974. Doch als er seine Kandidatur bekannt gab, zogen Dutzende von Reporter-Teams aus, um alte Geschichten neu aufzurollen – vor allem die Affäre **Kopechne.** Sechs Jahre war das her, kurz nach der Ermordung seines Bruders Robert. Ted Kennedy galt damals vor allem als lebenslustiger Frauenheld. In der Nacht des 18. Juli 1969 fuhr er nach einer feuchtfröhlichen Party zurück zum Familiensitz auf Martha's Vineyard. Auf einer Brücke passierte es: Der Wagen stürzte ins Wasser. Ted konnte sich retten – und floh in panischer Angst. Seine Begleiterin Mary Jo Kopechne, eine 28jährige Wahlhelferin, ertrank. Der genaue Hergang wurde nie geklärt, Ted zu einem Jahr Gefängnis mit Bewährung verurteilt. Jetzt, im Wahlkampf, wollten Gegner den Fall wieder aufrollen. Eilig zog Kennedy seine Kandidatur zurück.

Mag sein, daß der geheimnisvolle Unfall und die Folgen den jüngsten der drei legendären Kennedy-Brüder tatsächlich die Chancen auf das Präsidentenamt gekostet haben. Für Ted aber begann danach ein später Reifeprozeß. Allmählich wurde deutlich, daß er mehr war als ein in die Politik getriebener Playboy.

Kennedy stürzte sich in die politische Arbeit – und wuchs zu einem der einflußreichsten Politiker Amerikas heran. Niemand schafft mehr Hearings, Interviews, Besuche, Reden an einem Tag. Alle 15 Minuten, verlangt er von seinen mehr als 60 Mitarbeitern, solle ein neues Thema auf den Tisch. Kein nationales, kein internationales Problem, für das er nicht eine Lösung parat hält. Den Traum der Mutter, den Sprung ins Weiße Haus, aber schaffte er nicht mehr.

Jetzt geht die Zeit des letzten großen Kennedy allmählich zu Ende. Er ist alt geworden, wirkt noch älter, als er tatsächlich ist. Das Schicksal stehe ihm ins Gesicht geschrieben, sagen Freunde. Gegner sehen darin mehr die Spuren eines ausschweifenden Lebens mit viel Alkohol. Richtig ist wohl beides.

„Ich werde mich langsam darum kümmern müssen, das politische Erbe der Kennedys zu ordnen“, sagte Ted kürzlich. Und er sagte auch, wie er das meint: *„Mein Neffe John hat das Zeug zu einem guten Senator, vielleicht sogar mehr.“*

Jetzt, nach dem Flugzeugabsturz des Neffen, ist Ted Kennedys Hoffnung zerplatzt. Er wird es schwer haben, einen Nachfolger zu finden. Charismatische Männer sind rar geworden im Kennedy-Clan.

Maximilian Grünauer

SHOW-TALENT Ted Kennedy als Amateur-Dirigent bei einem Benefizkonzert in Washington (1994)

NEUE LIEBE
1983 ließ sich Ted Kennedy von Joan scheiden, heiratete 1992 die Anwältin Victoria Reggie

Fotos: Sygma, AP, dpa (2), Rex Features

ILLEGALE DEMO vor dem Weißen Haus: Joseph Kennedy '94 in Handschellen

HOCHZEIT '93: Joseph und Elizabeth Kennedy

JOSEPH P. KENNEDY II.

Einer der wenigen (noch) politisch aktiven Kennedys: der Kongreßabgeordnete Joseph P. Kennedy II., 46. Noch in diesem Jahr will er sich aus dem Kongreß zurückziehen. 1994 sorgte er für Schlagzeilen als er zusammen mit fünf Kollegen vor dem Weißen Haus in Handschellen abgeführt wurde. Die Politiker demonstrierten (verbotenerweise) innerhalb der Bannmeile gegen die Haiti-Politik der Clinton-Regierung. Seit '93 ist Joseph mit seiner ehemaligen Assistentin Elizabeth Kelly verheiratet. Seine erste Frau Sheila gebar ihm 1980 Zwillingssöhne.

LEBT SEIT '73 MIT BEINPROTHESE: Edward Kennedy jr., 37, im Hafen von Hyannisport

MICHAEL KENNEDY (l.) und sein älterer Bruder Robert

MICHAEL KENNEDY

Das letzte Unglück in der Kennedy-Familie vor dem Flugzeugabsturz von John F. jr.: Michael, ein Sohn des ermordeten Justizsenators Robert, starb mit 39 Jahren am Silvestertag '97 bei einem Ski-Unfall in Colorado. Er galt lange Zeit als Vorzeige-Kennedy, ehe '97 bekannt wurde, daß er ein Verhältnis mit der 14jährigen Babysitterin seiner Kinder hatte.

TRAUERFEIER für Michael Kennedy. Vorne Mitte: sein Sohn Michael jr.

PETER LAWFORD

Er soll der Mann sein, der Marilyn Monroe mit den (anderen) Kennedys verkuppelte: Hollywood-Schauspieler Peter Lawford (1923–1984), der Ehemann von JFK-Schwester Patricia Kennedy (Scheidung 1966). Vor seiner Heirat spannte Lawford – beinahe wie ein echter Kennedy – seinem Kumpel Frank Sinatra Ava Gardner und Richard Burton Liz Taylor aus.

PATRICIA KENNEDY und ihr Ehemann Peter Lawford 1960

TED KENNEDY JR. bei den Paralympics '84 in Innsbruck

EDWARD (TED) KENNEDY JR.

Das Schicksal trifft Ted Kennedy jr., 37, schon mit zwölf Jahren hart: Nach einer Knochenkrebserkrankung wird dem Lieblingssohn des gleichnamigen Senators das rechte Bein über dem Knie amputiert. Seither läuft er mit Prothese, wurde aktiver Behindertensportler, kam aber nie ganz darüber hinweg: 1991 ließ er sich freiwillig in eine psychiatrische Klinik einweisen, um sein Alkoholproblem zu meistern.

PETER LAWFORD (2. v. r.) & das „Ratpack" Hollywoods: F. Sinatra, D. Martin, S. Davis jr. und J. Bishop (v. l.)

Das wilde Leben der 3. Generation

JOHN F. JR. hatte 27 Cousins und Cousinen. Nicht alles Vorzeige-Kennedys wie er. Berühmt wurden mehr ihre Skandale

Die dritte Generation ist immer gefährdet. Ob großes Vermögen weitervererbt wird oder außergewöhnliches Talent, es scheint, als würde die genetische Kraft immer mehr nachlassen. In den besten Fällen verteilen sich Genie und Begabung auf mehrere Personen, und deswegen bleibt für den einzelnen weniger übrig. Eine kühne These, aber bei den Kennedys hat sie sich bewahrheitet. Denn da sind es die Sünden der Gründergeneration, die weiterwirken, wenn auch in banaler Form.

Den Kennedys konnte man nie nachsagen, sie seien Kinder von Traurigkeit gewesen. Stammvater **Joseph** betrog seine Frau nach Strich und Faden, in seiner Gier nach Geld handelte er oft jenseits der Legalität. Sein Sohn, Präsident **John F. Kennedy,** war ein rücksichtsloser Schürzenjäger, Bruder Robert ein Gieriger unter dem Deckmantel der Frömmigkeit, **Ted** ein Unersättlicher, was Rauschmittel verschiedenster Art betraf. Sicher keine feine Familie, aber mit großem Nimbus und Prestige.

Es ist immer noch etwas Besonderes, ein Kennedy zu sein

Die dritte Generation der Kennedys jedoch, immerhin 29 Köpfe stark, ist schon weit vom Ruhm und Mythos ihres großen Namens entfernt: Meist pflastern billige Sex-Affären, Alkohol und Drogen ihren Weg.

Oder sie erlitten ein Schicksal wie **Edward Kennedy jr.** (Sohn des Senators), dem schon im Alter von zwölf Jahren wegen Knochenkrebses das rechte Bein amputiert werden mußte. Als Anwalt für Behinderte kämpft der zweifache Vater (37) dennoch in Skirennen mit. Aber er kämpft auch gegen den Alkohol – weil er weiß, wieviel Übles der Stoff in der Familiengeschichte verursacht hat: Frauen im harten Entzug, Männer unter Verdacht der Vergewaltigung.

Auch **Michael Kennedy** gehörte zu den Abgerutschten des Kennedy-Mythos. Der Sohn des ermordeten **Robert Kennedy** trank übermäßig. Vor zwei Jahren drohte ihm eine Haftstrafe, weil sein Verhältnis mit der 14jährigen Babysitterin Marisa Verrochi aufgeflogen war. Die Ehe mit **Victoria** scheiterte nach einem wüsten Scheidungskrieg. Michael starb im Dezember '97 mit 39, nachdem er in Aspen nach einer Hüttenparty mit Freunden (und viel Alkohol) übermütig Ski-Football zwischen den Bäumen gespielt hatte. Bruder **David Kennedy** war schon 1984 in einem Hotel in Florida an einer Überdosis Heroin gestorben. Er wurde nur 28 Jahre alt …

Großes Aufsehen erregte vor acht Jahren **William Kennedy-Smith,** Sohn von John F. Kennedys Schwester **Joan.** Wegen Vergewaltigung von Patty Bowman auf dem Familiensitz Palm Beach/Florida wurde er in einem Sensationsprozeß nur mit Mühe und Not freigesprochen. Zur Herde der schwarzen Schafe gehört auch **Patricia Kennedys** Mann **Peter Lawford.** Der hat seine Drogen- und Frauenprobleme auch noch weitervererbt: Sohn **Christopher,** 44, gab sich als Arzt aus, um besser an Drogen zu kommen.

Conny Konzack

Fotos: dpa (2), Sygma, Sipa Press (2), inter-Topics, AP, amw

Hyannisport, 1960 (v. l. n. r.): Joan, Edwards Frau, Jean Kennedy-Smith, Eunice Kennedy-Shriver, JFKs Frau Jackie und Ethel Kennedy, Roberts Frau

Das

Rückgrat der Macht

DIE KENNEDY-FRAUEN. *Schön, klug und beneidet. Doch die Öffentlichkeit sah nur die luxuriöse Fassade – die Einsamkeit der Vorzeige-Frauen blieb verborgen*

Foto: © Jacques Lowe

Sie war so fromm und gnadenlos

ROSE KENNEDY. *Die Clan-Mutter war unerbittlich gegen sich selbst und andere. Beim Tod ihrer Söhne weinte sie keine Träne*

DIE GRANDE DAME DES CLANS: Rose Kennedy in den 30er Jahren

Rose Kennedy hat nur einmal in den 104 Jahren ihres Lebens rebelliert: als sie gegen den Willen ihres Vaters mit 24 Jahren **Joseph Patrick Kennedy** heiratete. Zuvor war die Tochter von **John Francis Fitzgerald,** genannt **Honey Fitz,** Bürgermeister von Boston und Mitglied des US-Repräsentantenhauses, angepaßt bis zur Selbstaufgabe. Aufgewachsen in Boston, in Klosterschulen erzogen – unter anderem blieb sie nach einer Europareise mit ihrem Vater ein Jahr in einem Aachener Kloster und lernte perfekt Deutsch –, hatte sie eines begriffen: eine Frau ist Dienerin des Mannes und Hüterin einer heilen, christlichen Familienordnung.

Ihr verklemmt-spießiger Lebensstil stand im krassen Gegensatz zu dem sexuell aufregenden und rücksichtslosen Kennedy. Hätte sie zu diesem Zeitpunkt ein wenig überlegt, wäre ihr das aufgefallen, und sie hätte auch verstanden, warum ihr Vater so vehement gegen den Schwiegersohn kämpfte. Nur in einem Punkt waren sich die beiden sehr ähnlich: Beide lebten hemmungslos nach der Devise *„Zieh immer eine scharfe Trennungslinie zwischen Eheleben und Lust. Betrug und Affären sind erlaubt, solange sie nicht in der Öffentlichkeit bekanntwerden"*.

Rose Kennedy entwickelte sich auf dem gemeinsamen Familiensitz in Hyannisport zu einer duldenden, wegschauenden Gattin und einer unerbittlichen Mutter.

Alle neun Kinder wurden nach zwei Grundsätzen erzogen: Disziplin und Härte. Morgengymnastik im Schnee, die Mahlzeiten glichen mit ihren tagespolitischen Diskussionen eher einer Generalstabssitzung, statt Kinderliedern wurden Parolen gesungen: *„Wir wollen Sieger. Verlierer hassen wir."* Jedes Kind wurde nach einer festen Hierarchie am Tisch plaziert. Nur der älteste Sohn durfte neben dem Patriarchen Joseph sitzen. Dem Schwarzen Brett entnahm jedes Kind die wichtigsten Tagesereignisse. Verspätungen wurden streng geahndet, jedes Kind an eine eigene Nanny abgeschoben.

Als **John F. Kennedy** Zahnschmerzen hatte, schaute Rose in ihrem Terminplaner unter J nach. Sie stellte fest, daß er erst vier Wochen zuvor beim Zahnarzt gewesen war, und sagte kategorisch: *„Du kannst keine Zahnschmerzen haben."* Ihre Töchter schickte sie auf die Klosterschule vom Heiligen Herzen. Jede mußte das Rangabzeichen der katholischen Frauen erwerben.

Die permanente Untreue ihres Mannes ignorierte sie. Auch als er die mitgebrachten Freundinnen seiner erwachsenen Söhne nachts in ihren Betten heimsuchte, schaute sie weg. Die Katastrophen wie die Ermordung ihrer Söhne John F. und

ROSE UND SOHN JOHN: Mit Strenge erzog sie ihre Söhne

Fotos: Transworld Feature Syndicate, Camera Press, UPI, dpa

NOCH MIT 81 Jahren spielte Rose Kennedy fast täglich Golf

Robert Kennedy kommentierte sie mit einer Kaltschnäuzigkeit, die betroffen macht: *„Wir sind Kennedys und wußten, daß uns Großes bestimmt ist. Also müssen wir mit dem leben, was Gott uns zumißt."* Als sie vom Attentat auf ihren Präsidentensohn hörte, war ihre erste Äußerung: *„So etwas kommt vor. Es wird schon nicht so ernst sein."* Nach seinem Tod verordnete sie ihrer Familie Normalität statt Trauer: *„Das Leben muß weitergehen. Wir dürfen nicht zurückschauen."*

Eiseskälte verströmte sie auch, als **Robert Kennedy** ebenfalls durch die Schüsse eines Attentäters starb: *„Ich lasse mir nicht mein Leben durch dieses Elend verderben. Ich habe noch vier andere Kinder. Wenn mich der Tod von Robert so mitnehmen würde, daß ich mich verkriechen müßte, würde ich die Moral der ganzen Familie in den Dreck ziehen. Ich muß stark bleiben."*

Die Halsstarrigkeit, die Unerbittlichkeit wurden nicht etwa durch ihre übergroße Frömmigkeit gemildert. Rose ging jeden Tag in die Kirche. Unerbittlich auch gegen sich selbst, hielt sie ihr Leben lang eiserne Diät, die schließlich dazu führte, daß sie sich nach einem Schlaganfall jahrelang nur von gekochtem Huhn und Joghurt ernährte. Zuletzt wog sie nur noch 75 Pfund. Vor ihrem 100. Geburtstag hatte sie schon fünfmal die Letzte Ölung erhalten, doch sie blieb am Strand von Hyannisport noch vier lange Jahre eine vertraute, aber gespenstische Erscheinung.

Gekrümmt im Rollstuhl, bis zum Kinn in eine Decke gehüllt, einen breiten Strohhut auf dem Kopf, klammerte sie sich immer noch an die vielen Do's und Dont's in ihrem Leben. *„Ich kenne weder Alter noch Schwächen, noch Niederlagen"*, stieß sie aus ihrem verzerrten Mund hervor. Vielleicht hat sie noch in den letzten Tagen eine tiefsitzende Erinnerung gequält. Daran, wie ihr Gatte Joseph seine Geliebte, die exaltierte und besitzergreifende Hollywood-Diva **Gloria Swanson,** während eines Familienfestes seinen Gästen vorstellte – vor der gedemütigten Rose, die in einem weißen Seidenkleid mit ausladendem Hut wie ein Spatz neben einem Paradiesvogel wirkte. Sie schwieg, machte ihm keine Vorwürfe – doch nach Beendigung der Affäre durfte niemand den Namen der Rivalin mehr erwähnen.

Sibylle Weischenberg

IHR STIL Da Rose Kennedy viel allein war, richtete sie sich sehr persönlich ein – und betont fraulich

FÜRSORGE Nach ihrem Schlaganfall wurde Rose Kennedy von Sohn Edward (l.) und Enkel Edward jr. im Rollstuhl spazierengefahren

Leben nach Drehbuch

JACKIE KENNEDY, *liebevolle Mutter und Inbegriff einer First Lady: So sah die Welt sie. Aber wer war sie wirklich?*

Am offenen Grab steht ein junges Paar, Hand in Hand. Und selbst die Trauergäste müssen es durch schwarze Schleier und Tränen hindurch wahrnehmen, daß es ein Traumpaar ist. Beide schön, beide berühmt, beide vibrierend vor Sex-Appeal. Doch in den Köpfen der beiden laufen zwei extrem verschiedene Programme ab. Sie denkt: *„Von jetzt an werden wir immer zusammenbleiben."* Denn endlich ist sie tot, die Mutter ihres Geliebten, die ihrer Liebe im Weg stand. Das jedenfalls sagt **Daryl Hannah** selbst über den Tag, an dem **Jackie Kennedy** begraben wurde. Was er denkt, weiß keiner. Zwei Jahre später sah es ganz so aus, als habe er dasselbe gedacht. Denn dem Sohn scheint nichts, gar nichts mehr heilig zu sein, was die Erinnerung an seine Mutter angeht.

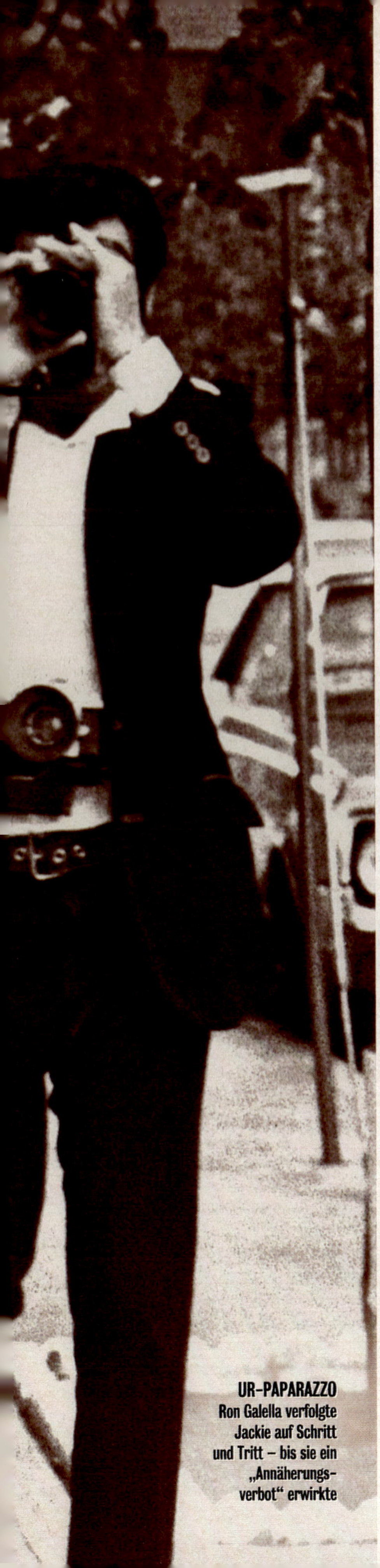

UR-PAPARAZZO
Ron Galella verfolgte Jackie auf Schritt und Tritt – bis sie ein „Annäherungsverbot" erwirkte

LITTLE MISS
Pferdenärrin Jacqueline Bouvier, 10, auf der Rennbahn

Ihr Apartment hat **John F. Kennedy jr.** für 9,5 Millionen Dollar verscherbelt. Von **Maurice Tempelsman,** dem letzten Lebensgefährten der Mutter, verlangt er, deren Tagebücher herauszugeben. Mit Sicherheit, wie die Jackie-Gemeinde argwöhnt, um sie zu veröffentlichen und seine Mutter damit bloßzustellen. Und nun hat er auch noch dafür gesorgt, daß Jackies private Habseligkeiten öffentlich versteigert werden. Wieviel seine Mutter zählt für die Welt, kann John hinterdrein wenigstens in nackten Zahlen nachlesen: Umgerechnet 52 Millionen Mark hat die Auktion eingebracht – mit sechs hatte man bei Sotheby's gerechnet. Drei simple Sofakissen, laut Katalog 75 Mark wert, gingen für 35 000 Mark weg. Nur weil Jackie ihn gefahren hatte, brachte ein BMW 325i, Baujahr 1992, nicht die geschätzten 30 000 Mark, sondern das Vierfache. Nur weil Jackie viel- ▶

Foto: action press

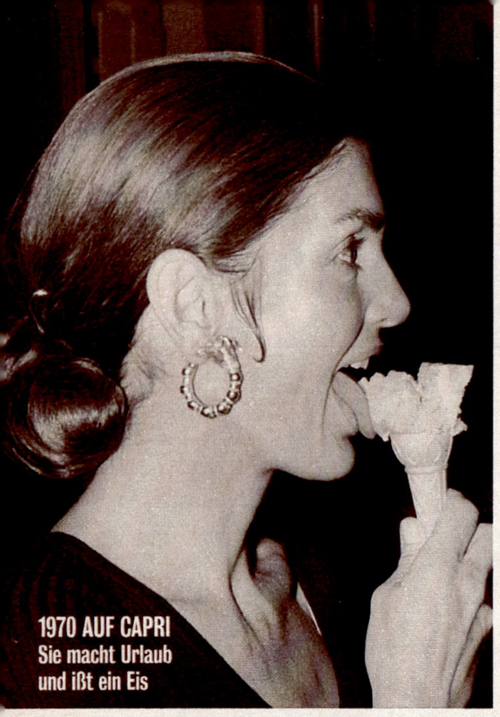

1970 AUF CAPRI Sie macht Urlaub und ißt ein Eis

JACKIE MIT 18 Stolz vor ihrem ersten Auto

GLAMOUR-PAAR Jackie und JFK auf dem Weg zu einer Ballett-Gala in Paris (1961)

EIN JAHR VOR JFKs TOD Jackie fährt 1962 im Golf von Neapel unbeschwert Wasserski

Jackie bewahrte Haltung. *Kein Wort über die Sex*

▶ leicht mal die Füße draufgestellt hatte, brachte eine Fußbank, taxiert auf 200 Mark, 50 000 Mark. Nur weil es um Jackies Hals gelegen hatte, brachte ein Collier aus falschen Perlen, Kaufhauspreis 65 Mark, mehr als 300 000. Und sogar ein Stück Peinlichkeit fand seinen bereitwillig zahlenden Liebhaber: ein Ring mit 20 Diamanten, den **John F. Kennedy** gekauft hatte, aber offenbar nicht für seine Frau. Sie kam erst durchs Erben dran. *„Die Königin nackt"*, entrüstete sich eine empfindsame Journalistin, denn durch den Einblick in Jackies private Welt sei nun allgemein bekannt, welchen miserablen Geschmack die bewunderte Präsidentengattin hatte.

Jackie wollte, daß auch John jr. Präsident wird

Alles scheint nun klar. Und Daryl kauft sich ein Hochzeitskleid auf dem Flohmarkt von Pasadena. Muß sie es doch für einen Befreiungsschlag halten, wie John hier das Andenken seiner Mutter zertrümmert. Im September desselben Jahres findet eine Traumhochzeit statt. Die Braut trägt allerdings eine Cerruti-Robe, die ihr **Narciso Rodriguez** persönlich auf den schmalen Leib geschneidert hat. Und sie heißt **Carolyn Bessette.** Wann Daryl Hannah das erfährt? Erst an dem Tag, als es im Fernsehen kommt. *„Uns"*, sagt Daryl, *„hatte Jackie die Hochzeit verboten. Sie hat alles getan, um uns auseinanderzubringen. Sie gab sogar eine große Party für John und hat dutzendweise hübsche Mädchen eingeladen, nur mich nicht."* Und sie ist sich ziemlich sicher über das Motiv: *„Jackie hat mich als Rivalin gesehen."* Das zu denken liegt nahe, aber der eigentliche Grund liegt tiefer. Daryl Hannah verkörperte für Jackie einfach Hollywood. Und damit alles, was die Karriere ihres geliebten Sohnes gefährden konnte. Als John sich dann auch noch in Hollywood an einer Schauspielschule einschrieb, bezichtigte Jackie sofort Daryl, schuld zu sein an diesem Wahnwitz. *„Jackie"*, behauptet Daryl, *„hatte einen Traum: John sollte die Karriere seines ermordeten Vaters fortsetzen und möglichst Präsident der Vereinigten Staaten werden."* Und dazu brauchte er eine andere Frau als Hollywood-Stars wie **Angie**

JACKIE-STIL Mit ihrem Geschmack prägte sie eine ganze Generation

Affären von JFK

Dickinson, Jane Mansfield oder **Marilyn Monroe,** mit denen Kennedy seine Jackie betrogen hatte. Dazu brauchte es eine wie Jacqueline Bouvier, verehelichte Kennedy. Vom Kennedy-Mythos, lästerte „Time", sei nichts mehr zu sehen als *„die guten Zähne und volles Haar".* Und selbst wenn in den USA Erdnußfarmer und drittklassige Filmhelden Präsident werden können, braucht es mehr als das. Und John F. jr. hatte außer einem Jura-Examen, das er erst im dritten Anlauf mit Ach und Krach gepackt hatte, nichts zu bieten als den Nachnamen Kennedy. Was ihm fehlte, war klar. Das, was sein Vater besaß in Jackie. Denn das zarte Reh mit den wehmütigen Augen war eine kühle und brillante Strategin. Ihre bewundernden Blicke waren Kennedys Sockel, ihr gesellschaftlicher Schliff polierte ihn, ihr Charisma beleuchtete ihn. Sie inszenierte sich selbst, als wäre sie ein hochbezahlter Image-Berater. Chanel-Kostüm statt Schneiderkostüm, kokette Pillbox statt theatralisches Wagenrad, Trapezkleider statt Bonbonnieren-Roben, glatter Schopf statt toupierter Turm, spraygestählt. Aber Jackie Kennedy ließ sich auch ablichten, wenn sie die teuren Pumps und Klamotten abgelegt hatte, barfuß, in Jeans. Was die Prinzessin von Wales perfektionierte, führte Jackie schon 30 Jahre früher vor: die Hoheit zum Anfassen. Sie besaß Verletzlichkeit und Stärke, Natürlichkeit und mondäne Eleganz, Mütterlichkeit und mädchenhafte Ausstrahlung. Jackie hatte das Rezept heraus, wie man eine Ikone wird. *„Eine Mode-Ikone fürs nächste Jahrtausend",* schrieb „Newsweek". Allerdings nicht über Jackie, sondern über Carolyn Bessette. Sie habe *„einen wunderbaren, zeitgemäßen Stil",* begeisterte sich **Anna Wintour,** die Chefredakteurin der amerikanischen „Vogue". Genau den hatte Jackie auch. Und es verblüfft, wie viel die beiden Frauen gemeinsam hatten. Beide sind nicht mit dem Vater, sondern mit einem Stiefvater großgeworden, der sehr viel seriöser war. Bei Jackie war der leibliche Vater ein charmanter Säufer, bei Carolyn Möbelverkäufer. **Janet Bouvier** wurde geschieden, als Tochter Jackie zehn war, Mrs. Bessette, als Carolyn achteinhalb war.

Die Liebe der Kinder war ihr sicher – die von JFK aber nicht

Beide wurden mit Schwestern groß. **Lee Radziwill** hat Jackie überallhin begleitet. **Lauren Bessette** begleitet Carolyn in den Tod. Beide wurden groß nach der mütterlichen Devise: gute Schulen und viel Sport. Und beide bargen im zarten Körper einen eisernen Willen, nach oben zu kommen. Mit 23 bewarb sich Jackie, nachdem sie bravourös ihr Examen in Französisch und Literaturgeschichte abgelegt hatte, beim „Times Herald" als Fotoreporterin – obwohl sie vom Fotografieren keine Ahnung hatte und erst ab dem Tag, an dem sie die Stelle bekam, eine Fotoschule besuchte. Carolyn landete, nachdem sie bravourös ihr Examen in Pädagogik abgelegt hatte, bei **Calvin Klein,** wurde zur persönlichen Einkäuferin der Stars katapultiert und dann zur Pressesprecherin, obwohl sie weder vom Metier noch von PR eine Ahnung hatte – die wenigen Erfahrungen stammten von einer Nachtclubkette in Boston. Jackies erste große Reportage über die Krönung der Queen landet im „Times Herald" auf Seite 1, Carolyn landet auf Platz Nr. 1 im Herzen des Ehepaars Klein. Beide lernen ihren Kennedy durch ihren Job kennen: Jackie durch ein Interview mit dem Senator, Carolyn, weil John F. jr. sich einen Anzug maßschneidern lassen wollte. Und kaum wurde Carolyn das erste Mal an der Seite von Amerikas begehrtestem Junggesellen gesichtet, prasselten die Vergleiche auf sie herab. Ihr Grips und ihre Schlagfertigkeit seien *„Jackieish",* freute sich die Presse. Und die Zeit- ▶

DAS ATTENTAT AUF JFK

Kurz vor dem Attentat 1963: Jackie im berühmten rosa Bouclé-Kostüm mit Pillbox-Hütchen in Dallas

Jackie (im blutverschmierten Kostüm) und Schwager Robert geleiten JFKs Sarg nach Washington

Fotos: Picture Press, AP (4), UPI

DAS IDOL JACKIE Sie war die attraktivste First Lady, die Amerika je hatte – und ein Vorbild für Frauen in aller Welt

SIE BLIEB IN DEN SCHLAGZEILEN – EINMAL SOGAR NACKT

Auch nach dem Tod ihres Mannes, des US-Präsidenten, blieb Jackie in den Schlagzeilen. Vor allem wegen ihres Glamours und Modestils, aber auch wegen der überraschenden Ehe mit dem 23 Jahre älteren Tanker-Milliardär Aristoteles Onassis. 1972 empörte sich Amerika über die Freizügigkeit der Ex-First-Lady: Sie hatte an ihrem Privatstrand auf der Insel Skorpios nackt gebadet und war dabei fotografiert worden. Ein Skandal, aber einer, der ihrer Eitelkeit wohltat – die Welt sah, wie schön sie mit ihren 43 Jahren immer noch war.

SKANDAL-FOTO Jackie badet 1972 nackt am Privatstrand der Onassis-Insel Skorpios, Griechenland. Sie ist 43

EIN SCHOCK 1968 heiratet Jackie den Tanker-Milliardär Ari Onassis

AFFÄRE Jackie mit ihrem Freund Gilbert Graziana und den Kindern Caroline & John jr. 1962 in Italien

SPÄTE LIEBE
Vom Krebs gezeichnet, sitzt Jackie Onassis 1994 mit Maurice Tempelsman im Central Park, New York

Harmonie bis zuletzt: *Jackie starb in den Armen ihres Sohnes*

▶ schrift „W" jubelte: *„Sie hat Jackie-Potential"*. Die Hochzeit wurde zum Triumph. Vordergründig für Carolyn, eigentlich aber für Jackie.

Ihr Sohn hat sicher eine Frau gesucht, die von vornherein geeignet zu sein schien für die Grundanforderungen, die Jackie erfüllte. Die gelernte Grundschullehrerin Carolyn zeigt, wo auch immer, Haltung. Eines allerdings hätte John bei so vielen Ähnlichkeiten nie vergessen dürfen – was er selbst über Jackie gesagt hat: *„Meine Mutter war immer auch eine Abenteurerin."* Von **Cary Grant** träumte sie nur, aber einen Mann, von dem Millionen träumten, hat sie besessen. Auf Italien-Urlaub in Ravello, schrieb der Biograph, habe sie **Gianni Agnelli** entzündet. Und die CIA sorgte für Unfallverhütung – mit dem nächsten Flugzeug kam Jackies Pessar aus Washington nach. Aber Jackie hatte damals eines längst gelernt: Die Liebe der Kinder ist nicht garantiert, aber verläßlicher als die des Ehemannes. Der Liebe ihrers Mannes konnte sie nie sicher sein, der ihrer Kinder, vor allem aber ihres Sohnes, durchaus. Er hat am Grab des Vaters mit gerade drei Jahren rührend salutiert. Sechsundzwanzig Jahre später noch telefonierte er jeden Morgen mit ihr, immer noch durfte sie ihn beim Kosenamen seiner Kindheit nennen, nie hätte er gegen ihren Willen geheiratet. Und er war es ja schließlich, der Jackie die Augen zudrückte, als im Mai 1994 der Krebs die starke Frau besiegte. Jackie genoß die Liebe ihres Sohnes, und sie wußte, daß er ihr das dankt. John seinerseits wußte eins: Zum gerechten Ausgleich hätte sie sich immer auf seine Seite geschlagen, selbst wenn er Carolyn ganz unübersehbar betrogen hätte. Dann hätte sie der Schwiegertochter eben erklärt: Leiden gehört zum Geschäft. Zum Geschäft einer Mrs. Kennedy. *Eva Gesine Baur*

IN DIESEM
New Yorker Hochhaus starb Jackie 1994

Fotos: Woodfin Camp, action press, Sipa, UPI, Rex

COUTURE-LOOK Abendrobe, Mantel, bestickte Ärmel

COURRÈGES-STIL Jackie im Kurzmantel. Sie trägt weiße Handschuhe, Sonnenbrille und Lacktrotteurs

FIRST LADY Jackie Kennedy im bestickten Corsagenkleid mit dreireihiger Perlenkette

JACQUELINES STIL Amerikas First Lady (1960–63) war das erste große Mode-Idol ihrer Zeit. Was sie trug, wurde sofort millionenfach kopiert. Jackie war elegant konservativ, trug große Ballroben mit Stola, Bustierkleider und Abendmäntel, bevorzugte alle Pastelltöne, von Lindgrün bis Hellrosa.
Sie schmückte sich mit dezenten mehrreihigen Perlenketten, schlichten Ohrringen, liebte kleine Kostüme und machte die Pillbox weltberühmt. Eines ihrer unvergeßlichen Markenzeichen ist heute noch ein Must für Trendsetter: die große schwarze Sonnenbrille. Nur die besten Couturiers durften für sie schneidern: Oleg Cassini, Valentino, Givenchy – die Meisterriege des Understatements

LIEBLINGS-OUTFIT Carolyn in schwarzer Jacke, weißem Schlauchrock und beigefarbenen Gucci-Pumps

Königinnen des Understatements

JACKIE & CAROLYN KENNEDY. *Die Schwiegertochter lernte Jackie nie kennen, aber sie waren sich sehr ähnlich*

CALVIN KLEIN zieht Carolyn in Schwarz-weiß an wie John

Sie haben sich nie kennengelernt, aber sie hatten vieles gemeinsam: **Jackie Kennedy** und **Carolyn,** die Ehefrau von **John jr.** Beide Frauen standen im Scheinwerferlicht, weil sie mit einem Kennedy verheiratet waren. Und beide meisterten öffentliche Auftritte mit bravouröser Eleganz.

Jackie hatte ihr modisches Know-how schon als Kind in Frankreich inhaliert. Wie selbstverständlich mixte sie später kostbare Couture-Roben mit billigem Modeschmuck, amüsierte sich köstlich, daß alle dachten, der Schmuck sei echt. Ihr Stil war mühelos, aber um so wirkungsvoller. Und er war zeitlos. Sie glänzte in Bustierkleidern oder einarmigen Abendroben, gefiel sich in taillierten Hosenanzügen oder sportlichen Mänteln mit Bindegürteln. Nie war sie von einem Trend abhängig. Jackie bestimmte, was Mode war. Und ihr Instinkt für das, was ihr stand, war untrüglich.

Genau wie bei ihrer Schwiegertochter Carolyn – über 30 Jahre später. Die sorgte beim Gala-Empfang im Whitney Museum von New York im März '99 für mehr Aufregung als jede andere Society-Lady. Carolyn trug ihr Haar offen, war kaum geschminkt, hatte eine schlichte weiße Hemdbluse an, die sie über Kreuz geknotet zum bodenlangen Abendrock trug. Einziges Accessoire: eine kleine goldene Häkeltasche. Hätte Carolyn länger leben dürfen, wäre ihr Stil als Look des Millenniums in die Modegeschichte eingegangen. Aber sie hat auch so schon Modetrends gesetzt. Und da schließt sich der Kreis zur Schwiegermutter, die sie nie kannte. Die galt bis zu ihrem Tod 1994 als Botschafterin des Understatements.

Eva-Maria Schick

CAROLYNS STIL Sie war die Meisterin im Weglassen, geprägt vom modischen Ziehvater Calvin Klein. Nur drei Farben ließ sie gelten: Schwarz, Beige und Weiß. Alles andere war „too much". Geschickt mischte sie Couture, Grunge und Glamour, trug schmale Röcke, kleine Jacken, High Heels. Ihre Designer: Prada, Gucci, Calvin Klein

OPERN-LOOK Mailänder Scala '97. Carolyn trägt Hütchen, Pelzstola

Fotos: Ron Galella, Sipa-Press (3)

Das letzte Kind von Jackie

CAROLINE KENNEDY *muß jetzt ihren Bruder John begraben. Mit der Kraft ihrer Mutter*

Auf Carolines Hochzeit sagte ihr Bruder John liebevoll: *„Mein ganzes Leben lang hat es nur uns drei gegeben – Mami, Caroline und mich.“* 13 Jahre später gibt es nur noch Caroline. Sie hält an ihrem Hochzeitstag (19. 7.) Totenwache für ihren kleinen Bruder – als letzte des glamourösen JFK-Zweigs der Familie.

Caroline ist ein dreijähriger blonder Engel, als ihr Vater im November 1960 der 35. US-Präsident wird. Im gleichen Monat kommt ihr Brüderchen John zur Welt. Caroline ist ein fröhliches Kind und wird zum Darling der Nation, als sie in hochhackigen Schuhen ihrer Mutter in eine Pressekonferenz stakst und auf einem Dreirad durchs Weiße Haus rast. Doch schon bald, als Sechsjährige im November 1963, lernte sie Trauer kennen, das kalte, leere, wunde Gefühl, wenn ein geliebter Mensch stirbt: Ihr Vater wird in Dallas erschossen.

CAROLINE KENNEDY-SCHLOSSBERG, 41, trauert in ihrem Haus auf Long Island um den Bruder

Der kleine Bruder John-John ist da erst drei Jahre alt, bei ihm bleiben kleinere Narben als bei ihr. Er wächst heran zum typischen Kennedy-Kind: *„energiegeladen mit der Kraft von 88 Lokomotiven“*, schreibt eine Zeitung. Caroline wird anders: erst launisch und altklug, dann still, sanft, kooperativ, scheu und unglaublich gut erzogen.

Als Teenie lebt Caroline im Schatten der eleganten, beliebten Mutter Jackie – und lernt die Presse hassen. Sie ist nicht so schön, wie man das von einer Kennedy-Prinzessin erwartet. Sie muß Zahnspangen tragen, und als sie in die Schlagzeilen gerät, ist sie eine pummelige Pubertierende, die Hamburgers, Pizza und Dosenbier in rauhen Mengen vertilgt.

Anders John-John. Er wächst zum Adonis heran, zum *„Sexiest Man Alive“* („People“-Magazin). Schafft aber sein Jurastudium nur mit Ach und Krach. Caroline tut's mit Bravour, macht Karriere als Anwältin, schreibt Bestseller. Er hat Affären ohne Ende, sie trifft den einen, den richtigen Mann. Obwohl die Geschwister so unterschiedlich sind, haben sie eine innige Beziehung. Ein Freund sagt: *„Der beste Weg, John dazu zu bringen, etwas zu tun, ist, Caroline dazu zu bringen, ihn zu fragen.“*

Caroline meidet die Öffentlichkeit, schreibt 1996 sogar einen Bestseller mit dem Titel „The Right to Privacy“ – „Das Recht auf Privatsphäre“. Nichts ist ihr wichtiger, und nur einmal schenkt sie den Amerikanern den Kennedy-Glamour, der von ihr erwartet wird. *„Ein strahlender Augenblick: Caroline ist Braut“*, titelt die Tageszeitung „US Today“. Denn am 19. Juli 1986 heiratet die mittlerweile attraktive junge Frau den Wissenschaftler, Unternehmer und Kunstexperten Edwin A. Schlossberg.

Er ist 41, sie 28. Sie findet in dem ergrauenden Hünen einen Vater-Ersatz und das, was sie auch an ihrer Familie schätzt: Intelligenz und Menschlichkeit. Dazu erfüllt er ihr den Wunsch nach einem Leben

UNZERTRENNLICH John (l.), Caroline und ihr Verlobter Ed Schlossberg 1986 bei einem Dinner in New York

GLAMOUR-BRAUT Am 19. 7. 86 heiratete Caroline in einem Seidenorganza-Kleid Ed Schlossberg

weit weg vom Rampenlicht. Sie bekommen drei Kinder, leben unspektakulär in einem Apartment in Uptown New York. Nur wenn sie ein Buch geschrieben hat, stellt sie sich der Öffentlichkeit und nutzt die (Verkaufs-)Kraft ihres Namens.

1994 stirbt Jackie Kennedy an Lymphdrüsenkrebs, und da endet die Geschwisterliebe erst einmal: Sie streiten um das Erbe (ca. 40 Mio.), verkehren monatelang nur über Anwälte. Doch das Zerwürfnis glättet sich wieder, schließlich ist es Caroline, die 1996 John-John zur Hochzeit mit Carolyn Bessette drängt. Weil sie der Meinung ist, daß *„Carolyn die Stärke besitzt, die eine Kennedy braucht“*.

Und er nimmt ihren Rat an, denn in seiner Schwester sieht er die Stärken seiner Mutter. Ihre Liebe zu Pferden, zu Büchern, zur Kunst. Diese Stärke braucht Caroline jetzt wieder, um die Kraft zu finden, den Bruder viel zu früh zu begraben.

Marion Grillparzer

GENE TIERNEY wurde zur Obsession für JFK. Er verfiel dem Hollywood-Star wie sein Vater Gloria Swanson. An Hochzeit dachten beide aber nie

Frauen im Abenteuerland

KEINE FRAU *hat bisher einen Kennedy unbeschadet überstanden. Weder Gattinnen noch Geliebte*

VERFÜHRERISCHE POSE
Die junge ungarisch-amerikanische Schauspielerin Zsa Zsa Gabor behauptete jahrelang, sie habe John F. Kennedy abblitzen lassen. Ein FBI-Dossier, das JFKs Amouren auflistet, führt jedoch auch ihren Namen. Sie entsprach genau dem Frauentyp, der JFK gefiel: blond, keß – und ganz anders als Jackie

Alle Frauen, die in diese Familie einheirateten oder hineingeliebt wurden, stießen auf dasselbe Muster: Die Frau bekommt ihre Rolle vom Mann zugewiesen. Entweder als Hüterin des Hauses oder als außereheliche Bettgefährtin. Wer als Ehefrau zum Clan stieß, mußte ein brachiales Selbstbewußtsein mitbringen – oder es sich unter Schmerzen erringen. Wer nur Geliebte war, mußte es bleiben, und zwar stumm und auf ewig. Nicht einmal **Marilyn Monroe,** Sexgöttin der 50er Jahre und Gespielin von **John F.** (bis der sie an Bruder **Robert** weiterreichte), durfte mucksen.

Das hat Tradition bei den Kennedys, schon Ur-Vater **Joe** erzog seine Söhne mit dem Rat: *„So viele Frauen wie möglich flachlegen."* Und Mutter **Rose** gab den Ehefrauen den Rat, diskret zu sein, denn: *„Gerüchte wird es immer geben – wichtig ist der Schein der intakten Ehe und Familie."* So hatte sie es mit ihrem Mann gehalten, dem notorischen Fremdgeher. So lernten es die Söhne, die dieses Muster für katholisch hielten: *Tu, was du willst, doch ehre die Hausfrau.*

Das heißt nicht, daß die Kennedys ihre Frauen nicht liebten. Als Mutter Rose ▶

Fotos: Gamma, David McGough/DMI, A.F.P. Photo

LADYLIKE MIT HANDSCHUHEN Ethel, Ehefrau von Justizminister Robert Kennedy, beim Verlassen des Repräsentantenhauses in Washington D. C. Das Bild stammt aus dem Jahr 1962

MARY PINCHOT MEYER Die 43 Jahre alte Künstlerin (hier ein Bild von 1964) war die letzte Geliebte von Präsident John F. Kennedy vor seiner Ermordung in Dallas. Bei ihr suchte er nicht nur ein schnelles Abenteuer – sie war ihm über viele Jahre eine vertraute Freundin geworden

ALKOHOLPROBLEM Edward Kennedys erste Ehefrau Joan Kennedy zerbrach an den Affären ihres Mannes, suchte Trost im Alkohol. Wieder clean nach mehreren Entziehungskuren, geht sie regelmäßig zu Gesprächen mit den Anonymen Alkoholikern

ANGIE DICKINSON Die langbeinige Tänzerin und Schauspielerin liebte sich durch die Mitglieder des „Rat Pack“, des so genannten engsten Freundeskreises von Frank Sinatra. Sie wechselte von Liebhaber John F. Kennedy zu seinem Bruder Bobby. Daß sie von beiden fallengelassen wurde, verwand sie nie. Sie zog sich einsam zurück

Die Frauen: *Sie hüten das Haus, aber nicht ihre Männer*

▶ **Jacqueline Bouvier** für JFK ausgesucht hatte, war er bezaubert. Für ihn waren Ehefrauen dazu bestimmt, den Ruhm der Männer zu mehren, und diese Jackie war schön, intelligent und königlich. Nur wußte er noch nicht, daß sie nicht stillhalten würde. Und als sie dann nicht im Haus blieb, um Kinder zu gebären, versuchte der Clan, sie als exzentrisch zu diffamieren. Sie brauchte alle Kraft, um klarzumachen, daß sie nicht wie Schwestern und Schwägerinnen Chearleaderin für den wilden Club der Kennedy-Männer sein wollte – *„Rah Rah Girls"* nannte sie die andern Frauen verächtlich.

Ethel Kennedy hatte weniger Probleme, ihre Rolle an Roberts Seite zu finden: Sie wollte die Mutterrolle, gebar in 17 Jahren elf Kinder und stellte ihr Leben total auf Ehemann & Clan ein. Schwamm, tauchte, segelte, ritt, lief Ski und spielte Tennis, war politisch nicht ambitioniert, dafür patent und mütterlich. Sie paßte. Aber als sie dahinterkam, wie cool ihr Mann sie betrog, wie eisern die anderen Kennedy-Frauen darüber schwiegen, verlor sie immer öfter die Fassung. *„Dieser Schlampe kratze ich die Augen aus!"* schrie sie mehrfach und meinte nicht nur **Marilyn Monroe.** Aber sie war unanfechtbar, jedenfalls so lange sie ihre Kinder gebar. Stark und unabhängig, wie später Jackie, wurde sie nie. *„Ethel wirft Kinder wie ein Karnickel"*, lästerte Jackie.

Familienleben bei Kennedys ist Leistungssport

Joan Kennedy, die Frau von Edward, hielt die Balance zwischen Selbstbewußtsein und Selbstverleugnung am wenigsten aus. Schon bald nach der Heirat tauchte sie ab in alkoholisierte Einsamkeit, mußte mehrfach psychiatrisch behandelt werden, und das nicht erst nach dem Unfall in Chappaquiddick, bei dem die Sekretärin ihres Mannes zu Tode kam und er Fahrerflucht beging – offensichtlich, um das Techtelmechtel zu vertuschen.

Was schieflief bei den Kennedys, wurde immer totgeschwiegen. Kein Wort über die geisteskranke Schwester in der Heilanstalt. *„Versager"* wurden verachtet. Deshalb erhielt auch Jackie keine Unterstützung, als sie zwei Fehlgeburten erlitt. Als sie von Scheidung sprach, bot ihr der Schwiegervater eine Million Dollar, damit sie bei seinem Sohn bliebe. Dazu Haus, neues Auto und etwas Zeit für eigenes Leben außerhalb des Clans und jenseits der Politik.

Familienleben bei den Kennedys – das war weiblicher Leistungssport in einem Männerverein. Als JFK Präsident wurde, fand Jackie eine Möglichkeit, mit ihm gleichzuziehen: *„Sie hatten beide die Leidenschaft, stilbildend zu wirken, über den Tag hinaus das Gesicht des amerikanischen Jahrhunderts zu prägen und dafür bewundert zu werden"*, schrieb der Korrespondent Alan Posener. Privat seien sie *„wie zwei Eisberge"* nebeneinander hergeglitten.

„Wichtig ist der Schein der intakten Familie" – dieses Motto von Mutter Rose trieb die Geliebten zur Verzweiflung. So kam es zum „Fall Marilyn Monroe": Die begann, von ihrer Doppelaffäre mit John & Robert zu erzählen, und schrieb ein intimes Tagebuch. Was gefährlich war für die politischen Karrieren der Ehrgeizlinge. Im Sommer 1962 starb die Monroe unter mysteriösen Umständen, und weder John noch Robert konnten je den Verdacht ausräumen, zumindest Spuren nach ihrem Tod beseitigt zu haben.

Noch riskanter war Kennedys Umgang mit dem Partymädchen **Judith Campbell,** die er als Geliebte und Nachrichtenkurier an zwei Mafia-Bosse benutzte, die angeblich Fidel Castro ermorden sollten.

Was blieb? Joan ist von Edward geschieden und inzwischen *„frei und nüchtern"*. Edward machte wegen des tragischen Autounfalls von Chappaquiddick nie Karriere. Ethel verlor mit Robert ihren Kompaß, irrt ziellos durchs Leben und flüchtet sich in endlose Gebete.

Die Generation nach Joe, Rose, Jackie, Ethel, Joan, John und Robert scheint zu lieben. Aber auch die Liebe hat JFK jr. und Carolyn Bessette nicht beschützt.

WELTBERÜHMTES GEBURTSTAGSSTÄNDCHEN
Mit 36 lernte Marilyn Monroe John F. Kennedy kennen, hauchte zu seinem 45. Geburtstag im Madison Square Garden ihr „Happy Birthday, Mr. President" ins Mikrophon. Aber die Affäre mit John F. machte sie unglücklich, zerstörte den letzten Rest ihres Selbstbewußtseins

Fotos: AKG, UPI, Photographers International, Peter W. Engelmeier

JOHN, CAROLINE UND IHRE BESONDERE FASZINATION

Der Traum lebt weiter

MARGARET CARLSON *über die innige Beziehung der Kennedys zueinander und das trauernde Amerika*

Margaret Carlson, Autorin des US-Magazins „Time" und exzellente Kennerin der Kennedy-Familie, schreibt in BUNTE

Als ich **John F. Kennedy jr.** 1991 zum erstenmal traf, saß er im Vorlesungssaal des Instituts für Politische Wissenschaften der Harvard-Universität, das nach seinem Vater benannt worden war. Während Senatoren, Bürgermeister und Journalisten wie ich in einem Sommerseminar ihre Lebenserfahrungen zum besten gaben, zog John ein Sandwich aus einer braunen Papiertüte und aß mit Heißhunger. Wenn er temperamentvoll und voller Idealismus in die Diskussion eingriff, wollte er uns und die Studenten für Politik begeistern.

Unsere königliche Familie heißt nun mal Kennedy

Zum letztenmal begegnete ich ihm am 1. Mai bei einer kleinen Party in Washington. John hatte seine Frau **Carolyn** auf dem Schoß, und die beiden konnten von ihrem Platz aus sowohl das Weiße Haus als auch das Washington Monument sehen. Carolyn sagte, daß sie sich zum erstenmal in diesem *„Aquarium der Hauptstadt"* wohl fühle. John strahlte. Die beiden waren glücklich.

Warum wird dieser Mann, der jeden Tag ins Büro ging, seinen Kaffee bei Starbucks kaufte und mit der U-Bahn zur Arbeit fuhr, nach seinem Tod wie ein heißgeliebter Prinz verehrt? Warum hält die gesamte Nation eine ganze Woche lang den Atem an, während sich die TV-Networks rund um die Uhr nur mit dem Verschwinden einer einmotorigen Piper befassen und sich auf eine weitere Kennedy-Beerdigung vorbereiten?

Die Antwort: weil die Kennedys unsere königliche Familie sind, in größerem Maße als die **Roosevelts,** die **Rockefellers** und die **Adams.** Als Senator **Ted Kennedy** als Familienoberhaupt von einer *„Trauer"* sprach, die *„nicht in Worte zu fassen"* sei, wurden unvergeßliche Erinnerungen wach, die uns seit vielen Jahren verfolgen. Seit fast einem halben Jahrhundert leben wir mit der Kennedy-Tragödie. Meine Tochter, die noch lange nicht auf der Welt war, als **John F. Kennedy** im Weißen Haus regierte, kennt die Geschichte dieser Familie. Hunderte von Büchern haben sich damit befaßt. Tausende von Fotos. Meilen von TV-Filmen.

Wir haben jeden Schritt dieser Familie verfolgt. Wir wissen, wie gut sie aussehen, die Kennedy-Boys. Die rebellischen Locken, das Lausbubenlächeln, die weißen Zähne. Zum Familienalbum gehören auch die Storys von Drogen, Alkohol und Sex. Und trotz allem: In einer Zeit, in der Familien auseinanderfallen, halten sie wie Pech und Schwefel zusammen. Selbst die, die diesen eingeschworenen Clan hassen, sprechen von einem Kennedy-Mythos. Deswegen wiederholen sich auf den Bildschirmen immer wieder die gleichen Szenen: Präsident John F. Kennedy klatscht lachend im Takt der Musik, währen seine beiden Kinder **Caroline** und John im Oval Office tanzen. Deswegen zeigen sie den kleinen Jungen, der seinem Daddy, der vor dem Weißen Haus aus dem Präsidentenhubschrauber „Marine One" steigt, entgegenläuft.

Wir sollten uns inzwischen an diese Bilder gewöhnt haben. Die Bilder eines Präsidenten, der zu früh diese Welt verlassen mußte. Und eines kleinen John-John, der zu jung war, um seinen Vater richtig kennenzulernen – aber alt genug, um an seinem Sarg zu salutieren.

Das tödliche Attentat auf den jungen Präsidenten war wie ein hinterhältiger Angriff auf eine ganze Nation. Und es kam kein Kennedy, der die Nachfolge antreten und das Werk hätte vollenden können. Der Begriff von der mächtigen Dynastie ist nur ein Traum. Einige sind zwar in die Politik gegangen, aber inzwischen ist die Familie häufiger im Zusammenhang mit Skandalen und selbstverschuldeten Todesfällen in die Schlagzeilen geraten als durch politische Triumphe.

David Kennedy starb an einer Überdosis Drogen. **Michael Kennedy** hatte eine Affäre mit der Babysitterin seiner Kinder und starb, als er in Aspen auf einer steilen Abfahrt ohne Skistöcke Football spielte und tödlich verunglückte. **Joe Kennedys** Freundin erlitt eine Querschnittslähmung, nachdem sich sein Jeep überschlagen hatte.

Zurück zum Prinzen der Familie: Unauslöschlich hat sich dieser winzige, tapfere Salut des kleinen John-John auf magische Weise in das nationale Bewußtsein gebrannt. Diese herzzerreißende Szene barg das Versprechen in sich, daß Söhne an die Stelle ihrer Väter treten, daß Hoffnung alle Tränen trocknet und daß ein kleiner Junge eines Tages zum Präsidenten heranwachsen würde. Jeder, der die Kennedy-Ära als Ritterrunde auf Camelot in Erinnerung hat, hoffte darauf, daß John jr. uns eines Tages aus der Traurigkeit erlösen und das Gefühl der schmerzhaften Leere seit jenem Unheilstag im November 1963 auslöschen würde. Er war zu einem gestandenen jungen Mann herangewachsen und war – wie durch ein Wunder – nicht ausgeflippt. Das alles dank einer Mutter, die es sich zur Lebensaufgabe gemacht hatte, für ihre Kinder John und Caroline eine kleine Welt der Normalität zu schaffen, in der sie vor dem Hintergrund von Tragik, Ruhm und

TAGELANG SUCHTEN Boote und Hubschrauber, Taucher und Radartechniker nach den Verschollenen – ohne Erfolg

Reichtum zu sozial bewußten Menschen heranwachsen sollten.

Ich befand mich unter den vielen, denen der Atem stockte, als John Kennedy jr. auf dem Parteitag der Demokraten 1988 ans Rednerpult trat. Und als in diesem Jahr das Senatorenamt in New York frei wurde, war er der erste, den ältere Parteimitglieder fragten, ob er nicht kandidieren wolle. John kam zu der Entscheidung, daß der Zeitpunkt noch nicht gekommen sei. Noch nicht.

Nun ist Caroline die letzte, die aus dem Hause Camelot übriggeblieben ist. Zusammen mit ihrem Onkel Ted, der sie an ihrem Hochzeitstag zum Altar geleitet hatte, muß sie den Trauerzug einer Beerdigung anführen, die alle Anzeichen eines Staatsbegräbnisses hat.

Caroline ist jetzt die letzte aus der JFK-Familie

Wie nahe sich die Geschwister standen, läßt sich kaum beschreiben. **Jackie** hatte stets darauf geachtet, Caroline und John nicht in den Sog des Kennedy-Clans geraten zu lassen. John war Trauzeuge bei der Hochzeit seiner großen Schwester und hatte seine Mutter zum Weinen gebracht, als er in einer Festrede seinen Schwager in dem engen Familienzirkel willkommen hieß: *„Bis jetzt waren es immer nur wir drei – Mummy, Caroline und ich –, jetzt sind wir zu viert."* Auf dieser Hochzeit hatte die Historikerin **Doris Kearns Goodwin** gegenüber Jackie zum Ausdruck gebracht, wie sehr sie von der Innigkeit der beiden Kinder füreinander fasziniert war. Jackie hatte geantwortet: *„Es ist das Beste, was mir in meinem Leben gelungen ist."* Mit ihrer schlichten Eleganz ist Caroline das Ebenbild ihrer Mutter und wird sich der furchtbaren Rolle als einzig Überlebende gewachsen zeigen. Wie dankbar muß man sein, daß die Frau, die ihren Mann vor 36 Jahren mit einer unvergleichlichen Würde und Haltung zu Grabe getragen hat, nicht auch noch ihren Sohn beerdigen muß.

Die Sehnsucht nach einem Kennedy ist so stark, daß 1980 auf dem Parteitag der Demokraten Ted Kennedy dem damaligen Präsidenten **Jimmy Carter** mit den folgenden Worten seines unvergessenen Bruders die Show stahl: *„All jenen, derer Sorgen wir uns angenommen haben, versichern wir: Die Arbeit geht weiter. Die Hoffnung lebt. Und der Traum wird niemals sterben."*

Und genau das ist am vergangenen Montag passiert – der Traum ist gestorben. In dem Moment, als die Flagge am grauen Holzschindelhaus, in dem 1960 der Präsidentschaftskandidat Kennedy auf die Wahlergebnisse gewartet hatte, auf Halbmast gesetzt wurde. Am gleichen Tag kam auch der Partyservice, um das Festzelt abzubauen, das Tage zuvor für die Hochzeit von **Rory Kennedy** am Strand errichtet worden war.

Rory war noch nicht auf der Welt, als ihr Vater, Senator Robert F. Kennedy, erschossen wurde. Es paßt zum Mythos, daß es wieder ein Treffen des großen Clans war, zu dem John hastete. All das, was eine junge Ehe ausmacht und der Tod zerstört, schien mit dem Zusammenfallen des weißen Zelts auf den Grund zu sinken. Sogar im nimmermüden Presselager mit seinen Satellitenschüsseln und armdicken Kabelsträngen wurde es einen Moment lang still. Es ist schwer genug, von einem jungen Menschen Abschied zu nehmen. Unmöglich ist es, seine Träume aufzugeben. Das bricht einem das Herz. ■

Fotos: AP, Time Inc.

JFK,

MARILYN MONROE und die um sie buhlenden Kennedy-Brüder John F. (r.) und Robert. Dies ist das einzige Foto, auf dem alle drei gemeinsam zu sehen sind

Monroe & die Mafia

Marilyn Monroe

Ihr ungeklärter Tod wirft immer noch Schatten auf die sauberen Kennedys

Ein Krimi, der für immer ungelöst bleiben wird. Im Mai 1962 hauchte Sexgöttin Marilyn Monroe „ihrem" Präsidenten John F. Kennedy auf dessen Geburtstagsparty noch „Happy Birthday, Mr. President" ins Mikro. Im Juni gab es Spekulationen, die Monroe nerve JFK mit Anrufen im Weißen Haus, weil sie von ihm schwanger sei. Außerdem solle auch der Präsidenten-Bruder Robert Kennedy ihrem Charme erlegen sein. Dann soll Kennedy-Clan-Vater Joseph der Kragen geplatzt sein: Er soll Mafia-Boss Sam Giancana engagiert ha- ▶

GOODBYE NORMA JEAN Sanitäter schieben die Leiche Marilyn Monroes aus ihrem Haus in L. A. Offizielle Todesursache: Schlaftabletten

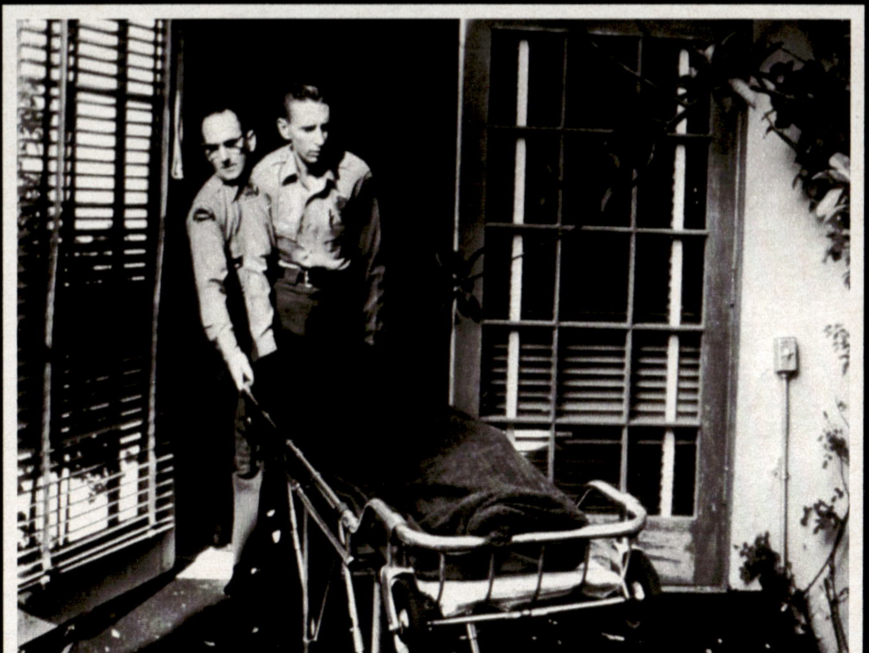

Fotos: inter-Topics/LIFE Magazin, interTopics/Motion Pictures

▶ ben, um das Problem Monroe „ zu lösen". Am 5. August '62 wurde Marilyn Monroe in ihrem Haus tot aufgefunden. Offizielle Todesursache: Selbstmord durch Schlaftabletten. Einer von drei „letzten Gästen" in ihrem Haus war nach Augenzeugenberichten Robert Kennedy. Die Autopsie der Leiche wies Nachlässigkeiten auf, so Monroe-Biographen – und lieferte damit Stoff für Spekulationen.

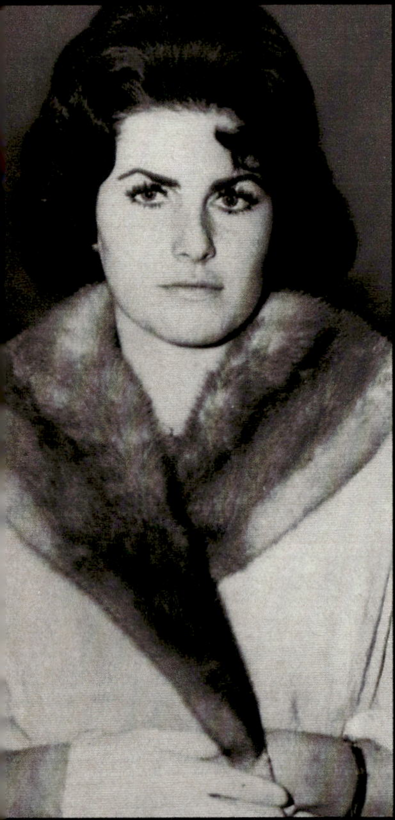

JUDITH CAMPBELL EXNER (heute 65 Jahre alt) war nach eigener Aussage zwölf Jahre die Geliebte von JFK – und eine seiner Kontaktpersonen zur Unterwelt

SAM GIANCANA, Mafia-Boss von Chicago und „Freund" der Kennedys

JOHN F. KENNEDY und seine Frau Jackie. Nach außen hin ein Traumpaar. Doch: Er betrog sie ständig – und sie wußte davon

Joseph fing mit den Hollywood

DER VATER *lehrte seine Söhne das Fremdgehen*

Joseph P. Kennedy, Stammvater des Clans und US-Botschafter in Großbritannien, hatte den Ehrgeiz, möglichst viele Hollywood-Schönheiten zu „sammeln". Er betrog seine Frau Rose u. a. mit dem Tragödien-Star Gloria Swanson (1899–1983), die in den zwanziger Jahren eine der bestbezahlten Schauspielerinnen der Welt war. Roses Rache: Sie überlebte ihren Mann um 26 Jahre, wurde 104.

ROSE & JOSEPH KENNEDY zogen zusammen neun Kinder groß. Ihn hielt es trotzdem nicht zu Hause: Er war ein überzeugter Ehebrecher

GLORIA SWANSON Hollywoods erste echte Diva und für Filmfans der größte Stummfilm-Star. Sie starb 1983 mit 84

-Amouren an

AUTOWRACK Taucher untersuchen Teds schwarze Limousine. Sie war von einer ungesicherten Holzbrücke gestürzt

MARY JO KOPECHNE Die 28jährige ertrank, weil Edward Ted Kennedy sein Auto von einer Brücke lenkte

Fahrerflucht: Ein Unfall, eine Tote, viele Fragen

Ted Kennedy – *wie eine Mitarbeiterin des Senators starb*

Nach einer feuchtfröhlichen Party in der Nacht zum 19. Juli 1969 lenkte Senator Ted Kennedy seine Limousine über die Atlantikinsel Chappaquiddick. Auf dem Rücksitz: Mitarbeiterin Mary Jo Kopechne – seine Geliebte? Der Wagen stürzte von einer Brücke ins Meer, die 28jährige ertrank. Kennedy überlebte, stellte sich erst neun Stunden später der Polizei.

MEDIENRUMMEL Der tragische Unfall machte Teds Hoffnungen auf das Präsidentenamt von einem Tag auf den anderen zunichte

BESTÜRZT Ted Kennedy und seine erste Frau Joan bei der Beerdigung von Mary Jo Kopechne

Fotos: N. Y. Daily News Photo, UPI, defd, dpa (3), Black Star

MICHAEL KENNEDY Nachdem bekannt geworden war, daß er Sex mit einer 14jährigen hatte, zerbrach seine Ehe mit Frau Victoria

MARISA VERROCHI Mit der minderjährigen Babysitterin hatte Michael Kennedy ein Verhältnis

Babysitterin wurde sein Verhängnis

MICHAEL KENNEDY *hatte Sex mit einer 14jährigen*

Für Victoria Kennedy wurde 1997 nach 16 Ehejahren der Alptraum jeder Ehefrau wahr: Sie erwischte ihren Mann Michael in flagranti mit einer anderen im Bett. Doch die andere war nicht irgendein Flittchen, sondern die Babysitterin der fünfköpfigen Familie, Marisa Verrochi. Fünf Jahre soll er mit dem jungen Mädchen (damals 14) ein Verhältnis gehabt haben. Sex mit Minderjährigen gilt in Massachusetts, dem Heimat-Bundesstaat Michaels, als Vergewaltigung. Doch die Eltern Marisas verzichteten auf eine Anzeige. Am Silvestertag '97 starb Michael Kennedy bei einem Ski-Unfall.

GIRLS & DROGEN David 1979 in der New Yorker Disco „Xenon" mit Gipsbein und Filmstar Rachel Ward (r.)

„LA GUERIDA“, der Wintersitz des Kennedys in Palm Beach/Florida: 1991 Schauplatz eines Sex- und Justizskandals

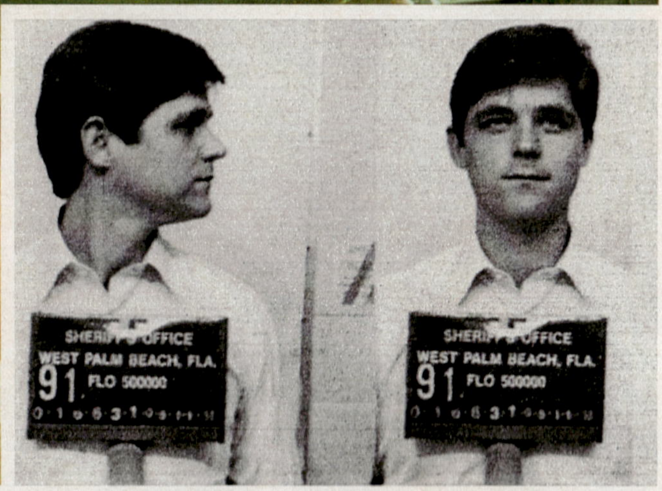

EINE MILLION DOLLAR sollen die Kennedys für Williams Verteidigung gezahlt haben. Nach neun Prozeßmonaten war er frei...

Kennedy-Neffe im Sex-Prozeß

WILLIAM SMITH: *Freispruch trotz Vergewaltigung?*

Es geschah beim Oster-Ausflug der Kennedys: Am 4. April 1991 weilte Senator Edward Kennedy mit Sohn Patrick, 24, auf dem Familien-Wintersitz „La Guerida“ in Palm Beach/Florida. Mit dabei: Neffe William, 31. Der Medizinstudent wurde am Morgen des 5. April von Patricia Bowman, 29, wegen Vergewaltigung angezeigt. Sie wollte kein Geld, nur Gerechtigkeit, aber William, heute Arzt in Chicago, wurde unter skandalösen Umständen freigesprochen. Damals hieß es, es sei sinnlos, gegen einen Kennedy zu klagen, die Familie sei zu mächtig.

Fotos: Rex Features (2), Sygma, inter-Topics, AP, UPI

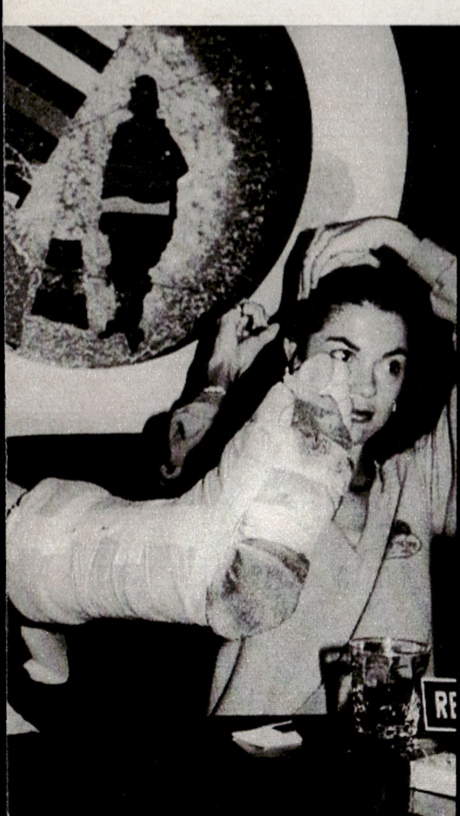

Er zerbrach am Tod seines Vaters Robert

DAVID KENNEDY *starb mit 28 an einer Überdosis Heroin*

Er war der sensibelste aller Kennedys: David, der Sohn von Justizminister Robert Kennedy. Seit dem Tod seines Onkels John F. Kennedy hatte er Alpträume, sein Vater könne auch so sterben. Am 4. Juni 1968 passierte es: Robert Kennedy wurde in Kalifornien während des Präsidenten-Wahlkampfes erschossen. Von diesem Schock erholte sich David nie wieder. Er wurde drogensüchtig und starb 1984 in Palm Beach mit 28 Jahren an einer Überdosis Heroin.

ALPTRÄUME David konnte den Tod seines Vaters und seines Onkels nicht verwinden. Er wurde drogensüchtig

Tren

Fotos: BUNTE Archiv, Picture Press

dsetter der Nation

KENNEDY-CHIC *Lässige Eleganz, in der Freizeit betont sportlich, bei glanzvollen Ereignissen in teuersten Designer-Roben*

SEGELN ist die Leidenschaft der Kennedys. Auf dem großen Bild John F. Kennedy auf dem Atlantik, auf dem kleinen Foto sein Sohn John F. jr. (l.) 30 Jahre später vor Hyannisport

FAMILIENIDYLLE Drei Kennedys beim Football im Garten ihres Hauses in Hyannisport: John F. (l.), Bruder Robert (Mitte) und sein kleiner Sohn Bobby jr.

Freizeit *Sport ist Pflicht*

SOMMER 1967 Senator Robert Kennedy sonnt sich auf dem Familiensitz

Der Stil der **Kennedys** ist das Gerüst ihres Lebens. Mit ihm meistern sie alle Situationen. Von ihren glücklichen Momenten, wie ihren traditionellen Familienfeiern oder dem triumphalen Erfolg ihres großen Sohnes **JFK,** als er Präsident wurde, bis zu Inszenierungen ihrer Trauer, wie etwa JFKs Beerdigung.

Das oberste Gebot ihres Lifestyles: niemals protzig, niemals laut – es sei denn hinter verschlossenen Türen.

DIE KENNEDYS UND DER SPORT

Wasserski Joseph Kennedy vor der Küste in Hyannisport im Sommer 1996. Ein Draufgänger wie alle Männer des Kennedy-Clans

Golfspielen Gehört zur Grundausbildung, wenn man Kennedy heißt. Ethel Kennedy beim Gedächtnisturnier für ihren Mann Robert in Hyannisport 1998

Football Michael Kennedy in Action. Sommer 1993

Familientreffen an Bord Am Thanksgiving Day 1997 vor Hyannisport: Ted Kennedy (r.), John-John und Carolyn

Die Kennedys lernen als Kinder schon Reiten Jackie Kennedy mit Caroline (l.) und John-John

Fotos: Philippe Halsmann/Magnum Photos, Agentur Focus, Paul Schutzer/Time Inc.

Ihre Häuser und ihre Apartments befinden sich immer an den besten Adressen, Hyannisport, Martha's Vineyard, TriBeCa in New York – doch die Fassaden sind immer schlicht und unauffällig.

Erst hinter den Türen zeigen sie französische Antiquitäten aus dem 18. Jahrhundert, gerahmte Zeichnungen, Stiche und Drucke, handgearbeitete Polstermöbel, Taftvorhänge bis zum Boden, dazu passende Bettbezüge in den Schlafzimmern – die Kennedys wurden und blieben ▶

WEEKEND MIT STIL John F. Kennedy, Jackie und Tochter Caroline sind in Hyannisport angekommen, posieren vor dem weißen Holzhaus mit Buick (1960)

Die Ferienhäuser *der Kennedys sind Paläste*

WAHLKAMPF 1960 Politische Lagebesprechung im Wohnzimmer von Hyannisport. Die Familie ist immer dabei: Senator John F. Kennedy (2. v. r.), dahinter Bruder Robert und Frau Ethel (l.)

KINDERSEGEN
Bei den katholischen Kennedys dient er dem Fortbestand der Dynastie. Bestes Beispiel: Ethel Kennedy und ihre Kinder (insgesamt elf) 1960 in Hyannisport

▶ Trendsetter in Sachen des guten Geschmacks.

Der Leitfaden für ihr immer perfektes Auftreten in der Öffentlichkeit ist der Dresscode, den Patriarch **Joseph Kennedy** mit seiner Frau **Rose** vorgelebt hat.

Stets das passende Outfit, der Tageszeit und dem Ort entsprechend. Für die Freizeit hieß das bei den Kennedys: so lässig wie möglich. Wer wirklich reich ist, kann es sich erlauben, schlicht aufzutreten. In Hyannisport sieht man die Kennedys in abgeschnittenen Jeans, in T-Shirts, Badeschlappen und die Damen mit wenig attraktiven aber praktischen, weil windfesten Kopftüchern.

Kein echter Schmuck vor 18 Uhr. Berühmtestes Kultstück aus **Jackie Kennedys** Schmuckschatulle: die dreireihige falsche Perlenkette – heute noch in jedem US-Store in allen Preislagen zu kaufen.

Beim Reiten entweder maßgeschneiderte Profi-Outfits oder schlichte schwarze Stretch-Hose mit schwarzem T-Shirt.

Beim Lunch die Ladys im körperbetonten, lässigen Kostüm-Chic, die Herren in maßgeschneiderten Anzügen, handgearbeiteten Schuhen.

Reisen werden nach den Jahreszeiten fest eingeplant: Skilaufen in Aspen/Colorado, Sommerferien auf der Insel Martha's Vineyard. ▶

Fotos: Dennis Stock/Magnum Photos/Agentur Focus, © Jacques Lowe (2)

DER GESCHMACK DER KENNEDYS

■ **Lese- und Spieltisch** aus feinstem Rosenholz. Das Stück aus der Regency-Zeit zierte während der Kennedy-Ära einen der Privaträume im Weißen Haus

■ **Schreibtisch mit Geschichte** Auf diesem Möbelstück aus Mahagoni (Stil Louis XVI.) unterzeichnete Präsident Kennedy 1963 in Washington den Vertrag über Atomwaffentests

DIE KENNEDY-TISCHKULTUR Kurz nach der Hochzeit, im April 1954, arrangierte Jackie ihr erstes offizielles Diner für Senator JFK in Georgetown

Wohnen mit Stil, Jackie hat es vorgemacht

DER STATE DINING ROOM Das Ehepaar Kennedy war für seinen fürstlichen Wohnstil bekannt, brachte Glamour ins Weiße Haus. Die Atmosphäre des Raums prägten französische Stilmöbel, ein vergoldeter Deckenleuchter, Gemälde, wertvolle Graphiken – und stets prachtvolle Blumenarrangements

▶ Traditionen bestimmten den Rhythmus. Wichtig für den Zusammenhalt: Die Kennedys rotten sich in den Ferien immer zusammen. Das stärkt den Clan-Gedanken, war aber für Einzelgänger in der wilden Truppe oft schwer auszuhalten.

Festes Ritual: Beachball am Strand – immer nach knallhartem Gewinn-System, Tennis-Turniere, Golfpartien, Football-Games. Auch Jackie nahm am sogenannten Touchfootball auf dem Familiensitz in Hyannisport teil und brach sich prompt den Knöchel.

Überall Kerzenleuchter und Kristall

Abends Kartenspielen, Schach und Scharaden – Lifestyle-Must der Upper Class.

Das letzte Kult-Paar des Kennedy-Lifestyles verkörperten **Carolyn Bessette Kennedy** und **John F. Kennedy jr.:** Lässig-Chic mit Street-Charakter bei Jogging-Touren im Central Park und Clean Chic am Abend.

Neu im Auftreten der Kennedy-Ladys: Carolyn zeigte sich oft ungeschminkt – etwa bei Kanu-Touren, Segelregatten oder Rollerblades-Ausflügen. Gegenüber den Ladys der vorherigen Generation, die ihre Frisuren mit Haarspray-Nebeln in Fastperücken verwandelten, diktierte Carolyn sogar den Stil des kunstvoll ungeschminkten Gesichts am Abend.

Antiquitäten aus dem 18. Jh. – und falsche Perlen

Sibylle Weischenberg

JACKIE LIEBTE PFERDE – AUCH ALS ANTIQUITÄTEN

■ Englischer Landlord-Stil Zu den Antiquitäten aus der Kennedy-Sammlung gehörten auch zwei Pferdegemälde von John Sartorius (19. Jh.)

■ Louis-XVI.-Kaminuhr getragen von einem Rappen auf Bronzesockel. Meisterstück des 18. Jahrhunderts

■ Das Schaukelpferd von JFK jr. und Caroline Aus Edelholz, mit echten Pferdehaaren und Sattel aus Kalbsleder

Fotos: Sotheby's Katalog

KOMMENTAR

Wer sein Leben inszeniert, der kann nicht unauffällig sterben

Warum immer die Kennedys?

BUNTE-Autorin Eva Kohlrusch über die Kennedy-Tragödie

DIE FIRST FAMILY VON AMERIKA

Sie hat alles: Reichtum, Macht und Ansehen – aber auch Tragödien von griechischem Ausmaß

Da war dieses Haus am Strand, für eine Hochzeit geschmückt. Da war, festverankert als amerikanische Hoffnung, dieser unverschämt schöne, erotische Mensch **JFK junior.** Da waren im Kopf noch frische Bilder vom jungen Paar Kennedy/Bessette, das auserkoren schien, den Mythos von **Jack & Jackie** noch einmal neu zu erschaffen. Und überhaupt war Sommer, Bilderbuchzeiten ... und dann kam der Absturz. So jäh verkraften wir den Tod nie.

Man sah nicht nur den Kennedy-Clan wie betäubt unter seinen Hochzeitszelten herumstehen – ganz Amerika fiel in Trauer, die halbe Welt schien erschrocken: Sturz aus dem Himmel. Und schnell waren die Wörter da, die der frühe Tod immer mit sich trägt: Schicksal, Fluch, Tragödie. Nie sind wir für den Tod gewappnet, aber wenn ein Mensch jung stirbt, bevor er noch etwas auskosten kann, weinen wir nicht nur um ihn, sondern auch um uns, weil unsere eigenen Hoffnungen jählings mitstürzen. Und wenn sein Tod auf eine noch frische Kette von Toten innerhalb ein und derselben Familie stößt, suchen wir eine Erklärung in der höheren Ordnung der Dinge.

Liegt ein Fluch auf den Kennedys? Nein. Das hieße ja, man unterstellte, Gott sei sadistisch. Geht's um eine Tragödie, und davon hatten die Kennedys mehr als genug? Schicksal? Natürlich. Jeder Tod vollendet eins. Doch fragt sich, wieviel davon sich auf Gott abschieben läßt – und wieviel wir selbst verantworten.

Die Kennedys flogen stets hoch, und entsprechend tief können sie stürzen. Mußte es aber auch diesen glamourösen 38jährigen treffen, der nie nach besonderer Macht strebte und der einmal **John-John** war – der Sohn in JFKs Armen, der die Welt daran erinnerte, daß auch die Macht Pause machen muß für Zärtlichkeiten?

Die Kennedys flogen stets hoch – und fielen sehr tief

Die Kennedys bringen Menschen zum Weinen – sie selbst weinen selten. *„Wir sind Kennedys und wußten, daß uns Großes bestimmt ist, also müssen wir mit dem leben, was Gott uns zumißt"*, sagte **Rose Kennedy,** die Clan-Mutter, als ihr ältester Sohn fiel. Nach dem Attentat auf **John F. Kennedy** sagte sie: *„So etwas kommt vor ... Das Leben muß weitergehen. Wir dürfen nicht zurückschauen."* Als auch ihr dritter Sohn – **Robert** – erschossen wurde, schien sie noch härter geworden zu sein: *„Ich lasse mir mein Leben nicht durch dieses Elend verderben. Ich habe noch vier andere Kinder. Wenn mich der Tod von Robert so mitnehmen würde, daß ich mich verkriechen müßte, würde ich die Moral der ganzen Familie in den Dreck ziehen. Ich muß stark bleiben."*

War das wirklich Stärke? Oder war es der Gleichmut, mit dem man seine Schwäche betäubt wie den körperlichen Schmerz mit Opiaten?

In dieser Frau, die ihre Kinder noch eindringlicher prägte als ihr prinzipiestrenger Mann **Joe,** muß etwas übriggeblieben sein vom nüchternen Lebenswillen des 19. Jahrhunderts, als die Kindersterblichkeit groß war und Mütter hofften, wenigstens einige würden überleben. Neun Kinder brachte sie zur Welt – neunfache Hoffnung bei ansonsten fatalistischer Erwartung: *„Wir hatten alles – Geld, Talent und harmonische Beziehungen zueinander; wir waren stolz auf unser gutes Aussehen"*, sagte sie in späteren Jahren, *„wir hatten soviel von allem, daß es einfach nicht so bleiben konnte."*

Diese Bereitschaft, die Wechselfälle des Lebens hinzunehmen, machte sich auch John F. Kennedy zu eigen, seit er die Hoffnungen der Familie auf sich übertragen sah: *„So, wie ich einsprang, weil Joe gefallen war, so würde mein Bruder Bobby sich um meinen Senatssitz bewerben, wenn mir morgen etwas zustoßen sollte. Und wenn Bobby stürbe, übernähme Teddy, der Jüngste, dessen Platz."* Im großen Clan, hieß das, ist jeder nur ein Übergang und immer nur der Vorletzte. Diese Haltung gegenüber dem Schicksal hat beides: Bescheidenheit und Hochmut. Vor allem schafft sie eine Aura der Unverwundbarkeit; und sie stopft Tränen tief ins Unterbewußte.

Genau diese Haltung war es, die aus den Kennedys eine Dynastie machte. Vorbilder, nach denen Amerika hungerte und die das Tapferkeitsbild der ersten Siedler samt ihrer verwegenen Cowboys ersetzte durch politischen und wirtschaftlichen Machtwillen.

Vater Joe versprach nicht nur seiner Frau, für jedes Kind, das sie ihm schenkte, eine Million Dollar bereitzuhalten (was er einhielt), er gab seinen Kindern auch das Motto seines eigenen irischen Vaters weiter: *„Es kommt nicht darauf an, was du bist, sondern wofür dich die Leute halten."* Zusammen mit dem legendären Familienspruch der Kennedys (*„Sei immer Erster! Schon der zweite Platz ist eine Niederlage."*) ergibt das einen Kraftmix, bei dem man sich nur einer Macht geschlagen gibt: der Macht des Schicksals.

Fotos: Tom Bohlen, Sipa Press

So sehen vermutlich wir, die Heldenverehrer, mehr Schicksalsschmerz in der Geschichte der Kennedys als sie selbst.

Warum immer sie? Warum dieser nimmermüde Reigen von frühem Tod, Attentaten und Verwicklungen in fremdes Sterben? Warum all diese Tragödien mit den jungen Familienmitgliedern, die an Krebs oder Rauschgift sterben? Warum die psychischen Zusammenbrüche von Frauen? Und warum letztlich dieser sinnlose Flugzeugabsturz für einen hoffnungsvollen jungen Mann, der jeden Piloten der Welt hätte bezahlen können?

Die Gründe sind erstens profan: Wo es eine große Zahl von Familienmitgliedern gibt, ereignen sich auch Tragödien in großer Zahl. Und wer sich sichtbar an die Spitze stellt, wird tragischerweise auch zum Angriffsziel für Feinde. Überhaupt kann jemand, der sein Leben groß und rauschend inszeniert, nicht klein und unauffällig sterben. Wir anderen – als Publikum der Großen – machen sie zu Helden und lassen sie nicht mehr aus dem Blick.

Aber da ist noch etwas, was zur Tragödie führen kann: das Gefühl der Unverwundbarkeit. So ein unschuldiges Marschieren auf schmalem Grat, das nur die kennen, die immer vom großen Clan behütet scheinen. Das – und nur das – provoziert vielleicht das, was im Fluch steckt: jene Spur Größenwahn, die einmal die Strafe der alten Götter heraufbeschwor.

... aber nur ein Kennedy bringt die halbe Welt zum Weinen

Da war also dieses hochzeitsgeschmückte Haus in Hyannisport, dem Familiensitz. Und da war John F. jr. mit seiner Frau **Carolyn** und deren Schwester **Lauren** in New York – und dazwischen eine Flugstunde. Ab dem Nachmittag rannte die Uhr von „hätte ..." zu „hätte ..." Hätten John F. und Carolyn nicht die Schwägerin mitnehmen wollen, wären sie noch bei Tageslicht geflogen. Hätte es nicht Dunst gegeben an diesem Abend, bevor Cousine **Rory** heiraten wollte, wäre man vielleicht sicher gelandet. Hätte John F. als Pilot mehr Erfahrung gehabt und nicht nur 100 Flugstunden, wäre er gar nicht gestartet oder hätte andere Fehler auffangen können.

Doch alles begann viel früher: Wäre er kein Kennedy und kein hinreißender Mann gewesen, hätte er vielleicht gar kein Gefühl von Unverwundbarkeit entwickelt und wäre statt dessen kleinmütig bzw. vernünftig am Boden geblieben. Und hätte er nie diesen Namen und dessen Familiengeschick mitgetragen, würde eine Tageszeitung nur kurz melden: Privatflugzeug mit drei Personen ins Meer gestürzt. Nur ein Kennedy kann die halbe Welt zum Weinen bringen. Und nur der Tod eines Helden kann die Mythen erfüllen. ■

FASSUNGSLOS Hochzeitslaune verwandelte sich in tiefe Trauer auf dem Kennedy-Anwesen in Hyannisport

SIE KÜSSTEN UND SIE SCHLUGEN SICH – mit Vorliebe im Central Park. Dieses Bild entstand am Anfang ihrer Beziehung, im Herbst 1995: Carolyn Bessette und John F. Kennedy jr. frisch verliebt. Ihre Ehe verlief stürmisch und voller Leidenschaft. Sie galten als New Yorks Traumpaar schlechthin. Eine Liebe, die sie gemeinsam in den Tod führte

Foto: Sipa Press

BUNTE

ISSN 0172-2050, ISSN 0007-5981 (Österreich) erscheint in der BUNTE Entertainment Verlag GmbH Verlag und Redaktion: Arabellastraße 23, 81925 München, Postfach 81 01 64, 81901 München, Fax 0 89/92 50-34 27, Telefon 0 89/92 50-0, E-Mail: bunte@burda.com, Internet: www.bunte.de

Chefredakteurin: Patricia Riekel
Stellv. d. Chefredakteurin: Dr. Thomas Schneider
Stellv. Chefredakteur: Axel Thorer
Organisation: Sibylle Weischenberg
Art Director: Andreas Wiedemann
Chef vom Dienst: Wolfgang Ritter
Autoren: Eva Gesine Baur, Margaret Carlson, Andreas C. Englert, Marion Grillparzer, Maximilian Grünauer, Michael Kneissler, Eva Kohlrusch, Axel Thorer, Georg Seitz, Eva Maria Schick, Raimund le Viseur, Sibylle Weischenberg
Redaktion: Corinne Bünzli, Helga Cosanne, Thomas Drechsel, Conny Konzack, David Musiol, Christine Roider, Beate-Andrea Siewert, Richard Strenz, Barbara Tremel
Titel: Marianne Gelbert, Georg Elser
Bildredaktion: Thomas Bohlen, Guido Krzikowski, Alexandra Romero
Bildtechnik: Philipp von Reitzenstein
Layout: Petra Gotzler, Karin Klemm, Martina Mäurer, Alessandro Serafino, Corinna Serafino
Herstellung: Sonja Jachthuber, Michael Kopp, Thomas Spitznagel, Carola Vogt, Helga Wolf
Schlußredaktion: Dieter Gorzel, Heidemarie Hoeker, Dr. Edith Konradt, Karin Nagl, Angelika Rauch, Barbara Zander
EBV: Helmuth Aigner, Anita Kramer, Marlene Roth
Redaktionstechnik: Petra Bürkle, Christian Müller
Vertriebsleitung: Tobias Mai
Geschäftsführung: Philipp Welte
Druck: Burda Druck GmbH, Haupstr. 130, 77652 Offenburg, Postfach 12 30, 77602 Offenburg, Tel. 07 81/84 01, FS 752835, 75280022
Verleger: Dr. Hubert Burda

Wir wissen's zuerst.
Das Boulevard-Magazin:
sonntags – freitags 18:00
blitz
So ist das Leben!
SAT.1
Ich drück' Dich!
Bitte drücken: www.sat1.de